서민갑부 3

이 시대의 젊은 부자들 욜로 갑부 갓생 갑부

서민갑부 3
Young & Rich

채널A '서민갑부' 제작팀 지음

동아일보사

대박 돈벼락의 주인공이
곧 당신이기를

"갑부는 아닙니다. 서민은 맞지만요."

십중팔구, 출연 섭외를 하러 가면 앉기도 전에 듣게 되는 말이다. 어쩜 이리도 한결같은지 이 정도라면 무슨 유행어 아닌가 싶다. 물론 운이 좋은 날도 있다. 다른 방송에서 숱하게 연락이 와도 출연을 안 했는데 '서민갑부'라서 만날 결심이 섰다는 이들도 종종 있기 때문이다. 물론 그들도 약속이나 한 듯 "갑부는 아닌데…"로 이야기를 시작한다. 어찌 됐든 9년간 이런 말들을 듣다 보니 제작진에게도 내공이 생겨, 준비된 말도 생겼다.

"서민이신 건 저희도 알죠. 근데 갑부인지 아닌지는 저희랑 더 이야기를 나눠보시고 판단하셔도 좋을 듯합니다. 조금 있다가 이 자리에서 알려드릴게요."

사실 출연 예정자들은 미리 전화 취재를 통해 아이템으로서의 적합성을 검증받은 소수 정예들이다. 당장 촬영을 시작해도 문제가 없다. 소위 '기본'은 된다는 의미다. 그럼에도 군이 한 회 촬영을 앞두고 두세 명 이상 직접 찾아가 얼굴을 맞대고 취재하는 수고를 마다하지 않는다. 그건 좀 더 진실되고 매력적인 캐릭터를 발견하고 싶은 욕심 때문이다. "이 정도면 갑부다" "에이, 이 정도가 무슨 갑부냐?" 작은 실랑이가 잦아들면 그제야 물 한 컵을 놓고 이야기가 시작된다.

10분, 20분이 어느새 1시간, 2시간을 훌쩍 넘긴다. 어느 순간 물꼬를 튼 갑부들의 사연은 시간 가는 줄 모르고 이어진다. 제작진으로서 하는 말이라는 것이 그저 "진짜요?" "세상에나?" "그래서요?" 같은 감탄사뿐인 경우가 많다. 잘나가는 대기업 임원도, 전문직 종사자도 아닌 그들이 '억' 소리 나는 월 매출을 올리기 위해 노력하는 모습이 그저 놀라울 뿐이기 때문이다.

짠내 나고 땀내 나는 억만장자들의 알짜배기 노하우와 인생에 귀기울이다 보면 저절로 입꼬리가 올라가고, 어느 땐 저절로 눈물이 난다. 혹여 따라 해보면 나도 갑부가 될 수 있지 않을까 하는 희망을 살짝 품어보기도 한다. 이런 일련의 과정을 거치면서 제작진은 주인공에게 한 번 더 반하게 된다. 갑부는 또 어떠한가. 별것 아닐 것 같았던 자신의 인생에 반해 눈물 흘리고 웃어주는 제작진에게 홀딱 넘어가 시시콜콜한 에피소드까지 쏟아낸다. 서로 이리 반한 사이가 되었으니 그 둘의 '케미(궁합)'가 오죽하랴.

그렇게 방송이 만들어지고 전파를 타게 되면 (시청률과 상관없이) 다음 날 갑부들에게 전화를 받게 된다. 하나같이 어김없이 건네는 감사의 말들이다. 자신도 스스로의 인생이 이리 빛나고 있는 줄 몰랐는데 알게 해줘서 되려 고맙다는 인사다. 그런 전화 한 통이면 편집으로, 원고 정리로 밤을 꼴딱 새우며 고통스레 보냈던 지난 며칠이 눈 녹듯 사라진다.

10년 가까이 그렇게 반한 갑부가 벌써 400여 명이 넘어간다. 근 10년의 세월에 이뤄낸 결실이다. 시즌제 프로그램이 넘쳐나고 트렌드에 민감한 방송 바닥에서 이토록 오래 살아남았다는 것 하나만으로도 '서민갑부'는 주인공에게나 제작진에게나 훈장 같은 프로그램이다.

창의적 아이디어와 열정이 무기

그런 프로그램을 책으로 다시 만날 수 있다는 것은 제작진으로서 뿌듯한 경험이다. 벌써 3권째라니 이 또한 기분 좋은 일이다. 앞선

2권의 책들이 성공을 꿈꾸지만 아무나 성공할 수 없는 세상에서 이뤄
낸 우리 이웃들의 이야기라면 이번 책의 주제는 더욱 매력적이다.

'이 시대의 영 앤 리치(young and rich)'

　이 책은 과거 대물림 일변도였던 금수저 부자들이 아닌 밑바닥부터
차근차근 밟고 부의 탑을 쌓은 청년 갑부 15인의 이야기이다.
　2000년대로 접어들면서 우리 청년들에게는 '부모보다 못살 최초
의 세대' '개천에서 용이 아닌 지렁이만 나오는 세대'라는 꼬리표가
붙었다. 사회·경제적으로 급성장기를 끝낸 우리나라에서 자신의 노
력보다는 부모의 경제적 능력과 사회적 지위가 청년들의 삶의 질을
결정하는 데 가장 큰 영향을 끼친다고들 한다. 이를 뒷받침하듯 지난
2020년 서울연구원이 발표한 '장벽사회, 청년 불평등의 특성과 과제'
에 따르면 20대 청년 세대를 자녀로 둔 부모의 사회·경제적 지위는
교육뿐만 아니라 노동시장에서의 소득에도 영향을 미치는 것으로 확
인됐다. 또한 경제활동을 하는 20대 청년 약 70%는 부모보다 사회·
경제적 지위가 낮아진 것으로 확인되기도 했다. 이에 세대 스스로도
'이생망(이번 생은 망했다)'에 '헬조선의 삼포세대(연애, 결혼, 출산 포기 세
대)'라며 자조 섞인 신조어들로 자신들을 표현한다.

하지만 이 책에 나오는 이들은 다르다. 청춘의 패기를 바탕으로 '믿을 건 나밖에 없다'는 신념을 앞세운 이들이다. 또래들이 번듯한 대기업이나 공무원 같은 직업을 갈망하거나 신조어로 자신의 처지를 하소연할 때, 철저한 전략적 선택을 하며 가게 문을 연 청춘들이다. 창의적인 아이디어와 열정을 무기 삼아 자영업이라는 험난한 바다에 몸을 던진 용감한 젊은 사장님들이다.

사실 퇴직자들의 탈출구라 여겨지는 한국의 자영업은 많은 정도를 넘어 포화 상태다. 전체 취업자 중 20%가 넘는 수준이다. 미국의 6%, 일본의 10%, 경제협력개발기구(OECD) 회원국 평균 15%와 비교해도 확연히 높다. 이런 전쟁터 같은 곳에서 반짝이는 성공을 이뤘다 하니 청년 갑부들의 삶이 더욱 궁금해질 것이다.

'과연 얼마나 벌까?' '무얼 해야 대박이 날까?' '어떤 비책과 아이디어를 갖고 있을까?' '어떻게 하면 그들처럼 살 수 있을까?'….

이 숱한 질문에 대한 답은 〈서민갑부 3〉 책 안에 고스란히 담겨 있다. 이것만으로도 이 책을 손에 쥘 이유는 충분하다. 책은 크게 욜로(YOLO)와 갓생(God生) 스토리 부분으로 나뉜다. 욜로는 현재 자신의 행복을 가장 중시하고 소비하는 태도를 말한다. '당신은 오직 한 번만 산다(You Only Live Once)'는 말에서 왔다. 취미나 자신이 원하는 일을 통해 목표를 달성하고, 성공한 사람들이 1부에 모여 있다. 2부의 주제는 '갓생'이다. 좋은 아이디어를 갖고 부지런하고 모범적인 생활을 하는 사람을 '갓생'이라고 한다. 이런 삶을 통해 성공을 쟁취한 사람들이 여기에 모여 있다.

대한민국 대표 청년 갑부 15인

독자님들께 하나만 부탁드리고 싶다. 여기 등장하는 갑부들의 빛나는 성공의 과정을 찬찬히 살펴봐주기 바란다. '서민갑부' 출연자들은 모든 것을 갖춘 풍족한 사람들의 성공기가 아니다. 젊은 갑부들 역시 그 기본이 흔들리지 않았다. 청춘 말고 가진 것 없는 이들이 길 하나를 만들고 걸어가기 위해 헤쳐나온 일들이 얼마나 많았을까?

물론 어떤 이는 아이템은 좋았으나 시절을 잘못 만나 좌절했고, 또 어떤 이는 빚만 남은 첫 사업에 대한 고약한 기억이 남아 있다. 하지만 그들은 그것을 실패가 아니라 시행착오로 여겼다. 그래서 다시 일어서지 못할 이유로 여기지 않았다는 공통점을 가지고 있다. 행여 연거푸 시행착오를 겪었다고 해서 움츠러들지 않고, 젊은이의 기백과 열의로, 때론 창조적인 아이디어를 보태 다시 전장에 섰다. 그리고 마침내 성공을 이뤄 '우리 동네 젊은 사장님' 반열에 오른 것이다. 그 속엔 뭉클한 울림이 있다. 그걸 느꼈으면 한다. 그것을 염두에 두고 책을 읽어간다면 좀 더 많은 것을 건질 수 있을 거라 확신한다.

　자 그럼 이제, 밑바닥을 차고 일어나 꼭대기 층에 입성한 대한민국 대표 청년 갑부 15인의 세계에 발을 들여놓아볼까? 창창한 청춘 고스란히 바쳐 이룬 열정 가득한 인생을 기웃거리는 재미가 쏠쏠할 것이다.

2022년 겨울

채널A '서민갑부' 제작팀

PART 2 | 열정 아이디어로 보람찬 갓생 인생

PART
1

욜로 갑부

취미 살려
일 살린 욜로 인생

- ◈ 여름 성수기 매출 4억 원 이용주의 욜로 인생
- ◈ 반려 닭 키워 연 매출 20억 원 석지훈
- ◈ 망한 가게 살려 월 8억 원 버는 간판장이 여동진
- ◈ 숨만 쉬어도 10억 원을 버는 남자 정성운
- ◈ 청년 테일러 김주현과 총 400년 경력 7명의 조력자들
- ◈ 커피트럭으로 연 매출 10억 원 커피프린스 박상혁
- ◈ 달콤한 돈 냄새 풍기는 과일 마에스트로 최성진
- ◈ 산양삼과 부동산으로 230억 원 자산 일군 유재덕

여름 성수기 매출 4억 원,
용주 씨의 욜로 인생

휴가 같은 삶 캔디서프 이용주

한번 빠지면 헤어날 수 없는 서핑 마력

요즘 강원도 양양과 강릉은 서퍼(Surfer, 파도타기 하는 사람)들의 천국으로 불린다. 푸른 물결이 넘실대는 이곳 바닷가에서 날마다 휴가 같은 삶을 누리는 젊은이가 있다. 서른네 살(2019년 방송 당시 31세) 이용주 씨.

"맨날 바다를 보고요. 서핑도 하고, 놀면서 돈도 벌어요. 너무 행복하게 잘 지내고 있습니다."

양양은 제주 중문, 부산 송정과 함께 국내 3대 서핑 명소 중 한 곳이다. 수심이 깊지 않고, 다양한 파도를 만날 수 있어 여느 곳보다 인기를 얻고 있다. 입문자부터 프로 서퍼까지 다양한 수준의 서퍼가 몰려든다. 20만 명의 국내 서핑 인구들이 서핑의 메카로 여기는 곳이다.

"저는 여기 죽도 해변만 계속 와요. 외국처럼 멋지고, (비행기가 아니라) 차를 타고 올 수 있으니까요."(서퍼 A 씨)

서핑은 맨몸으로 파도를 즐기며 한계에 도전하는 스포츠다. 한번 빠지면 결코 헤어날 수 없는 마력이 있다고 한다.

"부서지는 파도에 몸을 맡기면 어느 순간 자유의 몸이 되는 것 같아요."(서퍼 B 씨)

"파도를 타면 짜릿한 게 있어서 그것을 잊지 못하고 계속 옵니다."(서퍼 C 씨)

용주 씨는 전문 서퍼 못지않은 실력을 갖고 있어 고난도 라이딩에서도 흔들림 없는 자세를 유지한다. 늘씬한 그녀가 멀리서부터 보드를 타고 파도를 가르고 오면 많은 사람들의 시선이 집중되기 일쑤다. 서울에서 태어난 그녀는 양양과는 아무런 연고도 없지만 바닷가에서 사는 게 꿈이라 양양으로 이주했다.

서퍼가 많이 몰리다 보니 양양엔 서퍼들을 위한 가게(서핑 숍)도 적지 않다. 용주 씨도 이곳에서 '서퍼911'이라는 가게를 운영했다(현재 용주 씨는 강릉 캔디서프 등을 운영). 특히 서핑 입문자들이 갑부의 가게를 많이 찾았다. 이곳에서 초등학교 1학년부터 강습을 받을 수 있는데,

60~70대 서퍼도 간혹 눈에 띄었다. 용주 씨의 표현에 따르면 99.8%는 물에 뜬 보드에서 일어나 파도를 즐길 수 있다고 한다.

"몸에 물 묻히면 서핑복을 입기 더 힘들어요. 그래서 몸이 말라 있는 상태에서 갈아입는 게 좋아요."

독자들도 재미로 기본 강습을 받아보자. 보통 예약을 통해 강습을 받게 되는데, 장비인 보드와 슈트를 대여할 수 있다. 1회 강습은 2시간에서 2시간 30분 정도 걸린다.

서핑을 위해 필수적으로 갖춰야 하는 장비는 보드다. 무게는 7, 8kg 정도. 입문자들은 보통 2m 이상 되는 롱보드를 사용한다. 면적이 넓어 균형 잡기가 상대적으로 쉽기 때문이다. 초보자들은 바다로 들어가기 전에 먼저 모래밭에서 패들링 동작을 배운다. 패들링은 서프보드를 타고 앞으로 나아가기 위해 시선을 정면으로 보고 팔을 휘젓는 동작이다. 평소 잘 쓰지 않던 근육을 쓰기 때문에 처음엔 조금 힘이 들 수 있다.

패들링으로 파도를 잡은 후 다음 동작은 보드 위에서 일어서는 테이크 오프다. 서핑을 하려면 반드시 보드 위에 균형을 잡고 일어서야 한다. 이것은 용주 씨가 강습하면서 가장 신경을 쓰는 동작이다. 지상 강습이 끝나면 바로 바다로 들어간다. 적당한 위치에서 육지를 향해 패들링을 하다가 보드 위에서 일어서는 게 관건이다. 대부분 여러 차례 반복해야 테이크 오프가 가능하지만, 성공하지 못하는 이는 거의 없다. 테이크 오프 다음은 파도의 면을 타는 동작인 라이딩. 서핑의 가장 큰 매력이 바로 라이딩이다.

"웨이크보드도 해보고 다른 것도 많이 해봤는데, 서핑만의 매력이 있는 것 같아요. 파도를 타려면 타이밍이 중요합니다. 패들링을 하며 때를 기다리다가 결정적인 순간에 일어나는 재미가 있는 것 같아요."

부모 반대 무릅쓰고 행복 찾아 바다로

용주 씨는 7년 전 양양에서 서핑 숍을 차렸다. 가게 내부에는 서핑 아이템뿐 아니라 인테리어, 디자인까지 갑부의 손을 거치지 않은 곳이 없다.

남들과 다를 것 없는 평범한 직장인이었던 그는 이직을 준비하면서 취업 스트레스에 시달렸다. 새로운 직장을 쉽게 구할 수 없었다. 수십 통의 이력서를 넣었지만 돌아오는 건 불합격 통지서였다.

"나도 얼른 자리를 잡아야지 하는 생각에 마음은 조급해지는데 불합격 통지서를 연달아 받으니까 마음이 되게 초조했고 급했어요."

그는 마음이 힘들 때마다 바다를 찾았는데, 위안을 받고 자신을 뒤돌아볼 수 있었다고 한다. '내가 과연 회사에 들어가서 일을 잘할 수 있을까, 퇴근하고 집에 가면 내 삶은 있을까?' 같은 의문이 꼬리를 물고 이어졌다.

"제가 행복하게 살 수 있는 방법이 무엇일지 생각했는데, 문득 어릴 적 꿈이 떠올랐어요. 바닷가에서 사는 게 제 꿈이었거든요."

마침 그는 어릴 적부터 바다를 동경해 취미로 다양한 수상 스포츠를 즐겼다고 한다. 언젠가 바닷가에서 살겠다는 꿈을 꾸었다. 양양이 서핑 천국으로 떠오르면서 그도 양양으로 가서 서핑 숍을 열기로 마음먹었다. 부동산 중개소에 들렀더니 마침 서핑 숍을 내기 좋은 자리가 나왔다고 했다. 하지만 부모님이 반대했다. 서울에서 학교까지 졸업시켜놓았는데, 왜 갑자기 강원도 바닷가 생활을 하려고 하는지 모르겠다고 했다.

"일단 '하면 된다'라는 생각이 있었고요. 나이가 어리니까 실패를 해도 큰 부담이 없을 것이라고 봤습니다. 대신 실패를 하더라도 너무 크게만 하지 않도록 최선을 다하자고 다짐했어요."

'실패하지 않겠다'고 다짐한 뒤 누구보다 부지런히 달려온 용주 씨. 성수기 전에도 휴가 시즌을 미리 계획하는 분들의 전화가 자주 온다. 성수기엔 잠잘 틈도 없을 정도로 바쁘다. 하지만 일 자체가 재미있어서 괜찮다고 한다.

그가 낯선 양양에서 이렇게 당당히 자리 잡았던 것은 그를 돕는 든든한 조력자들 덕분이었다. 바텐더 출신으로 강사와 펍 운영을 맡고 있는 이지훈 씨, 장경석과 이동영 강사, 요리사 출신으로 숍 업무와 식사를 맡고 있는 성지훈 씨, 바리스타 출신으로 카페 업무와 인테리어를 맡고 있는 김남령 씨, PD 출신으로 영상 및 홍보 업무를 맡고 있는 심진경 씨, 요리사 출신으로 서핑 강사와 식사를 맡고 있는 이두호 씨. 처음엔 가게 사장과 손님으로 만났던 이들이다.

"자유로운 삶을 원하기도 했고, 체력이 좋지 않아 조금 휴식을 하면서 일도 하면 좋겠다고 생각했어요. 또 서핑을 너무 좋아한 데다 좋은 사람들과 같이 지내고 싶었고요."(심진경 씨)

"도시에서 생활이 좀 불규칙했고, 스트레스를 많이 받았어요. 그러다 바닷가에 오니 저 자신에게 집중할 수 있어서 정말 좋아요. 잡다한 고민이나 쓸데없는 걱정이 사라졌어요."(성지훈 씨)

반려견 통돌이와 래미도 훌륭한 몫을 해내는 식구다. 애교 많은 래미와 도도한 통돌이가 손님들의 인기를 독차지한다. 통돌이는 잘생긴 외모와 무심한 매력으로 죽도 해변의 소셜 미디어 스타로 등극하기도 했다.

사업 초기부터 갑부의 뒤를 묵묵히 지켜준 친동생 동영 씨. 제작진이 방문했던 날 동영 씨가 엄마의 정성 가득한 손맛이 듬뿍 담긴 반찬을 갖고 왔다. 주말마다 누나의 가게로 내려와 가게 일도 돕고, 강사 일도 하고 있다고 한다. 처음엔 반대했던 부모도 이제는 적극적으로 도와주는 지원군이 됐다.

"떨어져 있다 보니, 엄마가 저를 더 많이 생각해주시는 것 같아요.

이렇게 반찬을 보내줄 때나, 가끔 이곳에 놀러 오시면 너무 반가워요."

수년째 한곳에 있다 보니 친한 이들도 많이 생겼다.

"이곳 사람들도 좋고, 시설도 깔끔하고 잘되어 있어서 자주 찾아옵니다. 이곳이 만남의 장소예요. 모든 사람을 이곳에서 만납니다."(서퍼 방세영 씨)

"일단 강사님들이 잘 가르쳐주시고 빌려주는 보드도 좋고, 오랜 시간 영업해서 밤에도 오기 좋고 그래서 자주 오고 있어요."(서퍼 임종윤 씨)

2시간 강습으로 대부분 서핑에 성공

이곳의 강사진은 모두 4명. 부드러운 카리스마로 손님들을 서핑 세계로 인도하는 이지훈 강사, 스파르타 교육으로 단기간에 실력을 업그레이드해주는 이동영 강사, 힘이 좋은 에이스 이두호 강사, 다정다감한 막내 장경석 강사. 강사 배정은 용주 씨가 직접 한다. 손님과 강사의 성향에 맞게 배정하는 것을 원칙으로 한다. 총 2시간~2시간 30분의 강습은 3단계로 나뉜다. 먼저 20분 정도의 실내 이론교육을 하고, 기초 동작을 몸으로 익히는 지상 교육이 20분, 수중 교육을 1시간 10분 이상 실시한다.

용주 씨는 겨울이 되면 따뜻한 해외로 나가 서핑 여행을 즐긴다. 그곳에서 직접 교육용 영상을 촬영하고, 아이디어도 구한다. 또 이곳 서핑 숍이 특별한 이유 중 하나가 PD 출신 직원이 직접 제작한 흥미로운 이론 교육 영상 자료가 있다는 것이다. 효과 만점이다.

"사실 소셜 미디어나 인터넷으로 서핑 영상을 찾아보면 정보가 많긴 해요. 그런데 초보자분들이 그것을 보고 이해하기 힘들 수도 있겠다는 생각이 들었어요. 그래서 저희가 교육용 영상을 따로 촬영해서 자료로 사용하고 있어요."

"죽도 해변은 수심도 얕고 바다 밑에 돌멩이도 없어서 다칠 위험이

서핑 강습 참가자들과 강사들이 서핑 보드를 세우고 바다를 배경으로 기념 사진을 찍었다(왼쪽). 욜로 갑부 이용주 씨가 패들링 시범을 보이고 있다.

거의 없습니다."

"여성분들은 보통 비키니나 수영복을 입고 슈트를 입으시거든요. 남성은 속옷만 입고 슈트를 입어도 됩니다."

물을 무서워하는 여성도 가족과 함께라서 용기를 낸다. 강사는 '샤카(Shaka)'라는 손짓 구호도 알려준다. 주먹을 가볍게 쥔 채 엄지와 새끼손가락을 펴고 흔들어주는 것이다. 하와이에서 시작된, 전 세계 서퍼들의 공통 인사법인데 칭찬, 감사, 양보 등 여러 가지 의미가 있다. 즉 이 손동작을 하면 "잘 탔다" "멋지다" "안녕하세요" 등을 말한 것과 같다. 사진을 찍을 때도 샤카를 표시하는 것이 인기다.

"물로 들어갈 때는 패들링을 해서 가면 쉽게 들어갈 수 있어요. 그리고 물에서 파도가 밀려오는 것을 보세요. 파도가 5m쯤 앞으로 다가왔다고 생각할 때 육지를 보면서 보드를 밀고 엎드립니다. 그러다 파도가 다가왔을 때 테이크 오프를 시도합니다."(이용주 씨)

"구름 위에 둥둥 뜨는 것 같은 기분이에요. 다음에도 기회 되면 꼭 올 거예요."(초보 서퍼)

용주 씨의 가게가 특별한 또 다른 이유는 재방문 시 강습료를 무료로 진행하는 것이다. 서비스 차원에서 하는 일이지만, 손님들은 또 그 때문에 이곳을 계속 방문하게 된다.

"저는 강습을 통해 손님들이 라이딩에 100% 성공할 수 있도록 하고 싶어요. 다들 돈을 내고 오시는데, 서핑의 라이딩을 전혀 해보지 못

성수기에는 날이 저물면 갑부의 숍 야외 테이블에서 바비큐 파티가 열린다.

하고 돌아가신다면 저도 많이 속상하고 아쉽거든요. 그래서 라이딩에
실패할 경우 다음에 오시면 렌탈비만 받고 강습은 무료로 해드리고
있습니다."

날이 저물면 갑부의 숍은 분위기가 달라진다. 바비큐 파티 때문이
다. 신나는 음악과 고기만 있으면 흥이 돋는 건 시간문제다. 서핑으로
한바탕 기력을 소진한 강습생들을 위해 직원들이 정성껏 고기를 굽는
다. 일정 금액을 내면 이곳에서 무제한으로 바비큐 파티를 즐길 수 있
다. 바비큐 파티는 예정에 없던 일이지만, 손님을 위해 시작하게 됐다.
"손님분들이 저녁을 사와서 저희랑 같이 먹기를 원하시더라고요.

그래서 바비큐 파티를 진행하면 좋겠다고 생각한 겁니다. 이게 5년째 자리를 잡았어요."

조기 축구회 같은 조기 서핑회

한 가지 원칙은 강사와 강습생이 한 테이블에서 같이 식사한다는 것. 손님들도 바비큐 파티가 유익하다.

"강습받을 때는 강사님과 선생과 제자 관계였는데, 같이 얘기도 나누니까 서핑에 대해 좀 더 친근하게 다가갈 수 있는 것 같고. 동네 언니처럼 말할 수 있어서 그게 좋은 것 같습니다."(장진영 씨)

다른 손님들도 "최근에 한 일 중 가장 잘한 일 같다" "서울 생활이 답답했는데, 편안하고 자유로운 느낌 많이 받고 간다"며 좋아했다. 손님들은 한여름에 꿈같은 하루를 보냈다. 그 행복한 기운 때문에 용주 씨의 일상도 더 빛이 난다.

성수기를 앞둔 이날 하루 매출이 약 200만 원. 휴가 기간인 7~9월에는 매출이 좀 더 늘어난다. 예컨대 2018년 8월 18일 하루 매출이 430만 원 정도. 1호점의 경우 평일 200만 원, 주말 400만 원으로 월 매출 8000만 원, 2호점의 경우 월 매출 6000만 원이 나온다. 이렇게 해서 성수기 매출 4억 원을 기록했다.

다음 날 아침 6시 바닷가 마을은 아직 한산한데, 용주 씨는 일찍 일어나 스트레칭을 했다. 조기 축구회처럼 조기 서핑회에 가기 위해서였다. 절대 강요는 아닌데, 직원들 모두 일어나 조기 서핑에 동참했다.

"다른 사람들이 없어 한산하니까 더 자유롭게 서핑을 즐길 수 있어요."

동료 강사도 "파도는 절대 지겹지 않아요"라며 '힐링 타임'을 즐겼다. 용주 씨는 합류한 지 한 달째인 새내기 직원 진경 씨를 위해서 일대일 강습도 진행했다.

"제가 좋아하는 사람들하고 바다에서 같이 파도를 기다리면서 대화도 하고, 바다만 바라봐도 마음이 평안해져서 너무 좋아요."(이용주 씨)

"자기가 살고 싶은 대로 살면 되는데, 남의 시선을 너무 신경 쓰면서 살잖아요. 그런데 이곳에 있으면 욕심을 버리게 되고, 여유가 생겨서 충분히 만족하며 살고 있습니다."(이지훈 강사)

"전보다 수입은 좀 줄었지만, 돈보다 더 중요한 게 행복이더라고요. 양양에서의 삶은 100% 만족입니다."(이두호 강사)

조기 서핑을 즐긴 뒤 아침 식사 시간이 되자, 먼저 앞치마를 두르는 남성이 있었다. 셰프 출신의 두호 씨가 주방에서 능숙한 솜씨로 칼질을 이어갔다. 용주 씨가 "제가 뭐 도와줄 거 있어요?"라며 나서자 "일단 면 한 봉지 반만 삶아주세요"라며 도움을 청한다. 손발이 척척 맞아 들어가고, 부엌엔 맛있는 냄새가 퍼져나갔다. 직원들이 각자 맡은 일을 하다 보면 식사 시간도 달라지게 마련인데, 한끼는 꼭 같이 먹으려 한다. 오늘의 아침 메뉴는 수제 토마토 소스 스파게티. 그런데 다이어트를 한다며 한 그릇만 비우고 음식을 바라보고 있는 이가 있다. "몸이 가벼워야 보드에서 균형 감각도 안 흐트러지고 하니까 다들 알아서 몸을 관리하는 것 같아요."

여느 때처럼 강습이 끝나자 직원들은 '태닝'에 나섰다. 시원한 바닷가에서 여유를 즐기다 보니 몰디브가 부럽지 않다. 이곳에 오기 전까지만 해도 '차도남'으로 하얀 피부를 지니고 있었던 이들인데, 이곳 생활이 이들을 모두 검은 피부의 사나이들로 만들었다.

안전 중시, 차별화된 인테리어

용주 씨의 가게는 펍과 카페로도 운영된다. 8년 경력의 커피 바리스타 남영 씨가 핸드 드립으로 커피를 내려주니 단골손님들도 많다. 커피 외에도 수박 주스나 메로나 셰이크 같은 음료도 준비돼 있다. 서핑을 하지 않아도 바다 구경하러 온 관광객들이 들러 맥주를 마시기도 한다.

"양양은 가을에도 파도가 너무 좋게 들어와요. 그래서 여름철에 서핑을 배웠던 분들이 가을까지 오는 경우도 많고요."

이 밖에도 용주 씨의 매출을 더하는 요인들이 있다. 1년 전 양양에서 차로 20여 분 거리에 있는 강릉에 2호점을 열었다. 가게에서 바로 바다를 볼 수 있기 때문에 통창을 만들었고, 디자인을 전공한 동생이 직접 페인트칠까지 한 곳이다. 화려한 색감과 독특한 디자인을 해 이곳도 인기가 많다.

"대부분이 숍이 예뻐서 왔다고 그래요."(이용주 씨)

2호점 직원들도 과거 손님이었다가 직원이 된 사람들로 구성돼 있다. 용주 씨가 직원들과 함께 보드 점검에 나섰다. 보드를 사용하기 전에 해야 하는 몇 가지 필수작업이 있다. 손님들이 테이크 오프 자세를 취할 때 잘 미끄러지지 않도록 왁스칠을 해야 한다. 또 서프보드와 서퍼의 몸이 떨어지지 않도록 연결하는 줄인 리시 코드(Surf Leash)의 안전성을 확인해야 한다. 이는 서퍼들의 생명줄과 같기 때문에 세세하게 살펴야 한다.

"보드와 슈트 다 소모품이기 때문에 평생 쓸 수는 없어요. 이것들이 다 안전과 관련 있기 때문에 늘 확인해서 사고가 발생하지 않도록 조심하는 편입니다."

그녀의 꼼꼼한 성격이 이만큼 성장하는 데 큰 몫을 했다. 동생인 동영 씨도 "서핑이 쉬운 스포츠도 아니고 또 아무래도 장사를 하는 거라서 처음에는 누나에 대한 걱정이 많았는데, 하는 거 보니까 괜한 걱정이었다는 생각이 들었다"며 웃었다.

1호점은 마을 어귀에 위치하고 있어 지나가는 주민들이 다들 들러 한 마디씩 하고 간다. 수영 강사를 아들이라고 좋아하는 아주머니도 있고, 용주 씨를 딸보다 더 중하게 여긴다는 아주머니도 있다.

숍을 운영하던 초창기에는 어려움도 있었다. 관광객들이 늘면서 주민들과 갈등도 겪었다. 주민들은 관광객들이 수영복 차림으로 나다니는 걸 보고 "요새 젊은 사람들이 남부끄러운 줄 모른다"고도 하고, "차들이 길을 막아 불편하다" "외지인이 잔뜩 오니까 마을에 쓰레기도 많아 불편하네" 같은 불만을 토로했던 것이다.

"서울에서 모르는 사람이 내려와 경계를 하시는 분들도 계셨어요. 최대한 부딪치지 않고 피해가 가지 않도록 노력했습니다. 그랬더니 마을 어르신들도 마음을 받아주시더라고요."

잠시 머물다 떠나는 외지인으로 남지 않고 싶었다는 용주 씨. 마을 주민들에게 먼저 다가가기 위해 소극적 성격도 바꾸려고 노력했단다. 어르신들에게 식사도 대접하면서 친해지기 위해 애를 썼다. 그렇게 노력하는 용주 씨를 주민들은 고맙게도 딸처럼 여겨줬다. 그녀는 이제 마을 행사 때도 참여하는 등 마을 구성원의 한 사람으로서 적극적으로 활동하고 있다.

"게스트하우스를 운영하시던 할머니가 계셨는데, 건강이 좋지 않으셔서 청소하기도 힘들어하셨어요. 그래서 저희가 연세를 내고 운영하면 서로 좋겠다고 생각해 제안했어요. 할머니가 그 제안을 받아주셔서 지금은 제가 게스트하우스도 운영하고 있습니다."

함께하는 올로 생활

주변에 신축 건물이 많이 생겨 경쟁력이 좀 떨어졌지만, 용주 씨는 자기 나름의 필요성 때문에 게스트하우스를 소신껏 운영 중이다. 아무래도 새로운 건물들보다 편의성은 떨어지지만, 깨끗하다는 게 최대 장점이다. 그래서 적지 않은 수요가 형성돼 있다.

"서핑하시는 분들은 거의 매주, 혹은 한 달에 한 번 정도 옵니다. 그러니 낮에는 서핑하고 밤에는 잠만 잘 수 있는 곳들이 필요해요."

서핑이 없는 날엔 직원들이 바닷가를 돌며 쓰레기도 줍는다. 지저분해지면 마을 주민들에게 피해가 갈 수 있다며 해변 청소에 나서는 것이다. 성지훈 씨는 "청소하면 깨끗해서 기분이 좋긴 한데, 한편으로는 좀 안타까워요. 더럽게 사용하는 분들이 생각보다 많아서요"라며 아쉬워했다.

매년 수많은 사람이 양양을 찾았다가 여유를 즐기고 돌아가지만 용주 씨는 한결같은 모습으로 그곳에 있다. 파도가 좋으면 서핑을 하고, 날이 좋으면 나들이도 하면서 자유로운 삶을 만끽하고 있다.

"저는 지금의 제가 좋아요. 이곳에서 지내는 것 자체가 행복이고, 사람들도 너무 좋아요. 앞으로도 직원과 주민에게도 더 잘할 거예요.”

용주 씨가 꿈꾸었던 욜로(YOLO, You Only Live Once, 현재 자신의 행복을 가장 중시하고 소비하는 태도) 인생은 어떤 모습이었을까. 확실한 건 단 한 번뿐인 인생의 가치는 혼자가 아닌, 여럿이 함께했을 때 더욱 빛이 난다는 것이다.

이용주 씨의 성공 포인트

★ 취직만이 정답은 아니다. 취미를 살려 일을 찾아라!

★ 진정한 욜로는 상생! 직원과도, 마을 주민과도 융화된 삶을 살자!

★ 우리 가게만의 차별 포인트를 만들어라!

★ 서퍼들이 서핑과 숙식에 불편함이 없도록 고객 서비스에 최선을 다한다.

한 줄 성공 비법

– 직접 제작한 이론 교육 영상

– 99.8%의 라이딩 성공률

– 라이딩에 실패할 경우 애프터서비스 강습 무료

가게 프로필 •—————————

용주 씨의 서핑 숍 성수기 매출 (7, 8, 9월)

1호점
평일 200만 원 X 22일 = 4400만 원
주말 400만 원 X 8일 = 3200만 원
월 매출 약 8000만 원
2호점
2호점 200만 원 X 30일= 6000만 원

7, 8, 9월
성수기 매출 약 4억 원!

어디까지나 제작진의 계산임을 알려드립니다

상호: 강릉 캔디서프, 라라서프(동해시)
대표자: 이용주
주소: 강원도 강릉시 사천면 해안로 900
※방송 당시 촬영했던 서퍼911은 상호가 '드리프터'로 바뀌고, 주인도 바뀜.

반려 닭 키워
연 매출 20억 원

에코팜 농장 석지훈

회색 벨지안 한 마리가 35만 원

대한민국 국민이 가장 좋아하는 음식 가운데 하나가 치킨이다. 그런데 어떤 사람들은 닭을 음식이 아니라 반려동물로 여기는 이들이 있다.

"아니 어떻게 이렇게 예쁜 닭을 먹을 수 있어요?"

충북 진천군의 한 양계장 에코팜 농장. 채소를 키우는 비닐하우스처럼 생긴 곳인데, 관광객들이 몰려들어갔다. 안을 들여다보니 적당한 크기의 양계장 안에 닭들이 놀고 있다.

"양 같아."

"너무 멋있다, 진짜."

"저게 굉장히 위풍당당한 것 같아."

화려한 색상의 닭들이 관광객들의 탄성을 자아냈다. 양털처럼 고운 털을 가진 닭도 있고, 공작 못지않게 다양하고 화려한 색상을 자랑하는 닭도 있다. 흰 털에 붉은 벼슬이 인상적인 닭도 당당하기 이를 데 없다.

석지훈(31, 방송 당시 기준) 씨의 닭장에는 100여 종 1000여 마리의 관상용 닭이 있다. 가장 카리스마 넘치는 닭은 브라마 다크라는 품종이다. 고급스러운 털옷에 앙증맞은 외모의 회색 벨지안, 뒤태의 깃털이 풍성해 기품이 좔좔 흐르는 버프 오핑턴, 365일 깃털이 자라는 백등종 긴꼬리, 통통한 산타클로스 할아버지를 연상시키는 아메라우카나 등이 특히 눈에 띈다. 초콜릿 깃털이 품격을 느끼게 하는 초코 오핑턴은 인기 3위. 풍성한 머리 깃털과 다양한 색상으로 시선을 사로잡는 백머리 폴리시는 2위, 온순한 성격과 친근한 외모를 갖춘 아메리칸 화이트 실키는 가장 인기가 높은 품종이다.

전국 각지에서 많은 사람이 관상용 닭을 찾아 갑부의 농장을 찾아온다. 지훈 씨가 "얘들아, 이리 와"라고 부르자 닭들이 쪼르르 달려온다. 지훈 씨가 모이를 멋지게 뿌려줬다. 닭들이 모이를 쪼기 위해 하나둘 모여들었다.

"제가 이곳 닭들의 아빠예요. 매일 이렇게 사료를 주다 보니까 닭들이 잘 도망가지 않아요."

관상용 닭은 일반적인 닭과 큰 차이는 없다. 그런데 품종이 달라서 다른 닭에 비해 깃털의 색상이 화려한 면이 있다.

"처음에는 달걀을 먹으려고 닭을 키웠어요. 어느 날 보니 병아리가 달걀에서 부화해 나온 거예요. 그런데 너무 귀엽고 좋아서 정이 들었어요. 그래서 집에서 키워보면 어떨까 하고 이곳 관상용 닭 농장을 찾아왔어요."(관광객 이기자 씨)

닭의 가격도 적지 않다. 일반적으로 10만 원대에 가격이 형성돼 있지만, 개체 수가 적은 닭들은 희소성 때문에 가격이 높다. 술탄이라고 불리는 터키산 닭 한 쌍은 약 15만 원. 회색 벨지안 한 쌍은 약 35만 원, 브라마 버프 반탐 한 쌍은 약 35만 원.

반탐과 실키는 아이들이 있는 가정에 인기 만점.

"달걀도 많이 낳고, 성격도 온순해서 아이들이 재미있게 키울 수 있는 품종이에요."

성장한 성계뿐 아니라 앙증맞은 병아리도 분양받을 수 있다. 병아리는 귀여운 외모 때문에 성계보다 인기가 더 많다.

"병아리는 새끼 때부터 키우는 맛이 있어요. 커가는 과정을 보면서 재미를 느끼게 됩니다. 개나 고양이는 노는 움직임이 좀 크다면, 병아리들은 아기자기한 면이 있어요. 그게 재밌습니다."(닭 구매자 A 씨.)

종란 분양이 50%

그런데 성계와 병아리보다 더 분양률이 높은 게 있다. 바로 새끼를 까기 위해 쓰는 알인 종란(種卵)이다. 분양 비율을 보면 성계가 20%, 병아리는 30%, 종란이 50%를 차지한다.

여름엔 닭들이 더위에 지쳐 산란율이 낮다. 이곳 양계장에서 닭들이 낳는 달걀은 하루 평균 90~100개 정도다. 갑부는 달걀을 주울 때 외우기 쉽게 닭마다 번호를 지정한다. 닭장마다 적힌 번호를 보고 같은 숫자를 적는다.

닭을 키우는 이만 알 수 있는 것들도 있다. 공갈란이라는 것이다. 말 그대로 가짜 달걀이다.

"닭 중에 달걀을 깨는 닭들이 있어요. 이렇게 공갈란을 닭장 안에 넣어두면, 부리로 달걀을 쪼다가 깨지지 않으면 자기가 낳은 달걀도 안 깨진다고 인식을 해서 달걀을 깨지 않게 됩니다. 또 공갈란은 산란을 유도하는 용도로도 쓰입니다. 그래서 공갈란이 필요해요."

닭들의 품종만큼 달걀의 크기와 모양도 제각각이다. 종란은 택배 포장으로 배달된다. 갑부는 종란이 깨지지 않도록 스티로폼 같은 것에 넣어서 꼼꼼하게 포장한다.

"가장 저렴한 종란은 2000원 정도 하는데, 가장 비싼 종란은 5만 원짜리도 있어요. 요즘 가장 인기가 많은 브라마 품종이 대표적이에요."

브라마 품종은 다른 닭보다 몸집이 두 배는 크다. 흰 바탕의 깃털에 호피무늬처럼 검은색 깃털이 섞여 있다. 붉은 벼슬이 뚜렷하고, 성미가 불같다.

특별한 손님이 농장을 찾았다. 분양 경험이 있는 이 사람은 관상용 닭을 자신보다 더 귀하게 키운단다. 이처럼 닭 키우는 재미를 느끼고, 병아리나 성계로 분양받아가는 경우가 종종 있다. 그런데 이 사람은 오늘 60만 원어치나 분양받아서 간다. 그 정체가 궁금하다. 전북 무주에 산다는 이분을 따라가보았다. 본인의 집은 작은데, 닭장 크기는 집의 세 배는 되었다. 종란을 분양받아 하나씩 키우기 시작한 게 이제

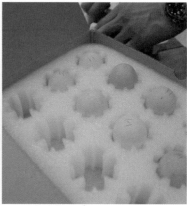

호피무늬 깃털에 붉은 벼슬이 뚜렷한 브라마 품종은 성미가 불같다(왼쪽). 달걀이 잘 깨지지 않도록 제작한 갑부네 포장.

40여 마리로 늘었다. 안주인이 털이 복슬복슬한 중닭을 "복실아"라고 부르자 닭이 주인에게로 쪼르르 달려왔다.

"제가 닭의 특징을 잘 기록해뒀다가 하나씩 이름을 지어주고 있어요."

2년 전 직장에서 은퇴한 뒤 무주로 귀농해 닭을 키우며 여유를 즐기고 있는 부부다.

"저희 부부만 살다 보면 조금 무료한 면도 있고, 나의 즐거움을 찾아야겠다는 생각에 시작했는데, 정말 예쁘게 잘 키우고 있어 행복합니다."(이철규 씨)

국내에서는 반려 닭 키우는 문화가 낯설지만, 미국이나 유럽에서는 그 역사가 100년이 넘는다.

"외국에서는 닭 키우기 캠페인을 벌이기도 해요. 뒷마당에서 닭을 키우는 문화가 많이 형성돼 있고요. 관상용 닭 콘테스트나 닭 품평회 같은 것도 많이 열립니다."

관상용 닭 시장이 작다 보니 닭과 관련된 물품을 전문적으로 제작하는 곳이 없다. 필요한 물품이 있으면 갑부가 직접 만들어서 써야 한다. 지훈 씨는 목공 기술을 익혀 닭이 알을 낳는 통 같은 것은 직접 만들어 쓴다. 목공 제작 일을 10여 년 전부터 해온 딜무라드 씨는 지훈 씨의 스승이다. 목공 일을 잘 모르던 지훈 씨를 전문가로 만들어준 분이다.

"농장에서 필요한 용품들을 직접 만들다 보니 조금씩 손재주가 생기더라고요. 소비자 성향에 맞게 제작해서 우리가 외부에 팔고 있기도 합니다."(석지훈 씨)

닭 용품도 갑부의 중요한 매출원이다. 닭과 관련된 물품은 갑부의 매장에 거의 다 있다. 목공 제품과 닭 관련 용품을 갖춘 매장은 언제나 열려 있다. 사료와 닭장까지 직접 보고 선택할 수 있다.

"지역 특성상 주민들이 많이 찾아오는데, 아무래도 실용 닭을 많이 찾아요. 그래서 토종닭이나 청계, 오골계 정도를 매장에 비치해두고 팔고 있습니다."(김용우 점장)

10마리로 시작해 4년 만에 1000마리

병아리 키우기는 독특한 매력이 있다고 한다. 귀여운 병아리를 보고만 있어도 웃음꽃이 절로 피어나기 때문이다. 제작진은 닭 매장에 들른 중년 아저씨에게 닭을 왜 키우시는지, 어떤 매력이 있는지 물어보았다.

"하루하루 다르게 커가고, 이뻐지고, 알도 낳으니 얼마나 좋아요."(손님 B 씨)

지훈 씨가 사업을 시작한 지 4년. 과연 만족할 만한 결과를 얻었을까.

"매장에서는 약 4억 원 정도의 매출을 올리고 있습니다. 닭 농장에서는 3억 원 정도의 매출을 올리고 있고요."

지훈 씨가 관상용 닭 사업을 시작한 이유가 있다. 7년 전 은행을 다니고 있던 그는 은퇴한 선배들을 보며 복잡한 심경에 휩싸였다.

"흔히 친구들이 말하는 남부럽지 않은 직장을 잘 다니고 있었어요. 그런데 은퇴하시는 선배님들을 보니 저 나름대로 느끼는 게 있었어요. 은퇴 생활을 꼭 노후에 즐겨야 할까, 하는 생각이 들었어요. 차라리 20대 때부터 즐겨보자, 돈과 상관없이 정말 내가 하고 싶은 일을 하면서 내가 즐거운 일들을 하면서 살아보자고 생각했어요."

지훈 씨는 어려서부터 동물을 좋아했다. 그가 하고 싶은 일은 동물과 관련된 일이었다. 그래서 그는 강아지나 고양이 말고 부수적으로 돈을 벌 수 있는 산업 동물을 키워보고 싶었다.

"소나 양, 염소 같은 동물들은 키우기가 쉽지 않은 것 같았어요. 가장 키우기 쉬운 게 닭 같았어요. 사육 면적이 작아도 닭은 번식력이 좋아서 뭔가 가능성이 있겠다고 생각했거든요. 당시 제가 가진 자본금은 500만 원이 전부였어요. 일반적인 닭보다는 조금 특이한 닭을 키워보고 싶었는데, 마침 관상용 닭이 눈에 들어오더라고요."

관상용 닭에 대해 알아보기 시작한 그는 닭 종류가 너무 많아 매우 놀랐다고 한다. 관상용 닭 커뮤니티 회원 수도 4만 명이나 됐다. 그는 무릎을 치면서 관상용 닭으로 사업을 시작해야겠다고 마음먹었다. 시작은 작게 했다. 관상용 닭 마니아가 분양을 해주면서 "털 무늬가 붓으로 그린 것 같죠? '은수남'이라는 닭인데, 정성 들여 잘 키워보세요"라고 말했다.

"아니 닭이 이렇게 이쁠 수가 있나요? 정말 예뻐요. 분양해주셔서 감사합니다."(석지훈 씨)

이미 관상용 닭을 키우고 있는 분들을 통해 그는 많은 정보를 알게 됐고, 궁금한 것들을 물어서 조금씩 전문가가 되어갔다. 처음 10마리로 시작했는데, 4년 만에 약 1000마리까지 늘렸다. 닭이 늘어난 만큼 갑부의 사업도 일취월장한 것이다.

처음 10마리로 시작해 4년 만에 2000마리까지 늘어난 갑부네 관상용 닭들.

닭을 키우는 데 필요한 물품이 생각보다 많다는 것을 알게 된 지훈 씨는 관련 용품 판매업까지 겸하고 있다. 기본적으로 필요한 모이통, 사료 바가지부터 수고를 덜어줄 수 있는 편리한 제품들까지 약 700여 종이나 된다. 흥미로운 용품 가운데는 이런 것들도 있다. 니플(Nipple)이라는 제품은 양계장에서 병아리나 닭에게 물을 줄 수 있는 급수용 제품이다. 닭이 부리로 니플의 아랫부분을 건드리면 물이 한 방울씩 나오게 된다. 발목에 끼워주는 닭 인식표도 매우 실용적이다.

온라인 매장이 있음에도 직접 매장에 와서 닭 사료를 사가는 사람도 있었다. 알고 보니 바로 옆 공장에서 온 분이다. 이분은 회사 옆 작은 공간에 닭장을 만들었다. 처음에 신선한 달걀을 먹어보자는 차원에서 석지훈 씨에게서 10마리를 분양받았는데, 1년 만에 40마리로 늘어났다. 그는 양계의 즐거움에 푹 빠졌다. "아침에 출근해서 닭장을 둘러보면 신선한 달걀이 있어요"라며 텃밭에서 난 채소들을 닭에게 먹였다.

초기엔 폐사로 위기 겪기도

지훈 씨는 택배 사업도 하고 있다. 하루 택배 물량만 약 200여 건. 온라인 매장은 모두 4명의 직원과 함께하는데, 할 일이 많아 늘 바쁘다. 창고에서 물건을 찾고, 포장해서, 운반까지 모든 일을 소수 정예로 해내고 있다.

"5년 전만 해도 하루에 10개 정도 나가기도 했어요. 그런데 지금은 평균 200개 이상 나갑니다."(택배 전담 기사)

이날 하루 오프라인 매장은 현금 매출에 카드 매출까지 170만 원, 농장의 일 매출은 약 100만 원, 온라인 쇼핑몰은 약 400만 원을 기록했다. 월 평균 25일씩 영업한다고 치면 연 매출이 약 20억 원에 이른다.

"초반에는 수익이 거의 없었어요. 단순히 제가 좋아서 했던 일이에요. 수익을 내려고 해도 낼 수 없는 구조였어요."

호기롭게 시작했지만, 정말 사업은 쉽지 않았다. 매출은 계속 줄어들었고, 사업이 얼마나 어려운 일인지 절감해야 했다. 결혼한 뒤라 생활비도 벌어야 했던 지훈 씨는 사업 초반 각종 아르바이트를 하며 돈을 벌어야 했다.

"금전적인 부분이 가장 현실적인 어려움으로 닥치더라고요. 결혼하고 6개월 가까이 아르바이트를 다녔어요. 제가 사업을 좀 너무 쉽게 생각했나 하는 생각도 많이 들었고요."

한때는 닭들을 잘 돌보지 못해 폐사로 이어지기도 했다. 하지만 닭이 죽어나가는 이유를 알 수 없었다. 결국 그는 기초부터 닭에 대한 공부를 해나가기 시작했다. 하지만 닭은 대중적인 동물이 아니어서 관련 정보가 부족했다. 관상 닭 시장이 100년 가까이 되는 해외의 관련 서적을 구입해 보거나, 번역본을 사서 보기도 했다. 보완할 점도 많았다. 어느 날은 고객이 항의 방문을 한 적도 있었다. 종란 스무 개를 20만 원에 분양을 받았다는 분이 찾아와서 "박스를 열어보니 다 깨졌다"며 항의한 것이다.

"저희도 귀하게 키운 종란이었어요. 그 사건 이후 종란을 좀 더 안전하게 보낼 수 있는 방법이 무엇일지 고민하다가 포장 용기로 적합한 재질이나 형태 등을 고안하게 됐습니다."

그의 성공 비법 첫 번째는 폐사를 막기 위한 환경 개선이었다. 흙이 있는 맨바닥에서 닭을 키우다 보니 습기 문제를 해결하지 못했다. 물에 취약한 닭들이 도저히 살 수 없는 환경이었던 것이다. 고심 끝에 그가 생각해낸 것은 톱밥과 왕겨를 바닥에 깔아주는 것이었다. 그것은 농촌에서 쉽게 구할 수 있는 재료들이기도 했다.

"닭은 물에 매우 예민합니다. 물을 마시는 것은 괜찮은데, 물을 밟거나 몸에 묻었을 때는 질병에 걸릴 위험이 커집니다. 그래서 마른 톱밥을 깔아줘서 바닥이 항상 뽀송뽀송하도록 유지해줘야 합니다."

이렇듯 사육장을 잘 확인하는 것도 갑부의 중요한 업무다. 특히 여름엔 장마가 찾아오기 때문에 이를 잘 확인해야 한다. 밀집 사육을 하지 않는 것도 질병 예방의 한 방법이다. 환기가 잘되어야 닭도 살기 좋은 법.

닭을 위한 건강한 맞춤 식사

두 번째 성공 비법은 닭을 위한 건강한 맞춤 식사다. 지훈 씨는 깨끗한 사료를 매일 주면서 닭들의 상태를 확인하고 있다. 식욕이 없는 닭은 신선한 물에 비타민제를 섞어 질병에 걸리지 않도록 예방해준다. 제작진이 방문했던 날은 상태가 좋지 않은 닭은 거의 없어 보였다. 닭들은 모두 모이를 맛있게 먹었다.

닭의 건강 여부는 털을 확인하면 된다. 흰 닭을 잡아든 지훈 씨는 "사료를 잘 먹은 닭들은 털도 윤기도 나고, 이렇게 복슬복슬하고, 깃털도 풍성해서 이쁘다"며 웃었다.

그런데 닭을 키우는 곳이라면 피할 수 없는 단점이 있다. 바로 양계장 냄새. 하지만 이곳엔 냄새가 별로 없다. 발효 사료를 주기 때문에 닭 변의 냄새가 거의 없다고 한다. 그것은 바로 콩을 원료로 한 된장, 청국장 등에서 콩을 발효시키는 균인 바실러스균 덕분이다. 이것을 사료에 넣고 적당한 물과 같이 섞을 경우 닭에게도 유산균 역할을 해서 배설물의 냄새를 최소화한다.

"저희 사육장 환경에 맞춰서 특별한 사료를 좀 만들어보고 싶어서 2, 3년 전부터 계속 바실러스균을 첨가해서 발효 사료를 따로 주고 있습니다."

구매자에게는 종란을 산란 당일에 보내거나, 최대 일주일까지 보관한 후 택배로 보낸다. 택배로 배달되는 종란은 100% 부화가 될 수 있을까.

"다양한 변수에 의해 부화가 100% 되지 않을 수도 있어요. 그래서 저희가 리필 제도라는 걸 운영하고 있어요."

리필 제도는 종란 10개를 사면 20%인 2개를 미리 주는 서비스다. 이것이 갑부의 세 번째 성공 비법이다. 일반 달걀판을 사용하면 배송할 때 달걀이 깨질 수 있다. 지훈 씨네 농장에서는 달걀판에 특수 스티로폼 재료를 넣어 택배 시 파손율이 2% 미만이다. 지훈 씨가 사무실 지붕으로 올라가서 달걀을 넣은 택배용 포장 종이상자를 바닥으로 던졌다. 그런데도 달걀은 하나도 깨지지 않았다.

지훈 씨의 사업은 초기보다 훨씬 단단해졌다. 최근엔 아이디어 상품을 기획했다. 닭과의 친화력을 높이기 위한 병아리 사육 키트다. 아이들이 집에서 병아리를 성계까지 키울 수 있도록 돕는 용품들을 키트로 구비했다. 아이들이 동물과 교감하며 친화력을 배울 수 있는 제품이다. 부화기는 대여 가능하고, 병아리 사육 키트는 판매한다. 지훈 씨는 사무실 근처 아파트에서 사육 키트 주문이 들어오자 이것을 직접 들고 배달에 나섰다. 주문한 사람은 유찬이 아빠로 "아이의 정서 발달에 도움이 될 것 같아 구매했다"고 말했다. 처음엔 낯을 가리던 유찬이도 시간이 지나자 사육 키트에 관심을 보였다. 병아리를 들어서 깨끗한 상자로 옮겨놓고, "병아리 잘 키울게요"라고 말했다.

아파트에서 닭을 오래 키우는 건 쉽지 않다. 그 경우 병아리를 회수할 수 있는 서비스도 하고 있다.

"제가 개인적으로 닭만 분양하고, 상품만 판매하는 업자였다면 사실 매출이 이렇게까지 오르지 않았을 겁니다. 저는 닭을 키우는 사육사이고, 전문가입니다. 그래서 소비자들은 저희를 믿고 구매하고 상담합니다."

비싸도 관상용 닭은 팔린다

지훈 씨는 1남 1녀의 아버지다. 딸과 병아리의 모습을 보고 사육 키트 아이디어를 기획했다. 가정을 꾸린 지 5년. 결혼을 약속했을 때 지훈 씨는 제대로 된 직장도 없었다. 하지만 아내 이은숙 씨는 묵묵히 곁에서 지원군이 되어주었다.

"저는 크게 걱정은 하지 않았지만, 부모님들은 걱정을 하셨죠. 그런데 지훈 씨가 항상 무언가를 할 때는 굉장히 철두철미하게 잘 알아보고 하더라고요. 그래서 '나를 먹여 살릴 수는 있겠지'라고 생각했어요."(아내 이은숙 씨)

그날 밤 지훈 씨가 제작진에게 농장에서 뭔가 보여줄 게 있다며 와달라고 연락했다. 제작진이 농장을 방문했을 때 지훈 씨는 막 병아리들이 탄생하고 있는 부화기 곁에 있었다. 21일 만에 알에서 깨어나는 병아리의 탄생 과정을 보여주려고 했던 것이다. 부화 뒤 이튿날까지 부화기에 있다가 육추기로 병아리들을 옮기게 된다. 먼저 부화한 병아리들이 자라고 있는 곳에는 24시간 불을 밝혀준다. 그런데 너무 밝으면 병아리들이 눈부심 때문에 스트레스를 받기 때문에, 적외선 불빛을 쬐어준다. 그리고 부화기와 같은 온도인 37.5℃를 유지해주면 병아리들이 안심하고 잠들 수 있다. 부화기에서 태어난 병아리는 육추기, 방사장 생활을 거쳐 닭장으로 옮겨진다.

사실 갑부가 이 밤에 농장을 찾은 이유는 따로 있었다. 농장을 둘러보더니 닭장 안으로 들어가서 컨디션이 좋지 않은 닭을 한 마리 안고 나왔다.

"이 닭을 보면 벼슬의 혈색이 좋지 않아요. 이건 컨디션이 좋지 않다는 표현입니다."

갑부는 컨디션이 나쁜 닭에게 직접 영양제를 놔주었다.

다음 날 지훈 씨는 위탁 부화장으로 향했다. 종란의 개수가 많을 때는 위탁 부화장에서 부화를 시킨다. 지훈 씨의 부화장에서는 1000마리의 병아리를 부화시킬 수 있는데, 그 이상의 종란이 나올 경우 위탁을 하고 있다. 그는 좋은 부화장을 찾기 위해 전국을 돌아다니기도 했다. 그 결과 40년 경력의 임희열 사장을 만났다.

"특이한 닭을 키우는 석 사장의 사업이 앞으로 전망이 좋다고 생각해요. 왜냐하면 저렴한 걸 팔면 돈이 안 돼요. 사람들이 관상용 닭은 비싸도 삽니다. 우리는 비싸서 못 사요. 그런데 그걸 좋아하는 사람들은 비싸도 사버려요."(임희열 사장)

지훈 씨는 매장을 직원들에게 맡기고, 전날 밤 아팠던 닭이 걱정돼선지 닭장으로 향했다. 그리고는 꼼꼼히 닭을 살펴봤다.

"영양제 놔준 닭이 어제보다 훨씬 상태가 좋아졌네요."

내친김에 그는 대청소까지 진행했다. 3개월에 한 번씩 하는 대청소 때는 바닥을 다 긁어내기 위해 남자 직원이 모두 출동한다. 닭 다루는 게 허술한 매장 직원 한 명이 닭장을 청소하던 중 닭들이 밖으로 나가는 소동이 발생했다. 품종이 다른 닭들은 같이 있으면 싸우기 때문에 빨리 떼어놓아야 했다. 그런데 지훈 씨는 순식간에 닭들을 제자리로 돌려놓았다.

며칠 후 아이들이 갑부의 농장을 찾았다. 인근 학교에서 아이들이 닭과 교감할 수 있도록 체험학습을 마련했다. 아이들은 병아리가 모여 있는 곳에 먼저 갔다. 앙증맞은 병아리들을 보며 즐거워하던 아이들은 어느새 익숙해졌는지 성계들도 자연스럽게 대했다. 아이들이 모이를 넣은 종이컵을 들고 앉아 있으면 닭들이 다가와 맛있게 먹었다. 어떤 아이들은 닭에 대한 거부감이 사라진 듯 닭을 껴안기도 했다. '치킨 마니아'라고 자신을 소개한 한 학생은 "닭이 정말 멋있고요. 먹을 거로만 생각했는데 관상용으로도 쓰이고 있다는 게 되게 신기해요"라며 좋아했다. 그는 엄마만 동의한다면 닭을 키워보고 싶다고도 말했다.

반려 닭 시대를 꿈꾼다는 지훈 씨는 그 시작이 아이들에게 있다고 믿고 있다.

"일반 닭은 사실 키우기가 싫었어요. 뭔가 나만의 아이템이 없다는 생각이 들었습니다. 그러다 만난 것이 관상용 닭이었어요. 농장을 운영하고 있다 보니 고객들이 실질적으로 어떤 걸 필요로 하는지 알 수 있었어요. 그리고 어떤 부분들이 문제이고, 어려운 부분들이 무엇인지 잘 알아챌 수 있었어요. 닭을 가축으로만 보는 게 아니고 반려동물로서 많은 사람이 닭을 키우면서 재미나 행복을 같이 느끼면 좋겠습니다."

석지훈 씨의 성공 포인트

★ 두려워하지 말고, 새로운 길을 개척하라!
★ 취미가 사업 아이템이 될 수 있도록 꼬리에 꼬리를 물고 어이디어를 개진하라!

한 줄 성공 비법

- 폐사를 막기 위한 환경 개선
- 닭을 위한 건강한 맞춤 식사
- 소비자를 위한 친절한 서비스
- 닭과의 친화력을 위한 아이디어

가게 프로필

관상용 닭 갑부 지훈 씨의 연 매출

부화
일 매출 약 100만 원 x 25일 x 12개월
중병아리 소매매
일 매출 약 400만 원 x 25일 x 12개월
오리병아리 특가
일 매출 약 150만 원 x 25일 x 12개월

연 매출 약 20억 원!

어디까지나 제작진의 계산임을 알려드립니다.

상호: 에코팜 농장
대표자: 석지훈
주소: 충북 진천군 초평면 초평로 307 (중석리 1390)

망한 가게 살려
월 8억 원 버는 간판장이

남다른 디자인 플레져 여동진

거리 야경의 화룡점정 간판

화려하게 빛나는 도시의 야경! 거리의 '화룡점정'을 만드는 사람들
이 있다. 바로 간판 제작자들이다. 여동진(40, 2020년 방송 당시 기준) 씨
도 간판 제작에 뛰어든 후 8년 만에 자산 20억 원을 쌓아 올리며 인
생의 클래스를 바꿨다. 쟁쟁한 고수들이 즐비한 업계에서 남다른 한
수로 한 달 매출을 8억3700만 원까지 만들어냈다는 동진 씨, 그는 어
떻게 간판 시장에서 우뚝 일어설 수 있었을까.

동진 씨가 작업하는 현장을 찾아가보았다. 동진 씨 일행은 영업을

앞둔 피자 가게 밖에서 작업을 하고 있었다. 그런데 모양이 특이하게
도 이발소를 상징하는 삼색 회전봉 같았다.

"간판을 원하는 내용으로 조정할 수 있어요. 피자 부티크라는 글자,
혹은 PIZZA, 불도 켤 수 있고, 불빛도 조정할 수 있어요. 주인의 기분
에 따라 맞출 수 있습니다."

차로 30여 분을 달려 도착한 다른 작업장은 서울 강남의 한복판에
있었다. 이곳의 간판도 모양이 특이했다. 간판이 식물의 잎을 주렁주
렁 매달았다. 필라테스 가게 간판인데 친환경 분위기까지 북돋워주는
조형물로 손색이 없어 보였다. 제작비는 약 200만 원.

"간판이면서 포토 존 역할도 할 수 있는 간판입니다. 방문객들이 이
곳을 배경으로 사진도 찍을 수 있도록 만들었습니다. 필라테스 가게
는 왠지 '힐링'의 느낌이 어울리잖아요. 그래서 식물 같은 느낌으로 간
판을 만들었어요."

하지만 아무리 멋진 간판이라고 해도 무엇보다 중요한 것은 주문한
이의 마음에 들어야 한다는 것이다. 가게 주인의 만족도는 어느 정도
일까.

"이거 생화 아니죠?"(필라테스 사장)

"조화입니다."(여동진 대표)

"진짜 생화같이 나왔네요. 아까 직원들이 이거 보고 놀라서는 인스
타그램에 올린다고 사진을 찍더라고요. 제가 봤을 땐 이게 지금 저희

외관 시그니처인 것 같아요. 저희 회사 인테리어에 너무 잘 어울립니다."(필라테스 사장)

동진 씨는 제작 주문이 들어오면 주변 환경을 고려하여 지나가는 사람들의 시선을 사로잡는 디자인을 고민한다. 그 때문에 상호가 크게 쓰여 있는 보편적인 사각 간판과는 달리 그가 만드는 간판은 독특한 형태들이 대부분이다.

"이 네모 상자가 이 집에서 유일하게 상호가 들어가 있는 간판입니다."

노란색 정육면체 형태의 상자 윗면엔 '이탈리안 레스토랑'이라고 적혀 있다. 지나가던 사람들도 이 특이하게 생긴 간판을 들여다보고 관심을 보였다.

"이게 간판이에요? 간판인데 간판 같지 않은 형태네요. 젊은 사람다운 아이디어 같아요. 간판을 위에 달아서 지저분해 보이는 것보다 더 깔끔해 보이겠어요."

그는 상호를 가게 출입구 상단, 눈에 잘 뜨이는 곳에 달아야 좋은 간판이라는 고정관념을 완벽하게 깬 것이다.

"일반적으로 간판은 이름이 크게 적혀 있는 걸 사람들이 좋아하잖아요. 그게 사실 중요한 건 아니거든요. 차라리 '저긴 뭐 하는 데지?' 하는 궁금증을 갖게 하면 사람들이 그런 가게에 더 들어가보고 싶어 하거든요."

독특한 시선으로 바라보는 세상

일반적인 상식과는 다른 시선으로 세상을 바라보는 동진 씨의 차별화된 전략이 통했는지 그를 찾는 곳은 점점 더 늘어나고 있다. 강남구 신사동의 한 4층 빌딩은 지하부터 4층까지 건물 전체의 간판이 갑부의 손을 거쳤다. 그가 꼭 보여주고 싶은 간판이 있다며 제작진을 인근의 한 건물로 안내했다. 가게 출입구 한쪽에 손바닥 크기만 한 원형 간판이 있었다.

"이게 간판이에요?"(제작진)

"네, 이게 간판이에요."(동진 씨)

"이게 무슨 가게의 간판인가요?"

"이발소, 바버숍입니다."

"이렇게 작은 간판만으로 이 가게를 보고 사람이 찾아올까요?"

"못 찾죠. 그런데 '어, 이 집은 간판이 없는데? 어디로 들어가지?' 그러면서 한 번 더 보지 않을까요?"

동진 씨는 일단 호기심을 자극하는 것을 매우 중요한 요소라고 생각했다. 사실 위 이발소는 내부가 들여다보이는 통유리창 덕분에 어떤 가게인지 사람들이 알아차리기는 매우 쉽다. 그래서 가게에 관심을 가진 이들에게 작은 원형 간판이 흥미를 더해줄 수 있으리라 생각한 것이다.

그가 만든 이색 간판은 이뿐만이 아니다. 상호를 거울에 반사되게 하여 끝없이 이어지는 듯 보이는 간판, 닭 캐리커처를 네온사인으로 강조한 치킨 가게의 입간판, 글자 대신 네모·동그라미·세모 등 도형을 늘어놓아 눈길을 끄는 간판 등 다양하다. 이젠 강남의 내로라하는 가게들이 즐비한 '가로수길'에도 그가 제작한 간판만 26곳이 될 정도로 '핫'한 골목 상권을 점령한 지 오래다.

일을 마치고 사무실로 돌아온 갑부의 얼굴에 웃음꽃이 피었다.

"흐뭇한 일이 생겨서 노트북을 보고 있습니다."

그가 말한 좋은 일이란 수직으로 상승하는 매출을 말한다. 190만 원, 740만 원, 160만 원 등 꾸준히 간판으로 벌어들인 매출이 어느덧 한 달에 8억3720만 원이다. 한 해 100억 원에 가까운 매출을 올리며 인생의 성공 가도를 달리는 것이다.

하지만 이렇듯 탄탄대로로 들어서기까지 과정은 순탄치 않았다. 10년 전, 그는 주변의 말만 믿고 덜컥 광고대행사를 차렸다. 하지만 우후죽순으로 생겨나는 경쟁업체에 밀려 일거리는 점점 줄어들고 여기저기 빚만 쌓여나갔다. 일이 없다 보니 사무실 월세는 물론이고 직원들 월급도 밀리는 등 앞이 보이지 않았다.

"진짜 어떻게 해야 할지 고민이었습니다. 매달 1000만 원 이상씩 고정비가 나가는데 수입은 제로인 거예요. 막상 사업을 접으려고 생각해봤지만, 빚이 3억 원이나 됐습니다. 매달 300만 원씩 벌어도

10년을 갚아야 할 돈인데 너무 막막했어요."

하지만 하늘이 무너져도 솟아날 구멍은 있다고 했던가. 그에게 특별한 기회가 다가왔다.

"당시 사무실이 가로수길에 있었는데, 친구가 그 근처에 가게를 열게 됐습니다."

"무슨 간판이 500만 원씩이나 해?"

철제 부식 간판이 첫 히트작

간판의 비싼 가격 때문에 고민하던 친구의 이야기를 듣고 나 몰라라 할 수 없었던 동진 씨는 뜻밖의 제안을 했다.

"'간판? 내가 만들어줄게. 직접 제작해서 네게 선물할게'라고 했어요."

친구를 위해 손재주를 발휘하게 된 동진 씨. 쉽사리 볼 수 없던 부식 간판을 만들기 시작했다. 간판에 문외한이다 보니 다른 간판 제작자들과 달리 고정관념도 없었다. 그는 철을 부식시켜 빈티지 옷 매장과 어울리는 낡은 느낌의 간판을 친구의 가게에 선물했다.

"그때는 부식된 간판이 아무 데도 없었어요. 제가 그때 생각한 건 아무도 만들지 않은 걸 만들어줘야 하겠다는 것이었거든요."

그런데 친구의 가게에 간판을 달자마자 반응이 뜨거웠다. 흔히 볼 수 없던 간판에 손님들은 물론이고 주변 상인들까지 관심을 보였다. 얼마 지나지 않아 동진 씨에게 간판 제작을 문의하는 전화가 계속 이어졌다.

"친구가 옆집 가게 사장님이 그 간판 어디서 했느냐고 자꾸 물어본다고 해요. 그래서 '나 싫어. 연락처 알려주지 마'라고 말했죠. 그런데 계속 다른 사람이 전화해서는 '간판하는 집이죠?'라는 거예요. 그래서 '아닙니다' 하고 전화를 끊었는데, 갑자기 '이렇게 간판에 대한 관심이 많아?'라는 생각이 퍼뜩 드는 겁니다."

그제야 동진 씨는 주위를 둘러보기 시작했다. 거리의 네온사인부터 화장실 표지판까지 모든 것이 간판이었다.

"간판이 이렇게 많은 수요가 있다는 것을 그때 알게 됐습니다. 마침 '거기 간판하는 집이죠?' 하는 전화가 왔어요. 그래서 정말 싼 금액에 간판을 만들어드렸습니다. 그랬더니 그분도 만족하고, 또 다른 사람을 소개해줬어요."

친구에게 선물하기 위해 만들었던 간판 하나가 동진 씨의 모든 것을 바꾸었다. 동진 씨는 제작진에게 처음 친구에게 간판을 만들어줄 때 사용했던 제작 기법을 보여주었다. 사슴 모형의 동물 트로피에 철 성분이 들어 있는 페인트를 칠한 뒤 산화제를 뿌리자 2시간 만에 놀라운 변화가 나타났다. 멀쩡했던 사슴 트로피가 오랜 세월이 흐른 것처럼 순식간에 부식된 것이다. 이후 부식된 사슴 트로피를 철판에 붙이고 네온사인을 더하니 간판이 완성됐다. 이렇게 만든 완성품들은 가게의 간판이자 손님들의 눈길을 사로잡는 인테리어 소품으로도 쓰였다.

"간판은 이 친구가 다 만들어줬고요. 아무것도 요구하지 않았어요."(고교 동창 A 씨)

"친구들 사이에서 동진이는 제일 이상하다고 알려졌습니다. 뭐가 이상하냐면 다른 친구들은 '돌아이'라고 해요. 우리 친구들 사이에서 공통어입니다."(고교 동창 B 씨)

해수욕장에서나 쓸 법한 선베드를 학교로 가져와 '선탠'을 한다든가, 도시락을 먹는 점심시간에 운동장에서 홀로 고기를 구워 먹기도 했다. 예측불허인 그의 행동은 학교에서 늘 눈에 띄었다.

"선생님이 오셔서 너 지금 뭐 하냐고 하더라고요. 그래서 '선생님, 점심시간에 제가 삼겹살을 구워 먹으면 안 되나요?'라고 되물었죠. 자유 시간인데, 왜 자유를 못 주시나요? 그랬죠. 선생님은 '너 좀 독특한 것 같아'라며 고개를 절레절레했죠. 사실 제가 학창 시절에도 독특하긴 했어요, 하하."

디자인 전공자 없이도 간판업계 뒤흔들어

요즘 동진 씨는 밀려 있는 간판 주문을 소화하기 위해 작업이 한창이다.

"조금 있으면 저희가 큰 공사에 들어가야 해요. 거기에 들어가는 재료를 빨리 만들어야 해서 조금 바쁩니다."

다양한 작품을 만들다 보니 함께하는 직원들의 도움이 필수다. 제작 중인 샹들리에가 어느 위치에 들어가는지 보기 위해 디자인을 담당하는 직원의 컴퓨터로 향했다. 신입인 정영훈 씨는 예전에 건축사사무실에서 일했던 직원으로 컴퓨터를 이용해 도면을 현실처럼 구현한다. 유난히 작업하는 속도가 빨라 '도면 괴물'이라 불린다.

"고객에게 실질적인 미래의 모습을 보여줘야 하는데, 도면 작업을 해서 보여주면 많은 도움이 됩니다."

여동진 대표(왼쪽)는 사슴 모형의 트로피를 의도적으로 부식시켜 빈티지 느낌을 주는 간판을 제작했다.

동진 씨 회사에서는 직원들이 제작부터 설치까지 모든 것을 경험하게 한다. 홀로 철제 간판을 다듬고 있는 허정재 씨는 금속 부식에 일가견이 있다고 한다.

"이런 일도 다 대표님에게 배웠어요. 원래 전문 분야는 아니었고요. 원래 제 전공은 요리입니다. 그런데 이게 훨씬 더 적성에 맞는 것 같아요."

"대표님에게 가끔 요리해주고 그러시나요?"

"뭐든지 시켜 먹는 게 최고입니다. 최고, 하하."

컴퓨터학과를 나온 동진 씨를 비롯해 총 10명의 직원이 있지만 이들 중 간판을 제대로 공부한 사람은 없다. 이런 의외성이 천편일률적인 간판업계를 뒤흔든 저력이 되었다.

작업이 끝난 후, 어쩐 일인지 직원들이 모두 한자리에 모였다. 동진 씨가 큰 소리로 직원 이름을 불렀다.

"우수사원, 정상범!"

"네."

"손 들어주십시오."

"네."

"귀하는 인테리어 공사를 용의주도하게 통솔함으로써 회사의 이익을 극대화하는 데 크게 기여하였기에 파격적인 급여와 상여금을 지급합니다."

동진 씨는 한 달에 한 번 실적에 따라 우수사원을 선정해 상여금을 제공하는데, 매번 아낌없이 돈다발을 건넨다. 이날 정상범 씨는 5만 원짜리 돈다발을 세 개나 받았는데, 금액이 무려 1500만 원이나 됐다. 다음은 특별 시상. 스마일 상은 과장 허정재 씨. 평소 잘 웃고 리액션이 훌륭하다고 해 보너스와 표찰을 받았다. 이처럼 동진 씨의 회사에서는 직원들의 성과에 따라 아낌없이 이익을 나누는데, 지난 연말에는 신재민 과장이 2000만 원이나 받기도 했다.

　"급여를 많이 줘야 열심히 하고 자기 일처럼 하지 않을까요? 이 회사는 제 것으로 생각지 않고 우리가 만든 회사라고 생각해요. 직원들이 다 회사를 위해주고 또 그만큼 열심히 일해주고 있어요. 그래서 회사가 돈을 벌면 벌수록 직원들도 더 받아야죠."

　매출만큼 직원들의 삶의 질도 함께 오르다 보니 매일 퇴근길엔 진풍경이 펼쳐진다. 직원 모두가 '억' 소리가 나는 고급 차의 소유주다 보니 사무실 앞이 마치 외제차 전시장을 방불케 한다. 그런데 화끈한 직원 복지는 이뿐만이 아니다.

　"저희가 이번에 기숙사로 새로 계약한 곳이 있는데, 방 제비뽑기를 하러 가고 있습니다."

막상 시작해보니 주문 거의 없어

동진 씨는 야근이 잦은 직원들을 위해 기숙사를 마련해왔는데, 최근 회사 인근의 아파트를 계약했다. 용산구에 위치한 방 4개, 화장실 2개의 널찍한 아파트다. 모두 설레는 마음으로 아파트 안으로 들어갔다.

"자, 여기 방이 총 4개니까, 공평하게 제비뽑기합니다."

사장인 동진 씨도 예외 없이 방 배정에 참여했다. 제비뽑기용 종이를 방바닥에 뿌려서 하나씩 확인해보았다. 과연 쾌적한 환경을 자랑하는 안방을 차지할 사람은 누구인가? 쟁쟁한 선배들을 제치고 당첨된 이는 햇병아리 후배 김현우 씨다.

"와, 좋겠다. 진짜 좋겠다."

동진 씨가 기숙사를 만들어야겠다고 생각한 것은 회사의 초창기 멤버였던 신재민 씨 때문이었다. 회사에 막 들어왔을 무렵, 재민 씨는 연탄을 때는 집에 살 정도로 형편이 어려웠다. 특히 한겨울이면 추위를 몰아내기 위해 연탄보다 불이 빨리 붙는 번개탄에 불을 붙였는데, 이를 지켜본 동진 씨는 당장 직원들을 위한 기숙사를 만들어야겠다고 결심했다.

"완전 감사했죠. 갈 곳 없는 저를 받아주셔서…."(신재민 씨)

힘든 이의 처지를 먼저 생각하는 동진 씨지만 그가 처음부터 이렇게 남들과 나눌 여건이 되었던 것은 아니다. 8년 전 간판업계에 처음 뛰어들었지만, 막상 시작해보니 예상외로 주문이 들어오지 않았다.

"간판집은 약국보다 많아요. 동네에도 보면 100m마다 있는 게 간판집이에요. 그러다 보니 일이 늘어나지 않았어요."

업계에서 후발주자로 뒤처져 있었지만, 그는 곧 묘안을 생각해냈다. 자신의 간판을 달고 싶은 이들에게 재료비만 받고 제작해주기로 한 것이다. 간판을 부탁하는 사람의 마음까지 생각한 결정이었다.

"그때 저 같은 초보에게 일을 맡기신 것을 보면 그분들도 형편이 좋지 않았을 겁니다. 그래서 우선 그분들을 도와드리고 싶었습니다. 그분들이 잘될 수 있도록요."

동진 씨는 어려운 가게들이 장사가 잘되는 곳으로 거듭나도록 진심을 담아 간판을 만들기 시작했다. 자신을 살리는 간판이었지만, 남을 살리는 간판이기도 했다.

"거울을 재료로 간판을 만들면 예쁠 것 같아서 많이 만들었는데요. 하늘이 배경으로 보여야 간판이 예쁜데, 주변에 호텔이나 모텔 같은 것들이 비치게 되면 돈 안 받고 다른 간판으로 바꿔드리곤 했습니다."

그렇게 버린 간판 재료만 1억 원에 육박했다. 하지만 돈보다 신뢰가 더 중요했기 때문에 미련을 두지 않았다. 그렇게 정성을 다해 만든 20개의 간판을 계기로 입소문이 퍼지기 시작했다. 그 결과 지금은 서울에만 1000개 이상의 간판이 내걸리게 됐다.

"장사가 잘 안 되는 가게가 간판을 바꿔 달고 장사가 잘될 때 가장 큰 희열을 느낍니다. 그렇게 되면 저희도 좋고, 사장님도 좋잖아요."

호랑이 간판으로 인생이 바뀌었다

오늘은 또 어떤 작업이 기다리고 있을까.

"우성이랑 상범이는 서울역. 너는 청담동 가면 되고…"

동진 씨가 도착한 곳은 강남의 한 고깃집.

"실내에 간판 불이 나갔다고 해서 고치러 왔습니다. 장사가 잘되시네요."

동진 씨를 만난 가게 사장은 갑자기 "다 사장님 덕분입니다. 감사합니다. 사장님 덕분에 인생이 바뀌었습니다"라며 두 손으로 그의 손을 잡고 흔들었다.

"여동진 사장님께서 기본적인 콘셉트부터 모든 걸 잡아주셨어요. 장사를 어떻게 하는지도 모르고 저는 음식만 만든 겁니다. 그런데 장사가 너무 잘돼서 2년 만에 점포가 30개로 늘었습니다."(손성규 사장)

이 가게는 특이하게도 호랑이 그림을 배경으로 한 간판을 달고 있다. 그 위에 네온사인으로 상호를 넣어 세상 어디에도 없는 독특한 복고풍의 간판을 완성했다.

"시계, 전축, 스피커 등 90년대 감성으로 주제를 잡아서 인테리어 소품으로 활용했습니다."

당시 유행했던 레트로(복고) 열풍으로 가게엔 개점 초부터 관심이 집중됐다. 그 인기가 지금까지 이어져 옛 추억에 잠기고픈 손님들의 발길이 끊이지 않는다.

"솔직히 여기는 분위기 때문에 옵니다. 레트로적이고 젊은이들이 즐겁게 먹을 수 있는 술자리로 괜찮은 것 같습니다. 밥자리로도 좋고요."(최일규 손님)

여동진 대표가 호랑이 그림 배경의 복고풍 간판과 내부 디자인을 설치해 개점 초부터 관심을 받았던 가게.

간판 하나로 매장의 분위기를 바꿔서 전반적인 매출에도 영향을 미친 것이다. 동진 씨가 간판 디자인에 이렇게 공을 들이는 것은 간판이 가게의 얼굴이라고 생각하기 때문이다.

"화룡점정이 되는 게 간판입니다. 운동 경기에서도 에이스들을 '간판스타'라고 부르잖아요. 간판이 붙는다는 것 자체가 1등, 최고 이런 느낌인데, 그동안 간판을 너무 일반적인 것으로 만들어왔어요. 그러면 간판이 가진 장점이 다 사라지는 것 같아요."

동진 씨가 특별한 외출에 나섰다. 간판을 설치하고 싶다는 의뢰를 받고 사전 답사에 나선 것이다. 매장 분위기와 간판은 잘 어우러져야 하므로 동진 씨 일행은 가게 안으로 들어가 내부를 먼저 둘러보았다. 남성복을 전문으로 판매하는 멀티숍이다.

"원하는 간판 디자인이 있는지요?"

"좀 넓지 않으면서도 특별한 뭔가가 있으면 좋을 것 같습니다만. 저희 가게는 걸어서 지나가다 오는 분들보다는 직접 찾아오는 분들이 더 많아서 간판을 아직 못 달고 있었어요. 앞에 오셔도 못 찾는 경우들이 좀 있었어요."(의뢰인)

온라인 판매에 주력하다 보니 지난 3년간 간판 없이 영업해온 곳이었다. 동진 씨는 제작에 들어가기 전에 가게 안팎의 환경을 꼼꼼하게 확인했다. 매장 입구의 넓이를 자로 쟀고, 주변 환경도 사진을 찍었다. 그렇게 가게 주위를 한참 돌아보며 무엇인가 골똘히 생각하는 듯했다.

"이 거리에는 사람들이 잘 지나다니지를 않아요. 건너편에서도 그렇고요. 즉 건너편에서 이쪽 간판을 볼 이유가 없다는 거지요. 도로 폭이 한 5m 되어 보이는데, 이곳에서 보는 거라서 깔끔한 디자인에 상호를 조그맣게 넣고 '느낌' 있게 제작해야 될 것 같습니다."

"잘 안 보이는 곳이니 간판을 크게 달아야 하는 것 아니냐"는 제작진의 질문에 동진 씨는 "큰 간판은 멀리서 보는 용도로 필요한 거지 이곳 도로 안쪽에서 지나가는 사람들이 볼 용도면 간판이 클 필요가 없다"라고 말했다. 즉 주변 환경을 고려해 최대한의 효과를 끌어내는 것이 간판 제작에 가장 중요하다는 것이다. 그날 오후, 가게 내부에서 동진 씨와 직원들은 심각하게 회의를 진행하고 있었다. 디자인과 기능성, 두 마리 토끼를 함께 잡는 것이 관건이었다. 동진 씨는 뭔가 떠올랐는지 찍어온 사진을 꺼내 보면서 말문을 열었다.

"출입구 상단을 뜯어내고 새로 작업하려면 시간도 많이 걸리니 여기서 대부분을 만들어 가져가서 붙이는 방식으로 하자."(동진 씨)

간판보다 효과적인 포토 존 설치

직원들을 독려하며 동진 씨는 기념주화 크기의 원형 자개를 아크릴

판에 붙이기 시작했다. 이때 재민 씨가 필름지를 가져와 자개 간판의 배경색으로 어울리는지 붙여보았다. 하지만 안에서 보이는 것과 달리 밖에서 햇빛에 비추자 원하는 느낌이 아니었는지 "실패!"를 외치는 동진 씨. 고심 끝에 결정된 디자인은 간판 전체를 자개로 촘촘하게 쌓는 디자인이었다. 일일이 손으로 예술작품을 만들 듯 작업하는 터라 이날 자개를 붙이는 데만 오랜 시간이 걸렸다.

드디어 간판을 설치하는 날이 다가왔다. 동진 씨는 직원들과 함께 간판과 사다리를 들고 현장으로 갔다. 한 시간의 사투 끝에 화사한 자개 간판이 자리를 잡았는데, 동진 씨가 가게 주인을 위해 또 한 가지 준비해온 것이 있었다. 바로 가게로 내려가는 계단을 환하게 비춰줄 원형 후광 간판이다. 어두워서 잘 보이지 않았던 공간이 순식간에 고급스러운 분위기로 바뀌었다.

"와, 200% 만족합니다. 하하하."(의뢰인 최종만 씨)

"그런데 간판 상호가 너무 작지 않은가요?"(제작진)

"아니요. 오히려 궁금증을 갖게 만드는 것 같아요. 간판의 역할을 하면서도 한 번 더 쳐다보게 되니까, 좋은 것 같습니다."(최종만 씨)

평범함을 거부하는 갑부표 간판. 상식을 뛰어넘는 아이디어 뒤에는 그의 끊임없는 노력이 숨어 있다.

"해외 사이트도 검색해보고, 잡지도 스크랩하고, 매일 인터넷으로 뭔가를 찾았습니다. 눈이 그때 딱 뜨였습니다. 그걸 매일 열댓 시간,

한 3개월을 보았더니 현장에서 가게를 보면 어울리는 디자인이 떠올랐습니다."

다음 날 도착한 곳은 경기 남양주시에 있는 한 카페. 동진 씨와 직원들이 도착하기 무섭게 카페 사장이 진수성찬을 테이블 위에 늘어놓는다.

"그동안 제가 받은 게 많아서 항상 보답하는 기분으로 사장님(여동진 씨)을 대접하고 싶습니다. 어떻게 보면 저희 카페를 완전히 살려주신 거거든요. 심폐소생술을 해주신 겁니다."(카페 사장 김주식 씨)

동진 씨는 카페 사장에게 인생을 바꾸어준 은인이나 다름없다고 한다. 이들 사이에 대체 무슨 일이 있었던 것일까.

"6년 전 저희가 간판 제작을 의뢰받고 카페에 가서 봤더니 이곳은 간판이 중요한 게 아니더라고요. 간판을 바꿔봐야 어차피 사람들이 잘 모를 수밖에 없겠더군요. 그래서 사장님에게 제안을 했어요. 간판보다는 사람들이 사진을 찍어서 소셜 미디어에 올릴 수 있는 걸 만드는 게 나을 것 같다고요."(여동진 씨)

그렇게 해서 처음 만든 것이 원고지처럼 만든 벽에 '넌 나를 행복하게 해'라는 문구가 들어간 간판이었다.

"입구에서 테라스로 나가는 가장 중요한 공간인데, 이 부분의 단점을 해결해주셨어요. 그런데 이 포토 존에 대한 반응이 너무 좋아서 계속 다른 것들도 의뢰할 수 있었어요."(김주식 씨)

포토 존을 설치한 후로 마법 같은 일이 벌어졌다. 젊은 층의 뜨거운 호응을 얻으며 소셜 미디어에 사진이 알려지기 시작했는데, 이를 보고 다른 손님들까지 찾아오게 만드는 홍보 효과를 얻게 된 것이다. '행복하자 우리'라는 문구가 적힌 사각 프레임도 인기 만점이었다.

"이곳이 인스타그램에 엄청 많이 나오고 해서 그것 보고 찾아왔어요."(손님 한지연 씨)

익스테리어 디자인으로 사업 확장

사진을 찍기 위해 카페를 찾아오는 이들은 더욱 많아지고 있다. 이곳에 대한 소셜 미디어 게시물이 5000개를 넘어설 정도다. 덕분에 동진 씨는 간판과 조형물을 추가로 주문받았다. 3만m² 부지에 설치된 그의 간판과 포토 존 시설은 15개나 된다. 이에 대한 손님의 반응도 폭발적이었다.

"제 체감상으로는 이전에 연 매출이 지금의 월 매출이 아닌가 싶은 정도로 좋아졌습니다."(김주식 씨)

동진 씨를 은인이라 부를 만했다. 이날 동진 씨는 카페에 새로운 포토 존을 만들기 위해 거울을 벽에 붙였다. 포토 존이라고 부르기엔 그냥 거울 같은데, 여기에는 남다른 의도가 있었다.

"사람들이 여기서 자신이 보이게 사진을 찍을 겁니다. 거울에 비친 자기 모습이 가장 아름다운 줄 알거든요, 하하."

동진 씨는 일반적인 간판을 넘어 포토 존과 조형물 등 외부를 장식하는 익스테리어(Exterior, 외부) 디자인으로 사업 영역을 확장했다. 그것은 실패를 두려워하지 않는 지치지 않는 열정이 있어 가능했다. 그가 도전하고 싶은 분야는 아직도 무궁무진하다.

이 카페의 'DOG PARKING HERE(애완견 매어두는 곳)'라고 적힌 흰색 표지판도 그의 아이디어다. 견주들이 잠시 애완견을 매어두고 쉴 수 있도록 하기 위한 배려다. 참신함을 넘어 기발하기까지 하다.

진심을 담은 이런 제안들이 가게 주인들이 앞다투어 찾는 간판장이로 만든 비결이다. 의뢰인과 제작자가 서로 상부상조하는 계기가 된 것이다.

"의뢰인들이 일단 조형물의 맛을 한번 보면 다른 것도 만들고 싶어 합니다. 그럴 땐 저희도 뿌듯합니다. 돈 받기도 뿌듯하고요. 처음엔 간판 제작이 100%였지만, 이제는 조형물이나 포토 존 시설 등과 반반 정도씩 만들고 있습니다."

덕분에 2013년 처음 간판 제작을 시작한 후 지지부진했던 매출은 2015년 카페를 살린 일을 기점으로 수직 상승해 2020년에는 월 매출 8억 원이라는 신화를 쓰게 됐다.

일과를 마친 저녁, 집으로 돌아가는 퇴근길에 동진 씨는 꽃을 샀다.

부모님께 드릴 작은 선물이다. 지금도 부모님과 함께 거주하는 그는 3명의 누나를 둔 막둥이로 자라나 가족들의 사랑을 독차지했다. 하지만 가족이 화목했던 반면 식구가 많아 형편은 그다지 넉넉하지 않았다. 웃는 날도 많았지만 어려운 날도 많았다.

"군대를 제대한 뒤 취직해야 하는데, 취직이 쉽지 않아 통장에 들어있던 돈 300만 원을 가지고 트럭을 한 대 샀어요. 지금은 푸드트럭이 그럴듯해 보이기도 하는데, 당시엔 길거리에서 장사하는 것은 그다지 인식이 좋지 않았어요. 그래도 해보고 싶었습니다."

가지고 있는 전 재산으로 도전한 것은 닭고기 꼬치 푸드트럭이었다. 의외로 주변에 경쟁 푸드트럭이 많지 않아, 기대 이상의 매출을 올릴 수 있었다.

"수입이 괜찮아져서 점점 세력을 확장하고 싶었어요. 그래서 홍대로 진출했습니다."

포부를 안고 '큰물'로 나간 그때, "누구 허락 맡고 여기서 장사하래?"라며 텃세를 부리고 폭력으로 동진 씨를 협박하는 사람들이 있었다. 차를 빼라는 협박에 할 수 없이 그는 강남역으로 갔다. 하지만 그곳에서도 똑같은 경우를 겪었다. 심지어 그곳에서는 폭력배들이 트럭을 때려 부수기 시작했다.

더럽다고 생각지 말고, 일을 해라, 소매 걷고

"그날 부모님이 저 응원한다고 강남역에 와서 꼬치 사 먹겠다고 했어요. 그런데 그날 트럭을 때려 부수는 걸 목격한 거예요. 그 사람들이 아버지도 때리려고 했습니다."

벼랑 끝에 몰렸던 20대의 동진 씨. 장사 기반을 잃어버린 그가 크게 느낀 것이 있었다.

"그때 눈이 딱 뜨였어요. 무조건 안 된다고 하지 말고 그냥 해보자. 지금 만지는 흙 같은 것은 더럽다고 생각지 말고, 일을 해라, 소매 걷고."

경험은 돈 주고도 못 산다고 하지 않았던가. 동진 씨는 힘들었던 시절을 이겨내며 더욱 단단해졌다. 어머니는 자신의 인생을 스스로 개척해나가는 아들이 대견하기만 하다.

"아들은 항상 긍정적이에요. 그러니 이렇게 계속 웃는 표정을 지으면서 엄마 아빠에게 말하는데, 정말 짜증스러운데도 내색하지 않는 것일 수도 있잖아요. 그런 생각을 하면 걱정되고 가슴 아프기도 해요."(어머니)

대규모 공사가 시작되는 날. 경기도 가평군에 있는 한 펜션으로 직원들이 모두 출동했다. 그간 만들어놓은 다양한 간판과 조형물들을 설치하기 위해서다. 여러 조형물 중에서도 '리브, 러브, 래프(LIVE LOVE LAUGH)'라는 노란색 철제 글씨 위를 인조 잔디로 장식한 대형 포토 존은 주변의 자연경관과 어울릴 수 있도록 신경 써서 만든 동진 씨의 역작이다. 그리고 이날의 하이라이트는 10m 높이를 올라 외벽에 간판을 설치하는 것. 동진 씨는 크레인을 이용해 직원들과 함께 높은 곳에 올라 글자 간판을 붙이기 시작했다. 그가 이렇게 몸을 사리지 않고 남의 가게에 걸리는 간판을 위해 애쓰는 이유는 무엇일까.

"나만의 길을 만들어보고 싶어요. 그 길에는 조형물도 있고, 일률적인 패턴 간판들로 채워진 거리를 만들어보고 싶어요."

동진 씨는 세상이 가진 편견을 깨고, 포기하지 않는 끈기와 끝없는 열정으로 묵묵히 앞을 향해 달려가고 있다. 그가 생각하는 성공의 열쇠는 나보다 남을 먼저 생각하고, 인연을 소중하게 여기는 마음이다. 그 진심이 자신뿐 아니라 모두를 살린 나비효과가 된 것이다.

"멋진 간판을 달아서 가게 사장님들이 잘되면 저희도 좋은 거잖아요. 실력이 뛰어난 사람은 사실 너무나 많죠. 하지만 신뢰와 믿음이 솔직히 가장 중요한 것 같아요. 내 것처럼, 내 일처럼 하는 것이 가장 중요한 것 같아요."

★ 지금 하는 일이 한 번의 이익으로 끝나지 않고, 의뢰자에게 더 도움이 되도록 해서 공생 관계를 만들면 더 큰 이익과 보람으로 다가온다.

★ 어떤 일이 일어나도 반성은 하되 후회는 하지 않는다. 삶의 모든 일은 그래야만 했던 이유가 있으므로 그것을 교훈 삼는다.

★ 남의 불행을 내 이익으로 삼지 않으려 한다.

한 줄 성공 비법

― 실패하는 건 당연하다. 언제까지 실패해야 하는가? 성공할 때까지. 성공 후에 실패하는 것도 당연하다. 언제까지 실패해야 하는가? 다시 성공할 때까지.

― 누구나 도전하고 싶고 새 출발을 하고 싶지만 주저하는 이유는 실패가 두렵기 때문이다. 하지만 도전하지 않는다면 성공은 할 수 없다.

― 처음부터 잘하는 사람이 있었을까? 꾸준한 자기계발이 있어야 기회도 온다.

가게 프로필 •————————————

간판 갑부의 매출

월 8억3700만 원!
서울에만 1000개 이상 간판 제작
연 매출 100억 원

어디까지나 제작진의 계산입을 알려드립니다.

상호: 플레져(인스타그램 아이디 art2.co.kr)
대표자: 여동진
주소: 서울 서초구 잠원동 49-30

숨만 쉬어도 10억 원을
버는 자판기 사업가

하프스페이스 정성운

'서민갑부' 제작진을 충격에 빠뜨린 남자

정성운(40) 씨는 '서민갑부' 촬영에 앞서 제작진을 충격에 빠뜨리는 발언을 했다.

"제가 '서민갑부'를 자주 보거든요. (출연자들이) 대단하세요. 정말 대단하신데 보면 볼수록 느끼는 게…. 그분들이 하나도 안 부러워요."

정 씨의 말은 대다수의 '서민갑부' 출연진의 성공 공식이 마음에 들지 않는다는 것이었다. '서민갑부'의 성공 공식은 근면·성실은 기본이고, 7전 8기의 끈기는 필수이며, 말 그대로 독한 인생으로 요약할 수 있다. 그런데 그것을 거부하다니 무슨 배짱?

"제 인생의 모토는 숨만 쉬어도 돈이 들어오는 구조를 만드는 겁니다. 아, 지금 이 시간에도 제게 돈이 계속 들어오고 있어요."

누구나 한 번쯤 '숨만 쉬어도 돈을 벌 수 있다면'이라고 상상해보았을 텐데, 그것을 현실로 만들어낸 사나이가 바로 정성운 대표다. 그는 인생을 즐기는 것과 돈 버는 일, 두 마리 토끼를 한꺼번에 잡을 수 있다고 말한다. 1년 365일 멈추지 않는 입금 스토리. 복권에 운을 시험하지 않아도, 주식 투자처럼 손해 볼까 맘 졸일 필요도 없이 놀기만 해도 잔고가 쌓인다.

"일할 때만 돈이 들어온다고 하면 내가 아파서 일을 못 하면 어떡해요. 그렇게 일하지 않을 때도 무조건 돈이 들어와야 돼요."

그런데 이런 일을 아무나 할 수 있는 걸까. 성운 씨는 누구나 100만 원만 있으면 할 수 있는 일이라고 한다. 평범한 사람도 쉽게 돈을 벌 수 있다는 그를 제작진이 따라가보았다. 남다른 신념과 방법으로 성공의 길을 개척하는 갑부. 숨만 쉬어도 1년에 10억 원을 버는 비법을 함께 알아보았다.

서울 강남의 한 전철역에서 그를 만났다. 그는 일이 다 끝나지 않았다며 함께 가보자고 했다. 그는 강남대로와 뒷골목에 좌우로 도열한 건물들을 들어갔다가 10여 분 지나서 나오고, 다시 다른 건물에 들어가서 10여 분을 보내고 밝은 기색으로 돌아나왔다. 그가 하는 일은 자동판매기(자판기) 관리였다. 자판기가 있으니 그가 숨만 쉬어도 돈을 벌게 되는 것이었다.

한 공원으로 들어가서 한쪽에 세워져 있는 자판기를 열고 돈을 꺼냈다. 지난 3일간 음료수 판매로 얻은 수익이라는데, 성과가 좋은지 자신만만하다. 돈을 세어보니 8만6000원이다. 음료수 하나가 1000원이라고 할 때 86개나 팔린 것이다. 1대를 관리하는 데 걸리는 시간은 10분 내외. 네 곳을 들렀다 해도 일한 시간은 1시간이 안 된다. 그동안 벌어들인 돈은 21만4000원.

"건물주분들처럼 저도 가만히 있어도 돈을 버는 방법이 뭐 없을까, 고민하다가 자판기 사업을 하게 됐습니다."

성운 씨는 아무리 열심히 일해도 미래가 불투명해 보였다. 건물주가 되겠다는 꿈도 오를 수 없는 나무와 같았다. 5년 전만 해도 그에게는 단돈 200만 원밖에 없었다. 결국 자신이 아는 범위에서 가장 쉽게 접근할 수 있는 일이 자판기 사업이었다. 일확천금을 꿈꾸기보다는 쉽고 안정적인 돈벌이가 중요했던 것이다. 푼돈 버는 것 같지만, 따져보면 효율성 최고. 가게 얻을 필요 없이 자투리 공간을 활용하고, 자판기에 물건 채우는 일도 힘든 일은 아니란다.

"음료를 매일 갖고 와서 실을 수는 없잖아요. 그래서 음료수를 저장해두는 캐비닛도 자판기 옆에 두고 있어요. 일은 편하게 해야 돼요, 하하."

자판기 이용자 아직도 많다

오전 내내 돌아다니면서 숨만 쉬어도 돈 벌 수 있는 만반의 준비를 끝내고 성운 씨는 브런치 카페로 들어갔다. 분위기가 근사한 식당이었다.

"오늘 자판기로 돈 많이 벌었으니, 그 돈에 맞춰서 식사하려고요. 돈이 적게 모일 때는 백반 먹으러 갑니다."

식비가 5만 원을 넘었다. 자판기에서 꺼낸 1000원짜리 50장을 식비로 내자 카운터 담당자가 당황해한다. 성운 씨가 자판기 사업을 한다고 하니 웃으며 돈을 받았다. 직원의 말이 인상 깊다.

"저희는 사실 감사해요. 왜냐면 잔돈을 바꾸러 굳이 은행에 가지 않아도 되기 때문에 감사하죠. 그런데 제가 외식업 경력 18년 차인데, 1000원짜리로 결제하시는 분은 아마 최초인 것 같아요. 인상적이에요."

식사를 마치고 다시 어디론가로 향하는데, 어디를 가든 그 끝엔 늘 자판기가 있었다. 자판기는 거리 곳곳에 놓인 금고처럼 써도 써도 돈이 화수분처럼 나오는 신통한 상자다. 흡연자들이 주로 찾는 야외 공간에 놓인 자판기에선 1000원짜리로 2만 원을 챙긴다. 곧이어 실내로 이동하자 그동안 봤던 것과는 달리 다양한 과자류가 자판기에 들어 있다. 사람들이 많이 머무는 휴게실에서는 간식거리까지 담은 멀티 자판기를 운영한다. 여기선 4만 원의 수익이 발생했다.

"원래 이렇게 장사가 잘되지는 않는데요. 비가 와서 사람들이 밖에 나가는 게 귀찮으니까 맨날 자판기를 이용하시는 것 같아요."

자판기는 비 오는 날, 더운 날, 심야 시간, 사람들이 움직이기 귀찮아하는 시간에 매출이 더욱 상승한다. 그렇다고 성운 씨가 온 종일 돈만 수거하러 다니지는 않는다. 산책하고 싶을 때 2, 3일에 한 번씩 가도 되고, 잠깐 돈을 끄집어내면 작업 끝이다. 성운 씨가 운영하는 자판기는 30여 대. 하루에 수금할 때마다 20만 원 이상의 수익을 얻는다. 이렇게 해서 월 500만~1000만 원 정도 된다.

"그냥 숨만 쉬고 있으면 한 달에 한 500만 원 정도는 버는 것 같아요."

하지만 요즘에도 자판기를 이용하는 이들이 그렇게 많은 걸까. 한때 인기를 얻어 곳곳에 있던 커피 자판기도 품질과 가성비가 높은 다양한 커피숍들이 등장하면서 사양길에 접어들었다.

"그렇지 않아요. 요즘에도 많아요. 그리고 자판기는 많이 쓸 수 있는 상황을 만들어주면 돼요. 갇혀 있는 공간, 폐쇄된 공간, 편의점이 없는 공간에서는 자판기를 쓸 수밖에 없어요."

성운 씨는 산책이 취미다. 천천히 걸으면서 자판기 놓을 자리도 생각한다.

"지금 여기 이 공간을 보세요. 이 근처에서 사람들이 흡연을 많이 해요. 그런데 다 음료 하나씩 들고 다닙니다. 흡연하면서도 대부분 음료를 들고 있어요. 그런데 자판기가 잘될 만한 장소는 폐쇄적이어야 해요. 이곳은 상권이 너무 발달해서 자판기가 잘될 만한 장소는 찾기 쉽지 않아요."

많이 걸어 다니는 만큼 상권도 꿰고 있다.

"예전에 이곳에는 편의점이 있었어요. 지금은 편의점이 빠졌는데요. 이 주변에 공유 오피스도 있고, 건물도 굉장히 큽니다. 이런 곳에 자판기가 들어가면 어느 정도 수익이 날 타당성이 있어요. 이런 곳에 제안해서 자판기를 놓을 수 있으면 진짜 괜찮거든요."

편하게 돈 벌려면 철저한 준비 필요

성운 씨는 좋은 자리가 있으면 관리자를 만나 자판기 위탁 운영을 제안하기도 한다. 하지만 그런 제안이 늘 받아들여지는 건 아니다. 이번에도 아예 이야기 자체를 들으려 하지 않는다며 아쉬워했다. 하지만 포기하기엔 이르다. 주변에 건물이 여러 채 있다. 수익이 나올 만한 장소를 빌려 수수료를 내고 자판기를 설치하는 게 위탁 운영이다. 방치된 빈 공간에서 새 가치를 창출할 수 있다.

"만약에 협의 상대가 기업이라고 하면 직접 찾아가서 사원 복지 차원에서 자판기를 놓으실 생각이 없냐, 투자는 제가 다 하겠다고 말합니다. 또 어딘가 지나가다가 자판기 놓기에 좋은 자리가 있으면 임차하신 분이나 건물주하고 협의를 해서 설치하게 됩니다."

편하게 돈을 벌자면 철저한 준비가 필요한 법이다. 사실 좋은 자리 찾는 게 쉽지만은 않다. 그만큼 발품을 많이 팔아야 한다. 성운 씨는 눈에 띄는 곳이 있는지 한 쇼핑몰 앞에서 멈춰서더니 본격적인 탐방에 나섰다. 밖에선 눈에 잘 띄지 않던 좁은 통로에 그는 관심을 가졌다. 사람들이 모여 쉬는 뒷길까지 꼼꼼하게 확인했다.

"이런 곳이 굉장히 좋은 자리예요. 사람들이 이 주변에 계속 '고여' 있거든요. 이런 데서는 음료를 마실 수밖에 없어요. 이런 곳이 바로 명

공간 개발자인 성운 씨는 자판기를 설치하기 좋은 자리를 보는 안목이 있었다. 실제로 그가 "좋은 자리"라고 말한 곳에 제작진이 임시로 자판기를 설치했더니 12시간 만에 약 16만 원의 수익이 나왔다.

당이에요. 택배 회사 느낌과 공장의 느낌까지 조합된 것 같아요. 같은 유동인구 10명이라도 훨씬 매출이 날 가능성이 높은 거죠, 하하."

그래서 제작진은 성운 씨가 말한 '명당'이 진짜 자판기 설치하기 좋은 명당인지 확인하기 위해 실험을 해보았다. 빌딩 관계자의 협조 아래 12시간 자판기를 설치한 후 매출을 확인하기로 한 것이다. 12시간이 지나고 제작진이 확인을 했다. 동전과 지폐를 합쳐 모두 16만 5100원의 수익을 올렸다. 대박이 따로 없다.

"한 20만 원 나올 줄 알았는데 아쉽네요, 하하. 자판기가 잘되는 곳과 안되는 곳은 명확하게 구분돼요. 첫째, 우선 거주 인구가 많아야 해요. 유동인구에는 속지 말아야 하고요. 둘째, 경쟁업체는 멀리 있을수록 좋아요. 자판기의 최대 경쟁자는 편의점인데, 편의점은 멀면 멀수록 좋아요. 셋째, 상주인구가 원하는 아이템이 필요합니다."

실험 장소 근처를 둘러보는데, 갑부가 말한 명당에서 걸어서 4분 거리에 편의점이 하나 있었다. 또 4분 15초 걸리는 곳에도 편의점이 있었다. 실험 장소의 자판기 이용자가 많았던 것은 사람들이 건물을 돌아 4분 넘게 걸어 편의점에 가는 게 불편했기 때문이었다. 명당이 있다면 그 반대의 경우도 있다. 전철역 근처 대로변에는 유동인구가 많지만, 이들은 주로 스쳐 지나가는 이들이다. 제작진은 성운 씨의 분석을 확인해보기 위해 이곳에도 실험용 자판기를 설치해 이전과 동일한 조건으로 실험을 진행했다. 놀랍게도 12시간 동안 번 돈은 1만

6800원. 성운 씨는 이런 차이를 예상하고 있었지만, 정작 중요한 것은 따로 있다고 강조했다.

"자판기를 놓을 수 있는 자리가 있다면 무조건 해야 해요. 잘되고 안되는 것은 사실 논의할 거리가 안 돼요. 자판기 수익은 자리에 따라 차이가 있겠지만, 보통 그렇게 비싼 비용이 들어가지는 않아요. 중고 자판기는 100만~300만 원, 신형 자판기는 500만 원이면 살 수 있어요. 200만 원을 은행에 예금할 경우 이자를 생각해보세요. 음료수가 하루 몇 개 팔리지 않아도 은행 이자보다는 훨씬 나은 거죠. 그래서 자판기는 꾸준한 연금 같은 존재입니다."

부업으로 자판기 관리만 한 게 없다

성운 씨는 10년 전 부동산 일에 뛰어들었다. 담당은 상가였는데, 거래를 성사하는 게 쉽지 않았다. 어떤 손님은 "한두 푼 들어가는 일도 아닌데, 젊은 사람이 가게 자리는 볼 줄 알겠어?"라며 손사래를 치기도 했다. 고객의 신임을 얻는 일이 결코 쉽지 않았다.

"그때는 진짜 참담했습니다. 5개월 동안 제가 제 사비로 식비, 교통비 다 대고 밤 10시까지 일했거든요. 새벽에 마을버스에 매달려 출근하면서 열심히 했는데, 수익은 제로였어요."

거래가 이뤄져야 수입이 생기던 시절이라 운이 좋을 때는 제법 돈을 벌었지만, 때로는 매끼 식사를 해결하는 것도 어려웠다.

"꾸준한 수익이 없으면 삶이 안정되기 어렵잖아요. 미래를 위해 저축하는 것도 어렵고요. 그래서 저는 어떻게 하면 꾸준하게 안정된 수익을 만들 수 있을까에 대해 항상 고민했어요."

그러던 어느 날 성운 씨는 자판기 운영에 대한 정보를 얻게 됐다. 한 지인은 "옛날 같지는 않아도 부업으로 자판기 관리만 한 게 없어"라며 용기를 주었다.

"그때 굉장히 단순하게 생각했어요. 자판기는 어차피 현물이니까 잘 운영되지 않으면 중고나라에 내놓고 팔면 되지 뭐. 몇만 원 수익이 생기면 '야 신난다' 이러면서 밥 사 먹곤 했습니다. 수익 사업이라기보다 그냥 재미있는 일이 됐어요."

많진 않지만 고정적으로 수입이 생기자 그는 돈을 모아 다시 자판기에 투자해 판을 키웠다.

"이상하게도 어느 커피숍이 장사가 잘되면 그 근처에 커피숍이 또 생겨요. 그런데 자판기가 놓여 있으면, 그 근처에는 자판기를 또 놓지 않더라고요. 그래서 일단 망할 염려가 없어요. 당연히 제가 투자한 거에 대한 원금도 한 1년 안에 회수가 가능해요."

그래서 성운 씨가 보기에는 소자본으로 위험 부담이 적은 가장 쉬운 사업이 자판기 사업이다. 그가 가는 곳엔 늘 자판기가 있다. 이번엔 경기도 김포시의 한 독서실. 역시 실내의 휴게실 한쪽에 그의 자판기가 설치돼 있었다. 그런데 이곳 자판기의 상품이 무척 다양했다. 음료수부터 초콜릿, 컵라면 등 편의점을 축소해놓은 듯 여러 상품이 들어 있었다. 이곳은 성운 씨가 직접 운영하는 게 아니라 성운 씨의 자판기를 점주가 운영하는 곳이다. 독서실 운영자는 "보통 여기서 한 달 평균 70만~80만 원 정도 매출이 나온다"고 말했다.

인건비도 필요 없고, 24시간 운영이 가능하며, 고객들도 외부로 나갈 필요 없이 원하는 것을 얻을 수 있으니 대만족이다. 자판기는 모르는 사람에게는 단순한 고철 상자에 불과하지만 아는 사람에게는 무궁무진한 가능성의 노다지다. 성운 씨는 그 세계를 아는 것이다. 그래서 그는 틈날 때마다 자판기를 구입해 보관한다. 경기도 광주에 있는 그의 창고에 가면 인기 많은 멀티 자판기에서부터 20년 전 유행했던 커피 자판기까지 박물관이 따로 없을 정도로 다양한 자판기가 보관돼 있다. 자판기를 수집하는 이유가 다 있다.

"이것은 중고 음료 자판기인데요. 이것도 세척하고 정비하면 한 10년은 더 쓸 수 있어요. 자판기는 고장이 잘 나지 않아요."

성운 씨는 자판기 앞에서 깨끗한 자판기 문을 열고는 안의 부속품 치수를 꼼꼼하게 쟀다. 급기야 멀쩡한 내부를 뜯어내기까지 했다.

"자판기는 규격이 다 비슷해요. 그래서 다양한 시도를 해봅니다. 카센터에서는 세차용품 자판기도 둘 수 있거든요. 자판기 안에 무엇을 넣느냐에 따라 용도가 정해질 수 있으니 흥미롭지 않나요? 멀티 자판기는 뭐든지 다 넣을 수 있어요. 그러니까 뭐 조그마한 화분도 가능하고, 두 손바닥 안에 들어가는 정도의 크기라면 모든 제품을 다 팔 수 있어요."

기계 다루는 솜씨는 없었지만 성운 씨는 자판기 개조에도 나서서, 판매까지 하고 있다. 물론 쉽지는 않았다고 한다.

절묘한 타이밍에 뛰어든 사업

편의점과 카페가 유행하면서 자판기는 사양 사업이 됐지만, 성운 씨는 약간의 변화로 돌파구를 찾았다. 다른 사람들은 대개 자판기에 음료를 넣어 팔아왔지만 그는 다양한 시도를 했다. 컵 샐러드도 팔고, 편의점에서 취급하는 다양한 제품들을 자판기에 넣어 판매를 시도했다.

"부동산 일을 하면서 굉장히 트렌디한 것들을 많이 접했어요. 그래서 사람들의 관심 사항을 파악하고 그것을 현실화하는 일에는 제가 조금 빠른 편이었어요. 그래서 차별성 있는 아이템들을 자판기로 팔기도 했죠."

인건비가 오르면서 많은 자영업자들이 어려워졌지만 성운 씨는 오히려 기회를 맞이했다. 인건비를 절감하기 위해 무인 가게가 많아졌고 그의 사업도 그런 시대의 흐름에 맞게 날개를 달았다.

"인건비가 급격하게 상승하고, 무인 가게 수요가 급격하게 늘어날 때 제가 자판기 시장으로 뛰어들었어요. 어떻게 보면 타이밍이 절묘했습니다. 앞으로도 무인화는 가속화할 것 같아요. 정체기는 있었지만, 지금 다시 피크를 향해 가고 있다고 생각해요."

성운 씨는 뜻하지 않게 전국 드라이브를 많이 하게 됐다. 전국 곳곳에서 문의가 밀려들어 잠시도 쉴 수가 없을 지경이었다. 이번에는 남원으로 한달음에 달려갔다. 도착하자마자 300kg이나 나가는 자판기를 옮기는 작업을 하고 있었다. 남성 4명이 달라붙어 겨우 옮겼다. 사람 손으로 자판기를 옮기는 일은 결코 쉽지 않았다. 대체 무슨 자판기이기에 몇 사람이 달라붙어 설치하는 것일까. 부업을 원하는 서미령 씨가 요청한 자판기다.

"제가 현재 커피숍을 하나 하고 있어요. 그런데 아무리 해도 매출이 오르질 않아요. 그래서 새로운 것을 찾다가 무인 커피숍을 생각해낸 겁니다."(서미령 씨)

그런데 일반적인 커피 자판기가 아니다. 이 자판기가 만들 수 있는 음료가 18가지나 된다. 사람들의 입맛과 유행이 바뀌는 만큼 자판기도 그런 변신을 해왔다. 원두도 즉석에서 갈아서 커피를 만든다. 그야말로 카페의 축소판이다. 맛도 바리스타가 뽑아주는 것 못지않게 좋다고 한다.

"여기 스크린에 음료수들이 보이죠? 이걸 다 고를 수 있어요. 입맛은 평균적으로 해두고, 그 맛을 유지할 수 있는데요. 아이스 아메리카노 버튼을 누른 뒤 얼음 양과 커피 농도를 직접 조절할 수 있어요."(정성운 씨)

커피의 산도, 농도, 얼음 양까지 각자의 취향에 따라 맞춤으로 제작이 가능하다. 뚜껑도 따라 나오기 때문에 커피잔을 들고 이동하기도 쉽다.

"가격은 사장님이 원하는 대로 조정할 수 있어요. 요즘 무인 카페 매출이 입지에 따라 다르긴 하지만, 대부분 500만~600만 원 정도는 유지할 수 있어요. 그러면 비용 빼고 250만 원 정도 수익을 낼 수 있습니다. 어떻게 보면 딱 한 사람의 인건비 정도의 수익을 낼 수 있습니다."

경제 불황과 고용 불안에 대한 돌파구로 자영업을 선택하는 이들이 많다. 하지만 현실은 녹록지 않다. 무인 가게가 정답이 될 수 있을까.

"이제는 채소나 과일도 자판기로 살 수 있도록 채소 자판기가 나왔어요. 물론 우리나라 사람들이 약간 흥정하는 것도 좋아하고, 직접 물건을 만져보는 걸 좋아하기 때문에 무인 가게라면 매출이 좀 줄어들 순 있겠죠."

무엇보다 중요한 것은 아이템이라고 한다. 성운 씨는 인천시 계양구의 한 거리를 걷다가 무인 애견용품 가게로 들어갔다.

"보통 애견용품 자판기라고 생각할 겁니다. 그런데 형식을 보면 다 비슷해요. 꽃 자판기, 샐러드 자판기처럼 그 안에 무엇을 넣느냐에 따라 이름이 바뀌는 겁니다.”

가능성을 성공으로 만드는 것은 한 끗 차이다. 성운 씨는 부업으로 시작해 판매와 위탁 운영까지 사업을 확장했다. 거점이 되는 그의 작은 사무실에는 두 명의 직원이 상주하며 영업과 상담을 하고 있다.

“사장님은 아이디어 뱅크예요. 돈을 벌 수 있는 발판이 되는 아이디어를 가져오니까 좋지요. 저희가 좀 피곤해지긴 하지만요, 호호.”

보드에 설치 일정표가 빼곡했다. 이렇게 벌어들이는 돈은 과연 얼마나 될까. 자판기 가격이 100만~500만 원이고 평균 25대를 판다고 보면 월 매출이 약 7500만 원, 여기에 자판기 운영 수익은 월 500만~1000만 원. 이것을 연간으로 계산하면 약 10억 원이 나온다. 2022년 가을 현재 그의 매출은 연간 40억 원대로 뛰었다.

가진 것 없이 일궈낸 성공이라 그만큼 기쁨은 더 크다. 성운 씨는 아직 젊기 때문에 갈 길이 멀다고 생각한다. 할 수 있다는 자신감이 있으니 눈앞을 가로막는 어떤 벽이라도 넘어설 수 있다는 것이다.

경주 정씨 종손, 부모는 장사 반대

경기도 안성의 한 으리으리한 기와집. 그 옆엔 커다란 사당도 있다.

성운 씨는 자산을 많이 물려받은 금수저인가?

"제가 종손이다 보니 저희 부모님 집이 이런 곳에 있습니다. 제사 지내는 사당도 있고, 손님들을 위한 회실도 있다 보니 집이 매우 큽니다."

성운 씨는 경주 정씨의 종손이다. 집안의 기둥이다 보니 더욱더 혼자 힘으로 성공해보고 싶었다고 한다. 독립한 성운 씨는 모처럼 고향 집에 와서 부모님과 마주하고, 즐거운 한때를 보냈다. 성운 씨는 자판기에서 수금한 돈 가운데 100만 원을 봉투에 넣어 할머니에게 건넸다.

"맛있는 거 사 드세요."(성운 씨)

"아이고, 왜 이렇게 많이 줘. 잘 쓸게."(할머니 조성순 씨)

성운 씨가 방을 나가자 할머니는 "성운이가 열심히 살아요. 귀하게 키웠는데, 열심히 사는 거 보면 아주 너무너무 신통해요"라며 좋아했다. 부엌에서는 어머니가 설거지를 하다 말고 "나는 용돈 안 줘?"라며 한마디 건넸다. 그러자 성운 씨는 "며칠 전에 300만 원 드렸어요. 괜히 저러시는 거예요"라고 웃었다. 어머니는 계속 웃으며 "내가 워낙 깜빡깜빡해. 그리고 그런 건 빨리 잊어버려야 해"라며 농담을 그치지 않았다.

"아들에게 장사가 제일 힘들다, 너는 장사하지 말고 공직에 근무해라라고 했어요. 그런데 굳이 장사를 하겠다기에 속상해서 많이 울었어요. 지나고 보니 성운이가 정말 영업 재능을 타고났나 하는 생각이 들어요. 그게 정말 쉬운 게 아니거든요."

어머니는 아들만큼은 잘 배워서 고생 없이 살길 바랐다고 한다. 집안 형편이 어렵던 때도 성운 씨를 뒷바라지하느라 애를 많이 썼다고 한다. 하지만 성운 씨에겐 그런 희생과 기대가 벽처럼 느껴지기도 했다.

"부모님이 항상 저를 품 안에 넣고 돌봐주셨으니까 제가 세상을 제대로 본 적이 없었어요. 그리고 제가 무능력하다는 것을 견딜 수가 없는 거예요. 그래서 부동산업을 하지 않았으면 아마도 부모님에게 커피숍 하나 차려달라고 졸랐을 것이고, 그러다 망하면 다시 부모님께로 돌아가지 않았을까 해요."

성운 씨는 가족의 사랑을 확인하며 다시 한번 마음을 다잡고 고향 집을 떠나 서울로 향했다. 새로운 하루가 시작되면 수많은 사람들이 출근길을 재촉한다. 성운 씨도 그들처럼 거리로 나섰다. 조금 다른 점이 있다면 남들은 일부터 하지만 갑부는 자판기에서 수금하면서 돈부터 번다. 힘들이지 않아도 돈이 들어오니까 벌이가 좋을 때면 복권 당첨이 부럽지 않다고 한다.

"밖에 나왔을 때 수금도 하지만 그냥 한 바퀴 돌면서 맛집 가서 밥 먹는 거 좋아해요."

여유롭게 산책하며 몇 군데 더 돌면 개인 일과는 끝이다. 이날은 본격적으로 해야 할 업무가 있었다. 그가 찾아간 곳은 경기 용인시 어린이 도서관. 이곳에서도 새로운 자판기를 설치했다.

상권 특성 파악이 핵심

유산균 회사에서 자기 회사 제품을 자판기로 판매하고 싶어 해 유산균 자판기를 설치하기로 했다. 이곳 방문객의 대부분이 어린이와 보호자이기 때문에 유산균 제품이 적합한 품목이다. 특히 아이들이 좋아하는 간식 형태의 제품이라 판매 가능성이 높은 상황이다.

"매장을 운영하려면 인력이 필요하고, 비용도 많이 들어가니까 가장 손쉬운 게 자동판매기였어요."(유산균 자판기 의뢰인)

어린이 도서관은 연간 방문자가 30만 명 정도 되는 곳으로 광고 효과가 매우 좋은 곳이다. 특정 기업이 광고를 하려면 5억~10억 원의 비용이 들 정도인 곳인데 자판기 설치비용만 들어서 그런 광고 효과를 얻을 수 있으니 일거양득이다.

"광고 효과가 엄청난 거예요. 큰 도로변 건물 옥상에 큰 광고 스크린이나 광고판들 있잖아요? 아마 대부분 대기업 광고일 텐데요. 일반인들이 상상할 수 없는 큰 금액의 광고비가 들어갑니다. 광고는 노출이 최대한 많이 되어야 하는데, 그런 데는 항시 노출이 되잖아요. 자판기도 그 설치 장소에 따라서 활용도가 엄청날 수 있어요. 새로 사업하시는 분들은 그런 걸 최대한 활용하면 좋을 것 같습니다."(성운 씨)

성운 씨는 과거 부동산 업무를 할 때 서울의 골목을 구석구석 돌아다니며 상권을 파악했다.

"일단 지리를 알아야 하고, 고객의 신뢰를 얻고자 한다면 그 고객이 사는 동네를 알아야 해요. 지하철 2호선을 기점으로, 연결되는 역들을 통해 서울 전 지역을 다 걸어 다녀본 것 같아요."

그런데 같은 길을 수차례 다니면서 희한한 광경을 목격했다. 장사가 잘될 수 있는 자리인데, 폐업이 줄을 이었던 것이다. 코로나19가 기승을 부리기 전이었으니, 다른 이유가 있었던 것이다. 알고 보니 장사가 웬만큼 되지만, 임대료가 너무 높아서 가게를 내놓는 곳들이 많았다. 흔히 유동인구가 많은 곳을 목 좋은 자리라고 하는데, 현실적으로 따져야 할 것은 임대료였던 것이다. 성운 씨는 주변 상권과 예상 고객층을 철저하게 분석하고, 인적이 드문 곳에서도 카페를 차려 성공할 수 있다고 자신했다. 수많은 사람이 실패할 것이라고 예측했지만, 그의 예상이 적중했다. 그렇게 해서 카페 거리가 형성되며 상권이 커지는 것을 경험하기도 했다.

"부동산 일을 경험했던 것이 1만7000번 망해본 것과 비슷한 경험을 했다고 생각해요. 제가 소장하고 있는 부동산 가게 정보가 수도권에만 2만5000개가 있어요. 하나의 가게에 대한 정보가 있으면 그곳에서 장사했던 이전 사장의 성향, 건물주의 성향까지도 자세하게 적어놓았어요."

그만큼 끊임없는 노력으로 성공의 발판을 만들어낸 것이다.

어느 늦은 밤 갑부는 인적 드문 골목을 찾았다. 그가 들어간 곳은 친구가 하는 곱창전문점이었다. 사장은 뭔가를 열심히 만들고 있었다. 특이하게도 같은 형태의 주방이 두 개가 나란히 있었다. 알고 보니 배달 전문점이었다.

"제 친구랑 여기서 곱창집을 하려고 했어요. 이곳이 약 99m²(30평)가 조금 안 되거든요. 그런데 배달전문점을 하게 되자, 이 공간을 다 쓸 필요가 없는 거예요. 그래서 차라리 주방을 하나 더 만들어서 임대를 하자고 생각한 겁니다."

"일단은 매장이 크니까 주방을 하나만 놓으면 허전할 것 같아서 주방을 하나 더 만들었어요. 아, 주문이 또 들어왔네. 잠시만요."(친구 김종훈 씨)

안 망하는 방법 연구하는 게 사업

성운 씨가 '공유 주방'이라는 시스템을 도입했다. 사람들이 음식을 시켜 먹는 일이 점점 더 많아지면서 배달만 전문적으로 하는 음식점도 늘고 있다. 조리할 공간만 확보되면 장사가 가능하기 때문에 공유 주방을 이용하는 게 이득이다. 이곳에 주방 공사를 하며 들어간 비용이 3000만 원이고 매달 80만 원의 월세를 내고 있지만 공유 주방 사용료로 2팀에게서 80만 원씩 160만 원을 받는다. 결국 월 80만 원의 추가 이익을 내고 있다. 이 주방을 이용하는 종훈 씨는 한 배달앱만 이용해서 월 1250만 원의 매출이 생기고 있는 것을 스크린에 보여줬다. 모두 합해서 2000만 원 정도의 매출을 올리고 있다고 한다. 혼자서 그 정도 매출을 올리느라 육체 노동의 강도가 매우 심하다며 웃었다. 몸은 힘들지만 돈을 많이 버니까 버티는 것이다. 그런데 이런 방식의 돈벌이는 성운 씨와는 맞지 않다.

"그러니까 저는 최대한 노동을 하지 않으면서 돈 벌 궁리를 하는데, 외식업은 어쩔 수가 없어요. 정성이 들어가지 않으면 맛도 없으니까요. 두 가지가 서로 다른 부류 같아요. 저는 효율을 생각할 수밖에 없고, 친구는 효율보다는 장인정신 같은 게 필요하니까요."

종훈 씨는 혼자 일하느라 바쁘긴 하지만 인건비도 아낄 수 있다. 성운 씨가 배 고프다며 음식을 빨리 맛있게 만들어 내오라 재촉했다.

"지금 공유 오피스, 공유 주방 같은 공유 경제 개념이 확산되고 있잖아요. 그런데 그게 굉장히 단순한 거예요. 어느 공간에서 임대료가 100만 원이라고 하면, 중간에 있는 사람들이 그 공간을 여러 공간으로 쪼개서 임대료를 300만 원으로 만들고, 200만 원을 가져가는 거예요. 그래서 주방을 만들어놓으면 가만히 있어도 돈이 들어오겠다고 생각했어요."

성운 씨가 제작진에게 비법을 설명하는 사이 친구 종훈 씨가 맛있는 음식을 만들어 내왔다. 종훈 씨는 임대료가 비싼 동네에서 가게를 하면서 이익을 많이 내지 못했는데, 성운 씨의 권유로 배달 중심의 음식점을 차리면서 큰 성공을 거둔 것이다.

성운 씨는 공간을 개발하며 새로운 가치를 찾아내는 사람이다. 성공에 목말랐던 과거가 있었고, 그게 자신만의 일이 아니란 걸 깨달은 결과다.

"대부분 사업을 시작할 때는 '대박'을 노리고, 그게 사업이라고 생각하시는 분들이 많거든요. 제 생각에는 그게 아니라 안 망하는 방법을 연구하는 게 사업이에요. 수익이 조금 나와도 돼요. 자판기 사업은 투자 금액 대비 수익은 좀 적어요. 제가 약간의 영업력이 있고, 그동안 쌓아온 경험을 디딤돌처럼 갖고 있기 때문에 망할 가능성은 없는 것 같아요, 하하."

성운 씨가 숨만 쉬어도 돈이 들어오는 비결을 발견한 것은 운이나 요령이 아니라 정공법으로 세상에 맞섰던 지난 10년의 세월이 있었기 때문이다. 그의 비결이 오래도록 유지되기를 기원한다.

정성운 씨의 성공 포인트

★ 블루오션보다는 레드오션에서의 차별성

★ 이종 간(서로 다른) 업종을 연결해 부가가치 창출

★ 업종별로 맞는 입지를 알아보는 남들과 다른 능력

★ 새로운 시작에 대한 두려움 없는 시도

한 줄 성공 비법

- 나처럼 적응력이 안 좋은 사람은 불만이 계속 생긴다. 그런데 그 불만을 개선 할 때 발전되는 것 같다.

- 부동산 업무를 할 때 상권 영업 등 다양한 경험을 했다. 돈은 벌지 못했지만 그 것이 큰 도움이 됐다. 세상에 쓸데없는 경험은 없는 것 같다. 그 경험을 활용하 지 못하는 사람만 있을 뿐이다.

- 나는 좋은 곳에 놀러 가면 "와~ 좋다"라고 말하기보다 "여긴 왜 장사가 잘되 지?"라는 생각을 해서 뭔가 특이한 점을 계속 찾는다. 소비자보다 생산자의 관 점으로 주변을 보면서 숨겨진 이면을 보는 게 더 재미있다.

- 영업은 내가 찾는 거지만 마케팅은 사람들이 나를 찾는 것이다. 그리고 나를 찾아야 되는 이유를 만들어줘야 한다.

- 다 잘할 필요는 없다. 하나만 잘하는 것을 찾고 그것을 특화시키기 바란다.

- 인맥 관리에 시간을 쓰는 것보다 어떤 사람에게 필요한 사람이 되어주는 게 더 효율적이다.

가게 프로필 •————————————

상호: 하프스페이스
대표자: 정성운
주소: 서울 강남구 봉은사로 326 8층 (남전빌딩)

청년 테일러와 총 400년
경력 7명의 조력자들

테일러 숍 김주현바이각 김주현

연봉 180만 원에서 연 매출 8억 원으로

인천 구도심의 한 양복점. 평범한 외관과 달리 들어가보니 멋스러운 공간이 펼쳐진다. 다양한 색상의 슈트들이 걸려 있고, 벽에는 근사한 모습의 신사 사진들이 제작진을 반겼다. 분주한 직원들 사이에 눈에 띄는 한 사람이 있었다. 반백에 머리숱이 적은 노신사. 이분이 사장인가 싶어 다가갔더니 재단사였다. 이 가게 사장은 놀랍게도 32세의 청년 김주현 씨. 맞춤 슈트 제작 경력이 10년쯤 되는 이다.

"저희 매장은 전국에서도 보기 드문 정통 바느질을 하는 곳입니다."

맞춤 양복은 중년 남성들의 전유물이었다. 이 가게는 그 고정관념에서 탈피해 젊은 층을 위한 트렌디한 슈트를 제작하고 있다. 수작업으로 손님 한 명에 맞춘, 세상에 하나뿐인 슈트. 갑부의 슈트를 입어본 고객은 그 맛을 잊지 못해 다시 방문하는 이가 많다고 한다. 슈트를 맞추러 온 단골손님 이한겨레 씨는 들뜬 표정으로 말했다.

"제가 부동산쪽 일을 하는데, 여기서 정장을 맞추고 그 슈트를 입은 뒤에 돈을 엄청 벌었어요. 최근 1년에 300억 원 정도 매매를 진행했거든요."(손님 A 씨)

테일러 숍 한쪽에는 유명 연예인들이 입었던 슈트를 진열해놓았다. 유재석, 최민수, 조진웅, 장혁, 추성훈 등 셀럽들이 입었던 슈트들이다.

"최민수 씨 스타일리스트 측에서 먼저 연락이 왔어요. 그래서 몇 년 전 한 드라마의 1회부터 끝까지 최 씨의 슈트를 저희가 제작했습니다. 그 드라마는 작품성뿐 아니라 의상도 빛났던 작품이라서 (드라마 출연) 이후에 연예계 스타일리스트 사이에서 소문이 나기 시작했어요."

당시 주현 씨는 남자 슈트에는 쓰지 않던 여성용 옷감으로 최 씨의 슈트를 제작해 트렌디함을 인정받았다. 손님은 조진웅이 입었던 슈트를 입어보며 즐거워했다. 다른 손님 박희동 씨는 웨딩 사진 촬영을 앞두고 슈트를 찾으러 왔다. 주현 씨는 이 순간이 가장 떨린다고 한다. 고객에게 딱 맞는 옷을 만들기 위해 노력한 시간이 빛을 발할 때다.

"너무 맘에 들어요. 맞춤 정장이다 보니 제 몸에 너무 잘 맞아서 핏
(어울림)의 장점이 다 부각되는 것 같아요."(박희동 씨)

예복이 마음이 들어서인지 손님은 일반 슈트도 이것저것 입어본다.
주현 씨는 손님에게 상황별로 멋지게 슈트 입는 법을 가르쳐줬다. 앞
판이 여며지는 더블 버튼 형태는 조금 더 격식을 차린 느낌을 주기 때
문에 사교 모임에 갈 때 잘 어울린다. 밝은 색의 캐주얼한 재킷은 청
바지와도 잘 어울려 봄 데이트 갈 때 추천. 회사에 출근할 때는 얌전
한 느낌의 슈트를, 중요한 회사 미팅이 있을 때는 바지, 조끼, 재킷을
차려입기를 권한다.

100% 예약제

주현 씨는 100% 예약제로 손님을 응대한다. 정해진 시간에 예약
손님들이 하나둘씩 들어왔다. 그런데 남자들만의 공간인 줄 알았는
데, 예비부부가 함께 들어왔다. 신부는 슈트를 입은 신랑을 요리조리
살피며, 눈을 떼지 못한다. 여성들은 남자 친구의 옷맵시를 업그레이
드하고 싶은 마음에 이곳을 찾는 경우가 많다고 한다. 한 여성은 "(남
자 친구가) 슈트를 잘 안 입는 스타일이지만, 슈트를 입으니 오늘이 제
일 멋있어요"라고 말했다. 다음 날이 결혼식이라 옷을 찾으러 왔다는

다른 예비부부도 가게로 들어왔다.

"남자 친구가 단벌 신사라 불릴 정도로 옷에 관심이 없는 사람인데요. 슈트를 입으니 날씬해 보여요. 되게 신기하네. 오빠 이 바지만 입고 다녀야겠다."(예비 신부 2)

"디자인도 너무 예쁘고, 날씬해 보이고, 핏이 진짜 잘 어울리네. 양복을 처음 입어보는 것도 아니고, 큰 기대는 없었는데, 막상 이렇게 입고 보니 굉장히 만족스러워요."(예비 신랑 2)

그런데 갑부가 만족해하는 예비부부를 데리고 지하 계단으로 안내했다. 지하에 내려가보니 새로운 세상이 펼쳐졌다. 1900년대 초반 개화기풍으로 인테리어를 꾸며놓았다. 창고나 다름 없던 곳을 주현 씨가 3개월 동안 직접 쓸고, 닦고, 칠하며 꾸민 곳이다.

"남자는 슈트를 입었을 때 가장 멋있다고 생각해요. 그래서 그 순간을 프로필 사진 등으로 남길 수 있도록 꾸민 스튜디오입니다."(김주현 씨)

스튜디오 안에는 여성복들도 잘 구비돼 있다. 테일러 숍에 오는 대부분의 고객이 예비부부이거나 젊은 커플이어서 주현 씨가 여심을 사로잡기 위해 다양한 의상을 직접 마련해둔 것이다. 남자가 슈트를 맞추면 이곳에서 사진 촬영을 할 수 있게 여성 의상도 무료로 대여해준다. 예비부부 2는 이날이 만난 지 700일이 된 날이라 그렇지 않아도 기념할 것을 찾았는데 갑부의 트렌디한 서비스에 크게 만족했다.

"여성분들의 마음을 잡는 게 저희 비즈니스에 도움이 된다고 생각했어요. 그래서 같이 오는 여성분들의 마음을 얻으려고 많이 노력하고 있습니다."

일주일 전에 제작을 의뢰한 손님이 다시 찾아왔다. 그런데 재킷 색상이 분홍으로 좀 화려하다. 역시나 남성용이 아니라 여성용 슈트다. 여성 손님은 키가 크고 팔이 길어 기성복 재킷이 불편했는데, 이곳에서 여성용 재킷도 만든다고 해서 제작을 의뢰했던 것이다. 한 달에 2, 3명 정도는 여성 슈트를 맞추러 온다고 한다. 여성 손님은 "일단 길이가 너무 맘에 들어요. 기성복은 길이 때문에 좀 애매할 때가 많았는데, 너무 맘에 들어요"라며 좋아했다. 남자 친구는 여자 친구의 옷 스

김주현 대표는 정통 바느질을 고집하면서도 트렌디한 슈트를 제작해 젊은 층으로부터 큰 호응을 얻었다.

타일과 분위기가 마음에 든다며 봄맞이 커플 재킷을 맞췄다. 수제 맞춤옷이라 제작 기간은 3주 내외가 걸린다.

한 청년이 이직 준비를 한다며 정장을 맞추기 위해 가게에 들렀다. 그러자 한 중년 남성이 다가와 손님의 몸을 매의 눈으로 요리조리 살핀다. 옷의 컨트롤 타워가 되는 이철호(72) 재단사다. 이 재단사는 손님의 신체 치수를 꼼꼼히 재서 원단에 슈트 설계도를 그리는 역할을 한다. 재단 일을 시작한 지 50년이 된 분이다. 주현 씨와는 5년째 같이 일하고 있다.

청년의 어깨가 넓다며 주현 씨가 사이즈를 대충 어림짐작해서 말한다.

"어깨가 21(인치) 넘으실 것 같은데, 22 정도 나올까요?"

그러자 이철호 재단사가 나섰다.

"20 정도 돼요."

주현 씨가 다시 "21은 나올 것 같은데요, 21 반?"이라며 지지 않는다. 50년 경력 재단사의 눈썰미냐, 아니면 매일 손님 상담을 도맡아했던 갑부의 촉이냐? 이철호 씨가 직접 청년의 옷 사이즈를 다시 잰다.

"딱 20이야, 정확해."(이철호 씨)

이뿐 아니다. 이 씨는 손님의 가슴둘레, 허리둘레도 가늠해보고는 "43, 40인치 되겠어요"라고 말했다. 실제로 재어보니 말 그대로 가슴둘레 43, 허리둘레 40인치가 나온다. 그의 눈이 곧 눈금 재는 자다.

"재단사가 정밀하게 30군데 이상의 치수를 재서 그것을 가지고 재단을 합니다. 맞춤 슈트는 몸에 맞게 제작되기 때문에 훨씬 오래 입을 수 있어요. 몸이 옷에 스트레스를 주지 않거든요."(김주현 씨)

슈트 작업실의 장인들

재단이 끝난 원단을 가지고 주현 씨가 어디론가 향했다. 매장과 이어져 있는 긴 계단을 따라 내려가자 또 다른 비밀 공간이 나왔다. 슈트가 완성되는 작업실이다. 주현 씨가 가져온 원단을 바느질하고 있는 이들은 모두 어르신들이었다. 양복 제작일에 수십 년을 매달려온 전문가들이다. 가봉 및 수선 담당 김풍일(78) 씨는 경력 60년, 재킷 제작 담당 배춘학(77) 씨는 60년, 역시 재킷 제작 담당인 노봉국(78) 씨는 60년 경력 소유자들이다.

"제가 기술력이 부족하니까 옷 자체의 완성도가 조금 떨어지는 것 같았어요. 그래서 완성도를 높여야겠다는 갈증이 있었는데, 곰곰이 생각하다가 지역에 계셨던 양복 기술자들을 모셔야겠다고 생각했습니다."(김주현 씨)

매장 작업실의 또 다른 한 분은 슈트의 마지막 검수와 단추 구멍 등을 담당하는 '피니셔(Finisher, 마무리하는 사람)' 송경숙(65) 씨. 주현 씨가 양복을 맡기러 간 세탁소의 주인이었는데, 양복에 대한 지식이 많은 것을 알고 그가 '구애'해서 함께 일하게 된 사람이다. 송 씨도 경력이 40년.

천의무봉이라는 말이 있다. 천사의 옷은 꿰맨 흔적이 없다는 뜻이다. 주로 꾸민 데 없이 자연스럽고 아름다운 시가나 문장에 대한 비유로 쓰이지만 잘 만든 옷은 그와 같은 마법이 있다. 슈트의 마법 가운데 하나는 원단의 심지다. 원단보다 탄성이 있고 힘이 있는 원단을 덧대어 기둥을 만드는 역할을 한다. 심지를 덧댄 원단은 더욱 견고할 뿐만 아니라 체형을 좀 더 보완해준다. 이런 심지를 붙이는 작업부터 여러 조각의 원단을 잇는 작업까지 어느 하나 장인의 손길이 닿지 않는 곳이 없다.

분홍색 여성 재킷을 바느질하던 풍일 씨가 팔 부분을 꿰매다 뭔가 잘못됐는지 유심히 쳐다본다. 뭐가 잘못됐느냐고 묻자 "팔의 체크무늬 선이 몸통 부분과 맞지 않네요. 다시 맞춰야 해요" 하며 이틀 꼬박 바느질한 재킷을 다시 뜯는다. 약간의 요령을 부릴 만한데 그냥 넘기는 법이 없다. 60년 동안 될 때까지 하는 것을 기본이라 여기며 일해 온 이의 양심인 것이다. 손바느질은 시간을 들인 만큼 표가 난다. 기성복의 홍수 속에서 맞춤 슈트가 살아남을 수 있었던 이유가 있다. 그건 바로 기계가 따라갈 수 없는 수작업의 정교함이다.

작업장 일이 바쁘면 영업장에 있던 주현 씨도 뛰어들어 일을 돕는

다. 그도 테일러 숍을 운영하기 전에는 3년간 양복 공장에서 기술을 배웠다. 그가 가장 자신 있는 분야는 바로, 단춧구멍 바느질. 풍일 씨가 "단춧구멍 아주 잘됐어. 뒤에도 깨끗하고, 뱅그르르하게 잘 돌아갔고"라며 칭찬하자 주현 씨도 기분이 좋아 웃었다. 손바느질의 견고함은 기계가 따라올 수 없다고 한다.

마침내 분홍 재킷을 찾으러 커플이 들렀다. 권미현 고객이 "와, 이쁘다"라고 하자 남자 친구가 "대박이다, 대박"이라며 맞장구를 친다. 만 번의 바느질로 완성된 재킷이 드디어 주인을 만난 것이다.

"편안한 안감이 들어가서 확실히 다르네요. 나만의 재킷으로 하나밖에 없는 그런 의미로 오래오래 기억에 남을 것 같아요."(권미현 씨)

기념일에 특별한 추억을 남기고 싶었던 커플은 행복지수 1000%라며 즐거워했다. 가격은 60만~수백만 원으로 다양하고, 가격이 적지 않은데도, 개성을 중시하는 젊은 층에게 맞춤 슈트는 매우 매력적인 품목이다.

"저희가 바쁠 때는 한 달에 백 벌 넘게 제작하기도 합니다. 제가 혼자 할 때보다 선생님들을 모시고 나서 매출이 500% 이상 올랐어요."

장인들의 전통 기술에 갑부의 트렌디함이 더해진 결과, 1, 2호점 매출을 합해 월 7000만 원, 연 매출 8억 원을 달성한 것이다.

3개월 동안 매일 찾아가 간곡히 요청

8년 전만 해도 지금과는 너무나 다른 상황이었다. 주현 씨는 남들과 차별화된 기술력을 갖추기 위해 재단사를 찾아 고군분투하고 있었다. 동인천 양복거리의 가게에 들러 자신이 원하는 스타일로 양복을 만들어줄 수 있느냐고 물었다. 하지만 대부분 전통만 고집하고, 그렇게 까다롭게 굴려면 다른 데로 가라고 하기 일쑤였다. 업계 베테랑들은 청년의 요구를 탐탁지 않아 했다. 그런데 주현 씨의 의견을 존중해 준 단 한 명이 있었다. 바로 이철호 재단사였다. 그는 주현 씨의 요구대로 가봉을 해주었고, 그 옷을 입어본 순간 주현 씨는 이 씨와 같이 일해야겠다고 결심했다.

하지만 사양산업인 양복 업계를 떠날 결심을 한 이 씨를 설득하기는 쉽지 않았다. 주현 씨는 굽히지 않고, 3개월 동안 매일 양복점을 찾아가 도와달라고 간곡히 요청했다.

"제가 생각했던 디자인들을 선으로 표현하고 싶었어요. 그 선을 표현하려면 숙련된 재단사가 필요했거든요. 제 꿈을 현실로 펼치기 위해서요."

그렇게 주현 씨의 양복에 대한 애착심을 알게 된 이철호 재단사는 청년의 진심을 한번 믿어보기로 했다고 한다.

"처음에는 '과연 될까?' 하는 의문이 들었지요. 영업이 제대로 되려나 조바심도 가졌고요. 그런데 시간이 지날수록 이 젊은 친구가 정말 집념이 있어서 성공하겠구나 하는 생각이 들었습니다."(이철호 재단사)

동인천 양복점 거리에는 1960년대 40여 곳의 가게가 번성하며 전성기를 누렸다. 하지만 기성복의 발달로 점차 설 자리를 잃은 상황이다. 현재 남은 양복점은 단 세 곳. 주현 씨는 과거의 영광을 꼭 되찾고 싶어 했다.

"전통과 역사, 기술이 사라진다는 게 굉장히 아쉽습니다."

테일러 숍의 하루는 이철호 씨의 출근으로 시작된다. 이 씨가 아침이면 항상 빼놓지 않고 하는 일과가 있다. 재단해놓은 원단을 가지고 작업실로 향한다. 하루 업무량을 정해서 장인들에게 나눠주는 것이 그의 첫 임무다. 재단사는 맞춤 슈트의 컨트롤 타워다. 이 씨는 그 밖에도 커피 물을 끓이고, 작업장 바닥 청소도 하곤 한다. 그도 연로하지만, 그보다 연장자인 장인들을 위해서 하는 일이다.

주현 씨의 출근이 여느 날보다 늦다. 이유를 알고 보니 조찬 모임에 들렀다가, 5벌 예약을 받고 왔단다. 다 계획이 있었던 것이다.

"저는 이전에 가게 문 열어두고, 가만히 앉아서 손님을 기다렸어요. 그러니 주문이 자꾸 줄 수밖에요, 허허."(이철호 재단사)

잠시 뒤 한 손님이 양손에 가득 슈트를 들고 가게로 들어왔다. 주현 씨가 익숙한 듯 그 옷들을 받아들었다. 알고 보니 맞춘 슈트가 15벌이나 되는 단골 이학승 씨다. 3년 전부터 단골이 됐다는 이 손님은 살이 빠지면서 슈트를 줄여야 해서 가져왔다고 했다.

"단골손님이 옷을 수선하러 들렀어요. 저희가 만들어드린 옷에 대해서는 수선비를 받지 않아요."

주현 씨는 손님의 피팅을 도와주면서 문제가 되는 부분을 세심하게 살펴봤다. 이때 주현 씨가 알려준 슈트 핏 자가 진단법. 첫째는 재킷이나 조끼에 줄이나 구김이 생기면 슈트 핏에 문제가 생긴 것이란다. 둘째는 어깨 부분. 옷이 크면 어깨선 바로 아래 골이 생긴다. 셋째, 바지는 허벅지 치수가 맞는지 보아야 한다.

"기성복을 살 때도 바지는 허벅지 치수에 맞춰 사는 게 가장 좋아요. 옷을 사서 허벅지 부분을 다시 줄이면 앞판 틀이 틀어지고 바지 주름도 바뀌게 돼 보기가 좋지 않습니다."

슈트 어벤저스

손님이 맡긴 슈트 원단을 가지고 주현 씨가 지하 작업장이 아닌 다른 곳으로 갔다. '맞춤 신사복'이라는 간판을 단 작은 가게였다. 이곳은 바지와 조끼를 만드는 이성호(67)·함승하(63) 장인의 집이다. 이들도 과거에 양복점을 운영했지만, 양복 거리가 쇠퇴하면서 갑부의 팀에 합류했다. 매장 작업장이 좁아 이곳에서 부분적인 일을 한다. 슈트

한 벌이 탄생하기까지 이렇게 8명의 손길을 거치는 것이다. 이성호 씨의 경력 55년, 함승하 씨의 경력 40년을 합쳐 테일러 숍에는 경력 400년의 '슈트 어벤저스'가 완성됐다.

"열심히 하니까 우리도 놀지 않고 일할 수 있고, 양복 일도 번창해서 좋아요."(함승하 씨)

"기술이 우리 대에서 없어지게 됐는데, 바통을 이어받는다는 게 참 고맙고 좋아요."(이성호 씨)

슈트 어벤저스가 마음을 맞춘 지 7년. 이젠 눈빛만 봐도 서로의 마음이 통하지만, 이 순간이 오기까지 우여곡절도 많았다. 장인들과 함께 첫 슈트를 완성했을 때다. 모두가 기대감에 부풀었다. 하지만 슈트

김주현 갑부(앞줄 왼쪽에서 세 번째)를 도와 함께 일하고 있는 50~60년 경력의 장인들.

를 입어본 손님은 "이게 뭐예요, 아빠 양복도 아니고"라며 불만을 표시했다. 손님들의 실망과 항의를 접하면서 주현 씨는 슈트를 트렌디하게 만들기 위한 대책을 강구해야 했다. 그가 "선생님, 요즘 슈트는 스타일이 좀 달라요"라고 말하면 장인들은 "내 경력이 몇 년인데"라고 하면서 거부하는 것이었다. 주현 씨는 고민에 빠졌다.

"선생님들은 바느질 봉제 과정에는 분명 기술력이 있는데, 재킷의 선이 딱딱하고 올드한 느낌을 주었던 겁니다."(김주현 씨)

"김 대표와 같이 일하면서 사실 처음 3개월은 망설였어요. 무슨 옷을 이렇게 꽉 끼이게 입나 하고 조바심이 났어요. 자꾸 전통 방식으로 만들면 품이 크다고들 해요. 그래서 그것을 수선해주면서, 과감하게 곡선을 만들어야 하겠구나라고 생각했습니다."(이철호 씨)

결국 주현 씨는 자신이 손님 역할을 하며 직접 10벌의 옷을 주문했고, 선생님들과 의견을 조율해나갔다. 자신의 슈트를 제작하면서 장인들에게 젊은 트렌드를 알려주었던 것이다.

"선생님, 어깨 각도는 좀 더 낮았으면 좋겠고요. 가슴은 더 볼륨이 있으면 좋겠어요."(김주현 씨)

"그래? 생각보다 더 자연스럽게 입는구만."(이철호 씨)

그렇게 조금씩 젊은 트렌드가 재킷에 묻어나기 시작했다. 장인들의 탄탄한 기술력에 젊은 감각이 더해지니 더할 나위 없이 좋은 슈트가 만들어졌다.

"과거에는 어깨 각도를 올리기 위해 패드를 두꺼운 것으로 했는데, 김 대표는 어깨 각도를 자연스럽게 낮추게 했어요. 옷이 크다고 해서 편한 건 아니잖아요. 몸에 맞으면서 모양이 나야 이 양복이 내 것이구나 하게 되거든요."(이철호 씨)

그날 저녁 작업장에 돌아온 주현 씨가 수상한 행동을 했다. 작업실 벽에 잡지에서 오린 화보들을 이곳저곳에 붙이기 시작했다. 그러자 한 선생님이 "뭐 붙이는 거야? 또 시작이야?"라고 내쏜다. 주현 씨가 이 일을 하루이틀 한 게 아니라는 소리다.

"요즘 트렌디한 슈트들이 실린 화보들인데요. 선생님들이 작업하시면서, 또 커피 한잔 드시면서 이런 디자인들을 눈에 좀 익히시라고 붙여놓습니다. 그리고 나중에 같이 이야기도 나누고 해요."(김주현 씨)

"옷이라는 게 시대에 따라 약간 달라지거든요. 이런 그림들을 보면 요새 유행하는 게 뭔지도 알게 되고 해서 안 보는 것보다 아무래도 도움이 돼요, 하하."(배춘학 씨)

이번엔 슈트를 입힌 마네킹 앞에 모든 직원이 둘러앉았다. 한 달에 한 번 '어벤저스'가 모두 모여 의견을 나누는 품평회 자리다.

"이건 전 세계적으로 많이 유통되고 있는 네덜란드 회사의 옷입니다. 오늘 제일 중요한 것은 소매나 암홀(Armhole, 진동. 어깨에서 겨드랑이까지의 폭)을 보시고 의견을 나누는 겁니다. 선생님들 생각을 듣고 싶습니다."(김주현 씨)

"그건 소매가 잘못 달린 것 같아."

"가격은 얼마요?"

"140만 원요."

"유행을 참고도 하고, 다른 나라에서 제작된 옷도 봐야 발전을 하지, 안 그러면 발전이 안 돼요."

그런데 주현 씨가 이 비싼 옷의 소매를 뜯어냈다. 그러고 나니 어깨가 유난히 좁은 슈트인 것을 더 자세히 알 수 있었다. 그는 새로운 트렌드를 알기 위해 과감히 투자한 것이라고 여겼다.

될성부른 나무는 떡잎부터 다르다

다음 날 아침 주현 씨는 동대문 원단 시장으로 향했다. 일주일에 한 번씩 들르는 곳이다. 이곳엔 수만 가지의 원단이 있다. 맞춤 슈트는 손님들의 요구 사항도 수십, 수백 가지나 되기 때문에 그에 맞추려면 그야말로 '발바닥에 땀이 나도록' 돌아다녀야 한다. 이번엔 특히 벨벳 원단을 원하는 손님이 있어 그것을 찾아야 하는 상황이다.

동대문시장에서 원단 가게를 하는 김태영 씨는 주현 씨가 처음 양복 일을 배울 때부터 지켜봤던 이다.

"요즘에는 양복점에서도 사이즈만 재고 옷 제작을 공장에 맡기는

가게도 있는데, 본인이 바느질을 한다는 것 자체가 매우 중요한 겁니다."(김태영 씨)

주현 씨가 동대문시장을 돌고 돌아서 원하는 벨벳 원단을 찾았는데, 멀리서 한 중년 여성이 그를 보고 달려왔다. 옷을 좋아했던 주현 씨는 군 제대 후 원단 가게에서 처음 일을 시작했는데, 그 가게 주인이었다.

"주현 씨가 저희 직원이었어요. 그때 스물두 살이었으니, 10년 전이네요. 일을 시작하기 전 인터뷰를 하는데, 자기는 테일러링(양복점업)을 하고 싶고, 원단부터 배우고 싶다고 말하는 거예요. 그런 꿈을 갖고 오는 이들이 별로 없거든요."(원단 가게 여주인)

주현 씨는 어떤 일을 하면 행복할지에 대한 확신이 있었단다. 부모가 이혼한 뒤 할머니 윤정옥(88) 씨 손에서 컸는데, 어려운 형편에 늘 허름한 옷을 사 입어야 했다. 어린 마음에 옷으로 또래들과 비교되는 게 싫어서 더 옷에 집착했다고 한다. 옷에 대한 로망을 갖고 원단 시장에서 일하던 어느 날. 양복 가게에 원단을 배달하러 갔는데, 주인이 남은 재킷이라며 주현에게 건넸다. 그 재킷을 처음 입어본 순간 그는 슈트에 오롯이 자신의 인생을 걸어야겠다고 다짐했다.

"제가 어려서부터 옷을 좋아했지만, 슈트는 정말 완전히 다른 느낌을 주었어요. 몸을 감싸는 느낌이라든지, 원단의 품질이라든지, 저의 몸을 더 부각시키고, 더 날렵해 보이게 하는 게 정말 좋았습니다."

주현 씨는 지금도 할머니와 같이 산다. 그가 저녁에 일을 마치고 귀가하자 할머니는 손자를 위해 끼니부터 챙겼다. 소고기를 듬뿍 넣은 미역국도 준비했다. 주현 씨는 자신을 위해 한평생을 희생한 할머니를 보면 생각이 많아진다. 할머니와 더 많은 시간을 함께 보내야겠다고 다짐한다. 함께 일하며 호흡을 맞추고 있는 7명의 장인들을 대할 때도 그런 애틋함을 갖는다.

"선생님들은 슈트 그 자체인 것 같아요. 뼈대를 그려주시고, 바느질도 꼼꼼하게 해서 마무리까지 해서 저에게 입혀주고 계시는 거죠. 그래서 저의 책임감도 막중합니다. 선생님들께 수제 양복의 붐을 다시 일으키겠다고 약속했거든요. 그 약속을 꼭 지키도록 하겠습니다."

주현 씨에게 슈트란 처음 사회생활을 시작하는 이에겐 희망을, 인생에서 가장 소중한 날을 맞이하는 이에게는 행복을, 그리고 새로운 길을 가는 이에게는 응원을 보내는 도구다. 그의 꿈이 꼭 이루어지기를 제작진도 기원한다.

★ 지역 상권이 중요한 외식업과 달리 맞춤 슈트의 특성상 전문성이 중요. 초기 모든 것을 직접 제작·마케팅을 하려고 했을 때와는 다르게 전문가들을 고용해 업무를 정확히 분업화했다. 전통과 정통을 바느질하다'라는 슬로건을 내세우고 스토리텔링을 통해 셀링 포인트를 찾았다.

★ 양복점에서 옷의 품질, 가격 할인, 셔츠와 타이 등의 서비스는 누구나 예측할 수 있다. 김주현 씨는 차별성을 갖기 위해 양복점에서 하지 않는 드레스 퍼퓸, 프로필 사진 및 액자 증정을 고객 서비스 포인트로 잡았다.

한 줄 성공 비법

- 고른 품질을 유지하면서 고객이 왜 우리 가게를 방문해야 하는지 그 이유를 객관적으로 분석했다.

가게 프로필 •————————————

상호: 김주현바이각
대표자: 김주현
주소: 인천 미추홀구 석정로 200 070-4897-3059

배우가 커피트럭으로
연 매출 10억 원

커피프린스 박상혁

멀고 먼 단역배우의 길

단역배우의 길은 멀고 험하다. 정말 좋아서 하지 않는 한 그 길을 걷는 일이 결코 쉬운 일이 아니다. 여기, 연기가 좋아 배우의 꿈을 키우는 단역 배우가 있다. KBS 2TV 드라마 '오 마이 금비' 치료사 역, 영화 '국가부도의 날' 비서 역, 영화 '1987' 기자 역 등을 맡았던 17년차 배우 박상혁(36) 대표.

그런데 카메라 앞에 있어야 할 상혁 씨가 영화 촬영장 밖에 주차된 트럭에서 커피를 만들고 있다. 트럭은 꽃 장식, 깔끔한 입간판들, 그리고 백열등 조명으로 운치 있는 분위기를 만들고 있다.

"제가 촬영이나 연기 일이 없는 날에는 커피차(Coffee車)를 운영하고 있어요."

트럭으로 커피를 팔고 있는 단역배우이지만 그는 결코 가난하지 않다. 그는 이 커피차 운영으로 연 매출 10억 원을 기록하고 있다. 연기보다는 커피가 인생 역전을 도왔다.

커피 한잔은 지친 일상에 활력을 불어넣는 마법을 지니고 있다. 박대표의 커피차는 이 마법을 싣고 고객이 원하는 곳이면 전국 어디든 달려간다. 향긋한 커피와 함께 응원 메시지를 배달하는 특별한 직업이다.

"커피차 서포트(Support, 지원)는 행사나 드라마 그리고 영화 촬영 현장에 가서 예약받은 음료를 연예인이나 촬영 관계자들, 스태프에게 전달하는 것입니다."

'연예인 커피차 서포트'는 꽤나 알려져서 스타라면 누구나 한 번쯤 이 이벤트를 진행하길 원한다고 한다.

"처음 시작할 때부터 많이들 칭찬을 해줬습니다. 처음엔 여러 행사를 기본으로 다니다가 소셜 미디어를 통해 홍보를 하면서 연예인 서포트용으로 자리를 잡았습니다."

경기도 외곽의 한 드라마 세트장. 인기를 얻은 드라마에서 열연을 펼친 배우 김서형이 이날 커피차로 응원을 받았다. 커피차는 배우의 사진, 배우를 응원하는 문구, 꽃 등으로 꾸며졌다. 팬, 배우, 가수, 영화 관계자 등 다양한 이들이 응원에 나선다. 김서형을 응원한 이는 태국의 팬들이었다. 박상혁 씨의 커피차는 사전에 주문을 받고, 일정에 맞춰 달려간다.

"커피차라고 해서 커피만 준비하는 게 아니에요. 꽃다발, 케이크, 허기를 채워줄 각종 디저트, 특별 도시락을 요청하는 이들도 있어요."

고객의 요구 사항을 적극적으로 반영하는 100% 맞춤 서비스가 박 대표의 첫째 성공 전략이다.

"팬들이 정성껏 준비한 선물을 저희 커피차와 조합해서 더 돋보이게 하려고 노력하고 있습니다. 스태프분들이 고생하시는데, 이렇게나

단역배우인 박상혁 대표는 연기 생활 틈틈이 커피차를 운영하며 인생 역전에 성공했다. 그의 커피차 서포트는 행사나 영화 촬영 현장에 가서 예약받은 음료를 연예인이나 촬영 관계자들에게 전달하는 일이다.

마 그들에게 좋은 서포트를 할 수 있는 걸 감사하게 생각합니다."

드라마 촬영 중 쉬는 시간에 재빨리 음료를 제공하는 것이 관건이다. 커피차가 작지만 직원이 세 명이나 필요한 이유다. 카페가 없는 외진 촬영장에서는 '아이스 아메리카노'가 인기 만점이다.

"커피차는 사막의 오아시스 같은 느낌이에요. 이런 커피차가 오면 너무 좋아요."(헤어 스태프 김수빈 씨)

상혁 씨가 커피차를 꾸미고, 재료를 챙기는 사무실 겸 창고는 경기 고양시에 있다. 출장을 나가려면 챙겨야 할 게 많다. 커피 원두, 콜드브루 커피, 디카페인 커피, 우유, 연유, 청포도청, 물티슈, 아이스컵, 레몬청, 망고, 자몽, 사이다, 명함, 응원 현수막…. 보통 촬영장은 도심에서 멀리 떨어져 있으므로 물품을 꼼꼼히 챙기지 않으면 낭패를 당하기 십상이다.

"3년이 지났는데도, 현장에 나갈 때는 뭐라도 빼먹을까 봐 항상 불안해요."

커피차 재주문율 70%

경기도 연천. 트로트 가수들의 합동 공연이 있는 날. 현장에 도착하자마자 가장 먼저 챙기는 일은 '오늘의 스타'를 위한 응원 현수막 다는 일이었다.

"현장에서 아티스트나 배우들 기를 살려주는 데는 홍보물이 굉장히 중요한 구실을 한다고 생각해요. 홍보 문구는 보통 저희가 제작하기도 하는데, 가급적이면 응원하는 이들에게 사진과 문구를 보내달라고 해서 제작합니다."

이날 커피차는 '오늘 흥 못 돋우면 영기가 결혼해드려영' 같은 위트 있는 문구가 담긴 현수막으로 장식돼 영기 씨만을 위한 차로 변신했다. 팬들은 "우리 영기를 위해서라면 뭐든 합니다"라며 즐거워했다. 이런 큰 선물을 받은 영기 씨도 행복해했다.

"너무 감사합니다. (코로나19로 인한 사회적 거리 두기로) 공연업계, 공연을 만드는 분들, 다 힘든데 이런 팬들이 있기 때문에 버티는 게 아닐까 생각합니다."

코로나19가 극성을 부려 스타와 팬들의 만남이 어려워지던 때, 이들 사이를 이어주는 오작교 역할을 커피차가 한 것이다. 스타뿐 아니라 공연 관계자들을 위한 팬들의 선물도 있다. 박 대표의 감회도 남다르다.

"한 번의 서포트를 위해 몇 달 동안 준비하는 팬들의 정성을 생각하면 현장에서 관계자들과 커피차를 받는 아티스트가 최대한 감동을 받을 수 있게 서비스를 더 잘하려고 합니다. 디저트나 선물 같은 것들도 더 예쁘게 포장하려 하고요."

그의 커피차 메뉴나 서비스 수준은 여느 카페와 다르지 않다. 박 대표는 현장에서 인기 있는 품목을 계속 연구하고 개발해서 서비스 만족도를 높이고 있다. 다양한 메뉴로 다수의 취향을 공격하라. 이것이 박 대표의 두 번째 성공 전략.

"처음에는 기본적인 커피 종류, 에이드와 차 종류로 15~20가지 메뉴를 구성했어요."

커피는 기본, 현장에서 접하기 어려운 독특한 메뉴까지 늘려갔다. 현재는 VIP 메뉴 세트가 약 70가지나 된다. 사전 회의를 통해 현장에서 좋아하는 메뉴로 구성하고, 현장으로 나가고 있다. 청포도 에이드, 바닐라 라테, 딸기 스무디, **퐁 라테 등 인기 있는 신상 메뉴가 많다. 취향만큼 다채로운 메뉴 덕분에 커피차 재주문율이 70%가 넘는다고 한다.

촬영 현장에 70~80명 정도가 있으면 한 사람당 두 잔씩 마시는 기준으로 해서 150~200잔 정도의 매출이 나온다. 2시간 정도에 적게는 60만 원, 많게는 400만 원 정도의 매출을 기록한다.

"보통 드라마나 영화 제작팀을 서비스할 경우에는 그 팀원들만 주게 되거든요. 그런데 오늘 여기 팬들은 공연에 온 모든 이들에게 음료를 제공하기 위해 부른 것 같아요."

영기 공연에 와서 커피 대접을 받은 한 팬은 박 대표의 명함을 받아 갔다. 이유를 묻자 "어덕행덕"이라고 말했다. '어차피 덕질하는 거 행복하게 덕질하기' 위해 명함을 받아둔다고 했다. 언젠가 좋아하는 가수 서포트를 하겠다며.

2시간 서비스가 끝나자 박 대표는 부지런히 짐을 챙겨서 다음 현장으로 떠났다. 많게는 하루에 세 번, 한 달 기준으로 30~40회 서비스를 한다. 하루 150만 원씩 2회로 잡을 경우, 연 매출은 약 10억 8000만 원. 그런데 커피차를 운영하며 얻은 것은 억대 매출만은 아니라고 한다.

"배우라는 어떤 이상적인, (사람들이) 기대하는 그런 이미지 탓에 많은 시간을 허비했던 것 같아요. 나쁘게 얘기하면 겉멋이라고 할 수도 있고, 겉모습만 치장하기에 바빴는데요. 남들에게 보여주는 삶이 아닌 저 자신에게 떳떳하고, 이렇게 열심히 살아가면서 즐거움을 느낄 수 있어서 이 순간이 가장 행복해요."

배우에 대한 관심이 커피차 대박 낳아

박 대표의 이날 두 번째 출장은 낚시꾼들의 '핫 플레이스' 전남 완도. 새벽 4시에 커피차를 부른 측은 채널A 프로그램 '도시어부' 제작팀이었다. 새벽 출항에 맞춰 수십 명이 분주하게 움직이는 가운데 커피차도 트럭 뒤편의 주방에 불을 밝혔다.

"예능 촬영장이라 더 분위기 좋죠?"(박 대표)

"뭔가 더 화기애애하고 재밌을 것 같아요."(직원 A 씨)

"드라마나 영화 같은 경우는 보통 세트 촬영이 이뤄지다 보니 저희가 현장 안으로는 못 들어가잖아요. 그런데 지금 제작진과 같이 이렇게 있으니까 저도 좀 설레고 재미있네요."(박 대표)

제작팀의 촬영 준비가 완료되자 음료 주문이 밀려들었다. PD팀, 거치팀, 카메라팀 등 팀마다 여러 잔씩 주문했다. 구장현 '도시어부' 담당 PD는 "아침에 일어나서 바로 나가야 하는데, 커피 한잔 마시면 아무래도 기운이 나죠"라며 커피차를 반겼다. 그 사이 박 대표는 커피차 주변의 사진도 촬영했다.

"촬영 현장의 예쁜 사진과 후기 글을 소셜 미디어에 올리면 팬들이 그 생동감을 굉장히 좋아합니다."

누군가를 응원하기 위해 커피차를 보낸 사람(고객)을 위해 현장을 사진이나 동영상으로 생생하게 전달하는 인증 서비스. 그 현장이 생생할수록 고객 만족도는 배가된다. 이것이 바로 갑부의 세 번째 성공 전략이다.

'도시어부' 촬영팀 가운데 커피차를 보고 사진을 찍는 등 유난히 관심을 드러내는 스태프가 있었다. '도시어부' 제작팀이 유튜브 채널을 개설했는데, 홍보에 활용할 수도 있을 것 같아서 촬영 중이라고 했다. 출연진도 하나둘 나타났다. 김준현, 이수근, 이덕화 등도 커피를 주문하면서 즐거워했다. 박 대표는 수십 명의 스태프에 둘러싸인 출연자들을 계속 바라보고 있었다.

"저도 배우니까, 저 안에 있으면 어떨까 그런 생각도 들었던 것 같습니다."

배우를 꿈꾸었지만 성공의 기회는 쉽게 오지 않았다. 생계를 위해 커피차를 운영해야 했던 박 대표. 그런데 긍정적으로 보면 배우에 대한 그의 관심이 커피차라는 '대박'을 낳은 것이다.

"어떻게 해서든 현장에 붙어 있고 싶다는 생각으로 일을 시작했어요. 그래서 커피차 서포트가 끝난 뒤에 작품 세트장을 보면 당연히 '아, 저 자리에 있고 싶다'라는 생각을 하게 되죠."

상혁 씨가 커피차를 운영하는 것에 대해 주변의 반응은 다양했다.

"배우가 연기하기 위해 현장에 있어야지 무슨 커피차냐라고 말하는 사람도 있었고, 정말 열심히 사는 모습에 멋있다, 자극이 된다라고 말하는 사람도 있었어요. 아무튼 좋은 말만 들으려고 노력하고 있습니다."

단역배우이지만 나름대로 배우라는 타이틀이 있는데, 그것을 내려놓고 커피차 서포트라는 새 일을 시작하기까지는 고민도 깊었다. 그런 박 대표가 한 걸음 물러나서 시야를 넓혀 자신을 객관적으로 보게 된 것은 남다른 계기가 있었다. 17년 전 배우가 되기 위해 친구들과 함께 상경했는데, 같은 출발선에 있었던 친구들이 하나둘 갑자기 톱

스타가 된 모습을 보며 그는 절망감에 휩싸였다고 한다.

"당시에는 너무 힘들었어요. 어떻게 나아가야 할지 방법도 몰랐어요. 제 주변 친구들이 너무나 잘되고 있어서 더 방황했던 것 같아요."

코로나19 때문에 주문 건수 급증

30대가 되어 단역배우로 촬영장 주변을 맴돌던 그는 어느 날 어머니의 뇌수술 소식을 듣게 된다. 하지만 그가 가진 돈은 10만 원이 전부였다.

"그때 덜컥 겁이 났어요. 내 꿈만 꾸다가 정말 중요한 순간에 어떤 선택의 여지가 없겠구나 하는 생각을 했고, 그때부터 미친 듯이 돈을 벌었어요. 지금 생각해도 그게 저에게는 정말 큰 계기였던 것 같아요."

그날 이후 그는 생각을 바꿨고, 2019년 커피차 사업을 시작했다. 사업 1년 차엔 코로나19라는 위기도 있었지만, 배우를 했던 경험이 새로운 돌파구를 찾는 힌트를 주었다.

"코로나19가 터지면서 오프라인 행사가 잘 열리지 않다 보니 연예인 서포트에 대한 관심이 오히려 더 많아졌어요. 그러다 보니 커피차 서포트 사업도 수익이 커진 거죠."

코로나19 사태로 멈춰버린 지역 행사나 대학 축제 대신 규모는 작아도 주문 건수가 많은 연예인 서포트에 주력한 것이 위기를 극복할 수 있었던 네 번째 성공 전략이었다. 연예인 서포트에 집중하면서 사업을 시작한 첫해에 비해 매출이 10배 정도 올랐다. 커피차도 이제는 두 대를 운영 중이다.

박 대표는 경기도 연천에서 완도까지 대장정을 마치고, 한 주간 고생한 직원들을 위해 회식을 준비했다. 회, 족발, 치킨 등 '육해공' 음식들을 시켜서 회사 앞마당에서 직원들과 음식을 먹으면서 그는 "이번 주도 고생 많았다. 이거 먹고 파이팅 하자"며 직원들을 다독였다.

"나는 너무 재밌어. 일하는 것도 재밌고, 현장에 나가서 매번 모르는 사람들을 접하면서 친근한 대화나 농담을 주고받는 시간이 너무 즐거워."(박 대표)

"저는 1호차 할 때부터 같이 해왔는데요. 일이 늘어나면서 2호차도 생기고 '노력의 노고는 배신하지 않는구나' 하는 걸 느꼈어요."(직원 B 씨)

"지금은 수익을 떠나서 그 현장이 좋아서 따라다니다 보니 여기까지 온 것 같아. 그처럼 일을 즐기면서 하면 좋겠어."

10년이 넘도록 배우라는 막연한 미래를 꿈꾸어온 상혁 씨에게 커피차는 어떤 의미일까.

"제가 지치지 않고 계속 달려나갈 수 있는 원동력이자 저에게는 아주 큰 선물인 것 같아요."

커피차가 그에게 성공의 의미를 가져다주었지만, 원래 그가 품었던 배우의 꿈을 포기한 것은 아니다. 그는 지금도 커피차 예약이 없는 날에는 몸만들기에 여념이 없다. 커피차만 운영하기도 힘들지만, 언제 찾아올지 모르는 배역을 위해, 당장 불러주는 곳은 없어도, 항상 준비하고 있는 것이다.

"세상에 쉬운 일이란 없는데, 두 가지 다 제가 좋아하는 일이라서 포기할 수가 없어요. 그래서 꾸준히 운동도 하고 있습니다. 누군가 알아주길 바라서 몸을 관리하거나 일하는 게 아니라 제가 보람을 느끼면 보상을 받는 느낌이 들기 때문에 사업이든 운동이든 이렇게 즐겁게 합니다. 한순간도 연기를 생각하지 않는 적은 없어요. 사실 저는 지금도 연기를 하기 위해서 사업을 하고 있다고 보는 게 맞는 말인 것 같아요."

대학로 연극 주인공으로 맘껏 연기

상혁 씨는 가끔은 그렇게 좋아하는 연기를 하기도 한다. 이날은 연극 연습을 위해 대학로를 찾았다.

"오늘 처음으로 대본 리딩(낭독)하는 날이라서 대학로에 나왔습니다. 연기할 수 있는 기회가 오랜만에 와서 너무 기분이 좋습니다."

공연장에서 먼저 기다리고 있는 연출가와 동료 배우들을 위해 그는 두 손에 커피를 가득 들고 갔다. 커피를 받아든 동료들은 "역시, 사장님 최고!"라며 환호했다. 그가 출연하는 연극은 '슈퍼스타 공정우 팬클럽 해체 사건'(2021년 9월 14~19일)으로, 상혁 씨는 여기서 주연인 공정우 역을 맡았다. 화려한 조명도, 수십 대의 카메라도 없는 작은 소극장 무대일지라도 어렵게 찾아온 기회를 허투루 보내고 싶지 않은 상혁 씨. 그 어느 때보다 집중해서 대본을 읽어 내려갔다. 대학 선배이자 연출가인 박아정 씨가 곁에서 지켜본 상혁 씨에 대해서 한마디 거들었다.

"저는 상혁 씨가 커피차 사업을 한다기에 반대를 했었는데요. 다른 일이 주가 되면 배우 일이 조금 소홀해지지 않을까 걱정을 했습니다. 그런데 사업이 계속 발전하고 이렇게 성공해서 방송까지 나오는 모습을 보면서 장하다는 생각이 들어요. 또 후배들에게도 귀감이 되고 있어요. 이제는 배우도 한 가지만 하는 게 아니라 여러 가지 일을 하면서 할 수 있다는 걸 보여주는 친구라고 생각합니다."

배우들과 리딩 연습에 돌입하자 상혁 씨의 눈빛이 달라졌다. 이제 배우 박상혁의 매력을 맘껏 보여줄 차례. 이 연극은 슈퍼스타 공정우가 결혼을 발표하자 회장이 팬클럽 해체를 선언하고, 공정우를 위협하면서 벌이는 코미디극이다.

"이 시나리오를 받았을 때 너무 심장이 뛰었고요. 저도 모르게 이 무대에서 조명을 받으며 후배들과 함께 호흡을 맞춰보니 심장이 터질 것 같았어요. 오랜만에 느껴보는 떨림이었습니다."

다음 날 상혁 씨가 강남의 한 지하주차장에 나타났다. 온갖 과일과 채소를 넣은 쇼핑백을 들고 아파트로 올라간다. 알고 보니 이곳은 매주 월요일마다, 혹은 커피차 서포트가 없는 날 직원들이 모여서 디저트를 연구하는 사무실이다. 이곳에서 디저트용 샌드위치, 뉴욕 핫도그, 혹은 컵과일 같은 메뉴들을 개발했고, 커피차에서도 좋은 반응을 얻었다. 상혁 씨는 다이어트가 일상인 연예인들을 위해 저칼로리 건강 도시락을 연구하는 중이었다.

"쌈두부라고 해서 두부로 만든 피인데요. 식감이 쫄깃해서 두부를 선호하지 않는 여자분들도 다 좋아했어요."(직원 A 씨)

"먹어보니 맛은 좋아요. 그런데 현장에서는 땀도 많이 흘리고 체력적으로 지쳐 있어서 고기나 육류를 약간 추가하면 좋지 않을까요? 개인적으로 저는 소스가 없는 게 좋은데, 소스를 따로 찍어 먹게 하는 건 어때요?"(박 대표)

촬영 현장을 누구보다 잘 아는 갑부 덕분에 신메뉴 개발이 착착 진행됐다. 두 번째 메뉴는 밥 대신 두부를 넣은 유부초밥. 견과류랑 채소를 식감 있게 썰어 넣은 데다 두부가 고기 맛을 대체해 맛이 독특하다. 박 대표와 직원들은 도시락의 맛과 담음새까지 세심하게 챙겼다.

"저희가 디저트는 다른 거래처에 맡겼는데, 이 스페셜 도시락만큼은 저희가 팬들의 마음을 고스란히 담아서 외형적으로나 맛으로나 더만족을 줄 수 있도록 연구하고 있습니다."

커피차 수요가 많아질수록 경쟁도 치열해졌다. 신메뉴를 개발하지않으면 커피차 시장에서 살아남지 못한다.

스토리텔링 담긴 커피차

사업도 점점 커지고 있다. 잠시 더위를 식혀줄 여름비가 내리는 날, 반가운 손님이 찾아왔다. 커피차 내부 인테리어를 맡아준 인연으로 알게 된 조원재 사장. 거기에 또 다른 지원군은 1, 2호차 외부 인테리어를 담당한 신동호 사장. 박 대표는 새 프로젝트를 위해 그들과 다시의기투합했다.

"1호차는 골드와 화이트 톤을 써서 약간 고급스러운 시골 청년의분위기, 2호차는 핑크색으로 청담동의 고급스러움을 담았다면, 이제만들 3호차는 두 가지를 합쳐서 더 화사하고 고급스러운 차를 만들면어떨까요?"(박 대표)

"커피차 디자인에는 박 대표의 스토리텔링이 있어요. 그리고 정말첫 차부터 열정이 대단했지요."(조원재 사장)

박 대표는 3호차에 남녀가 만나서 같이 달을 보는 스토리를 담았고, 거기에 맞게 인테리어도 구상했다. 이렇듯 커피차는 디자인 콘셉트부터 소품 하나까지 갑부의 감성을 담고 있다.

"이렇게 구상을 실현해나가는 일들이 너무 행복해요. 저희를 찾아주시는 분들에 대해서도 너무 감사하고, 제가 무언가를 할 수 있는 것 자체가 정말 감사한 일입니다."

여의도 국회의사당에서 야외 결혼식을 올리는 신랑·신부가 하객들을 위해 커피차를 준비했다.

"코로나19 사태로 피로연을 할 수 없어서 하객들이 더운 날 시원한 음료 드시면서 저희 결혼식 재미있게 봐달라는 의미로 커피차를 불렀어요. 꽃 달린 차를 직접 찾아서 예약했거든요."(신부)

하객들 가운데는 박 대표에게 자신의 자녀를 위해 출장 올 수 있느냐고 묻는 이들도 있었다. 사회적 거리 두기로 하객들이 식사를 할 수 없으니, 야외에서 음료를 대접하고 싶다는 뜻이었다. 이렇듯 결혼식 서포트 서비스를 원하는 고객도 하나둘 늘어나고 있다. 누군가에겐 가볍게 마시는 커피 한잔이지만, 갑부에겐 미래를 꿈꾸게 하는 원동력이자 절망의 순간을 바꿔준 기회이기도 했다.

"아무리 밤이 길어도 반드시 아침이 찾아온다는 문구를 제가 정말 좋아합니다. 변수가 있을 수는 있지만, 지금은 딱 새벽 정도라고 생각해요."

단역배우, 무명 생활이라는 어둡고 긴 밤을 견디고, 커피차 사업으로 이제 막 새벽을 맞이한 박 대표. 사업이든 배우 생활이든 눈부신 아침을 향해 쉼 없이 달려가는 갑부의 여정이 아름답게 느껴진다.

박상혁 氏의 성공 포인트

★ 고객의 요구사항을 적극적으로 반영하는 100% 맞춤 서비스.

★ 다양한 메뉴로 다수의 취향을 공격하라.

★ 코로나19 사태로 멈춰버린 지역 행사나 축제 대신 규모는 작아도 주문 건수가 많은 연예인 서포트에 주력하면서 위기를 극복했다.

한 줄 성공 비법

— 남에게 보여주는 삶이 아니라, 자신에게 떳떳하고 열심히 살아가면서 즐거움을 느껴라.

— 절망적 상황에 처하면 한 걸음 물러나서 시야를 넓혀 자신을 객관적으로 보라.

— 언제 찾아올지 모르는 기회를 놓치지 않으려면 항상 준비하라.

가게 프로필 •─────────────

커피차 갑부의 연 매출

✦ 하루 150만 원 X 커피차 2대 = 하루 약 300만 원
✦ 약 300만 원 X 30일 = 한 달 약 9000만 원

월 매출 약 9000만 원 X 12개월

연 매출
약 10억8000만 원

상호: 보헤미안 커피차
대표자: 박상혁
주소: 경기도 고양시 일산동구 동국로 245번길 160-52

도전을 두려워하지 않는
매출 10억 과일 마에스트로

쿠라쿠라 최성진

달콤한 돈 냄새 풍기는 사람

'달콤한' 돈 냄새를 풍기는 사람이 오늘의 주인공이다. 대전광역시 한 주택가. 과일 가게 안이 시끌벅적했다. 한적한 골목 안인데 유난히 시끄러운 이유가 뭘까 싶어 들여다보니 손님들이 '뽑기' 놀이를 하느라 떠드는 소리였다. 최성진(41) 사장이 찾아온 손님들에게 소소한 재미를 주려고 뽑기 이벤트를 준비했는데, 뽑을 때마다 연신 꼴등만 나왔다. 그러자 손님들도 허탈해하고, 성진 씨도 뭔가 이상한 것 아닌가 해서 뽑기 판을 살펴보았다.

"저도 이 뽑기 판을 돈 주고 샀거든요. 그런데 1등이 나오지 않으면 거짓말쟁이가 되잖아요."

걱정하고 있는데, 한 손님이 4등을 뽑았다. 그래도 다행이라고 생각했다. 그런데 한 아주머니가 정말 1등을 뽑았다.

"너무 좋죠. 생각지도 못했는데, 너무 좋아요. 그냥 과일이 맛있어서 사러 온 거였는데, 뽑혀서 너무 행복해요. 와, 감사합니다. 많이 파세요."(박영미 씨)

뽑기와 상관없이 손님들은 이 가게를 특별하게 여기고 있었다.

"과일 가게를 여기로 바꾸고 나서 식비가 너무 많이 나와요. 자주 오니까요. 맛있어서 또 오고 또 옵니다."(손님 A 씨)

"저는 보통 과수원 쪽으로 직접 가서 과일을 샀는데요. 이곳이 생긴 뒤로는 과수원 안 가고 이곳으로 옵니다."(손님 B 씨)

"여러 번 왔었는데, 여기는 항상 고객을 기분 좋게 하는 곳인 것 같아요."(손님 C 씨)

들어오기만 해도 기분이 좋아진다는 유쾌한 과일 가게라니. 수많은 과일들이 멋지게 진열돼 있는데, 가까이 가서 보니 진열된 과일 앞에 세워진 이름표가 특이했다. 사과 이름이 '미안하다 사과준다(한다)'라고 적혀 있고, 포도에는 '나보고시포도 참아(나 보고 싶어도 참아)', 자두에는 '자두자두 졸려요'라고 적혀 있다. 이뿐 아니다.

"이전 널 만난 게 얼마나 '오렌지' 모르겠어"

"처음 그 순간부터 사랑할 '수박'에 없던 너"

"이 '참외' 나랑 같이 살면 안 되겠니?"

이렇게 통통 튀는 아이디어를 낸 최 사장은 직원과 사장의 구분이 없는 가게에서 전천후 만능 일꾼이다. 그래서 스스로 '노예1호'라 불렀다. 최 사장은 제작진에게 유니폼을 건네며 "손님들이랑 헷갈리니까 이거 하나만 입고 있어요"라고 말했다. 그런데 갑자기 아이들뿐 아니라 어른들도 제작진의 등짝을 때리기 시작했다. 장난치고는 참 희한하다고 느꼈는데, 알고 보니 등짝에 '저를 터치하시면 1000원 할인!'이라고 적혀 있었다.

성진 씨가 유니폼에 적은 재미있는 문구로 손님을 위한 즐거운 이벤트를 만든 것이다. 성진 씨의 등에는 '아빠가 사 가도 혼나지 않는 과일가게'라고 적혀 있었다. 그런데 모든 직원의 유니폼 뒤에는 그런 위트 있는 문구가 가득하다. "가장 맛있는 조미료는 '배고픔'입니다" "여자 말을 잘 듣자"…. 이건 사실 성진 씨가 고안한 일종의 영업 방법이다.

재미에 이끌려 가게 찾는 사람들

재미에 이끌려 가게를 찾은 사람들은 과일 맛에 한 번 더 반한다고 한다. 마을에선 맛있는 과일 가게로 소문이 자자했다.

"가게 이름이 마음에 들어요, 아빠가 사 가도 안 혼나는."(손님 D 씨)

"개업하고 나서부터 왔으니, 한 달 됐어요."(손님 E 씨)

이곳 가게는 개업한 지 한 달밖에 되지 않았다. 그런데 한 달 매출이 8600만 원에 달한다. 다녀간 손님만 4000여 명.

"아직도 미스터리해요. 누가 보내준 것처럼 손님들이 밀려들어왔으니까요. 누가 팔아주라고 시킨 것처럼요. 저는 아직도 이 매출이 믿기지 않아요."

가게를 연 지 한 달밖에 되지 않았는데, 과연 어떤 비결로 골목 상권을 장악할 수 있었을까.

한 여성이 두 아이를 데리고 장을 보러 왔다. 성진 씨는 아이들에게 "여기 이 복숭아 상자에 담긴 과일 중에 제일 맛없어 보이는 과일을 골라봐"라고 말했다. 아이들은 맛없는 과일을 고르라는 성진 씨의 말에 무슨 연유인지 의아해했다. 그중에 형으로 보이는 아이가 하나를 고르자, 성진 씨는 그것을 칼로 깎아서 한 조각을 아이에게 건넸다. 그 아이는 "맛없게 생겼는데, 맛있어요"라며 웃었다. 아이 엄마는 "맛없는 과일이 정말 많은데, 이 가게에서 과일을 사면 실패할 확률이 낮아서 자주 와요"라고 말했다.

맛있는 걸 고르라고 해야 장사가 잘될 텐데, 왜 맛없어 보이는 과일을 고르라고 하는 걸까.

"저한테는 손해일 수 있어요. 진짜 맛이 없을 수도 있으니까요. 그런데 기본적인 당도가 나오면 다른 제품에 대한 자신감이 붙으니까, 손님들에게 항상 맛없는 것을 고르라고 얘기해요."

성진 씨는 맛있는 과일을 구비하는 데에 대해 자신감이 넘쳐흘렀다. 그에게서 어떻게 하면 맛있는 과일을 고를 수 있는지 물었다.

"복숭아 두 개가 있어요. 같은 생산자에, 같은 밭에서 나온 과일입니다. 과일 밑바닥을 먼저 볼게요. 하나는 꼭지가 예쁘게 달려 있어요. 그런데 다른 건 꼭지가 빠져 있습니다. 꼭지가 빠지고 나면 그 공간으로 공기가 들어갑니다. 그래서 과일이 푸석거릴 수가 있어요. 그래서 꼭지가 달려 있는 것을 고르는 게 좋습니다. 그리고 진짜 맛있는 복숭아를 하나 보여드릴게요. 주근깨처럼 반점이 나와 있는 복숭아가 있어요. 경매도 많이 하면서 느낀 점은 이렇게 주근깨가 많은 복숭아는 실패율이 낮다는 겁니다. 그런 것을 고르는 것도 한 방법입니다.

포도 두 송이도 비교해볼게요. 당연히 탱탱하고 알이 굵은 송이가 좋아 보이지요. 그런데 알의 크기 차이는 농부들이 어떻게 작업하느냐에 따라 다르게 나타납니다. 좋은 포도송이는 알이 잘 떨어지지 않아요."

갑부네 과일 가게는 어떤 것을 먹어도 맛이 보장된다고 하는데, 한 손님이 과일 맛을 보더니 고개를 가로저었다.

"제가 황도를 별로 좋아하지 않아요. 백도는 좋아하는데요."(손님 한

진아 씨)

입맛이 까다로운 손님이 등장하자 성진 씨가 직접 출동해 황도 하나를 잘랐다. 그런데 이번에도 한 씨의 표정이 좋지는 않았다. 다른 손님은 이 황도를 먹어보고는 맛이 괜찮다며 사가겠다고 했다. 결국 직원도 나서서 맛을 보고는 "따봉"을 외친다. 그러자 한 씨가 이유를 설명했다.

"제가 처음에는 그 정도 과일도 맛있다고 생각해서 먹었는데, 사장님이 계속 맛있는 거, 더 맛있는 거를 가져오시잖아요. 6년 동안 입맛이 얼마나 고급스러워졌는지 몰라요. 그래서 웬만한 것은 맛있지가 않아요. 사장님 표현으로 입맛이 청와대가 됐답니다, 하하."

한 씨는 갑부가 2013년 다른 곳에서 장사할 때부터 단골이었다고 한다. 다른 손님 이현재 씨는 갑부의 가게를 다닌 지 10년이 넘었다.

"제가 세종 매장도 다니고, 노은동 매장도 다니고, 오정동 시장도 다녔어요. 갈 곳이 너무 많아요. 아, 신뢰감 때문에 그래요. 거짓말은 안 하고 사기도 안 치니까요, 하하."

전국에 퍼져 있는 단골들

베테랑 과일 장사꾼으로 통하는 성진 씨. 오래전 인연을 맺은 단골들이 지금의 가게까지 따라온 것이다.

"과일을 배운 지는 11년이 되었지만 과일 장사를 시작한 지는 이제 9년쯤 되었어요. 매장으로 따지면 이게 세 번째 매장입니다. 제가 매장을 옮길 때마다 믿고 와주는 분들이 이 매장으로도 찾아와주시니까 너무 고맙지요. 그분들이 정말 단골이고, 제가 숨어 다닐 수가 없어요, 하하."

성진 씨는 27세에 도매시장에서 처음 과일 장사를 배웠다. 그러다 9년 전 대전 오정동에 자신의 가게를 차렸다가 노은동, 세종시, 관평동에 차례대로 가게를 열었다.

가게 안에 손님들이 많은데, 성진 씨는 매장 뒤 사무실로 들어갔다. 두 개의 큰 모니터를 번갈아 보면서 무척 분주한 걸 보니 가게 장사보다 더 중요한 일이라도 있는 듯했다.

"매장에 매출이 많이 안 나오더라고요. 그런데 물건은 많잖아요. 저 물건들을 팔아야 하는데요. 제가 컴퓨터 앞에 앉아서 30분 만에 얼마나 파는지 보여드릴게요."

또 다른 판매처가 있는 듯했다. 성진 씨는 소셜 미디어 계정이 따로 있었다. 소셜 미디어 친구들은 전국에 약 700여 명 정도. 12시에 특별 판매 공지를 올리자마자 전국에서 단골손님들이 복숭아 두 박스, 사과 한 박스, 포도 한 박스 등 주문 댓글을 올리기 시작했다. 실제로 30분 만에 68건의 주문이 밀려들었으며, 총 매출은 218만 3000원이나 됐다. 성진 씨는 "너무나 감사한 일이지요"라며 바로 택배 물품을 포장하기 시작했다. 그리고 택배 담당자에게 당부했다.

"복숭아를 단단한 걸로 골라서 보내기는 하는데, 가는 도중에 물러질 수도 있고, 이상이 생길 수도 있다고 구매자들에게 얘기했어요. 그래도 기사님이 전달할 때 살살 옮겨주세요."

온라인 주문을 받으면 완판(완전 판매)은 기본. 오히려 가게에서 팔 과일이 부족할 만큼 택배 물량이 많다고 한다. 보통 인터넷 판매는 일주일에 두 번 정도 운영한다. 택배 기사도 성진 씨 덕분에 도움이 많이 된다고 했다.

"고객분들은 맛있는 거 먹고, 사장님이나 저는 돈을 버니까 상생하는 거죠."(택배 기사)

과일 가게의 하루가 끝나는 시간이 됐다. 성진 씨는 하루 매출을 정리했다. 택배 매출을 제외한 매장의 하루 매출은 약 280만 원. 성수기 5개월 동안은 하루 380만 원의 매출이 들어와 총 4억7000만 원, 극성수기 2개월은 약 2억 원, 비수기 5개월은 약 3억7000만 원 정도 나온다. 이렇게 계산하면 연 매출이 약 10억4000만 원에 이른다.

그런데 성진 씨는 제작진에게 보여줄 게 있다며 다음 날 새벽 4시에 오정동 청과물 도매시장 쪽으로 나와달라고 말했다. 제작진이 그 시각에 시장으로 가자 한창 경매가 벌어지고 있었다.

"오늘 저는 피자두랑 복숭아를 사러 왔어요. 저는 일주일에 여섯 번 이곳에 와요."

성진 씨는 도매 시장이 쉬는 일요일을 제외하고 거의 매일 이곳을 찾는다. 가게에서 팔 과일들을 직접 맛을 보며 고르기 위해 부지런히 발품을 팔아야 한다. 시장에 쌓여 있는 견본 과일들을 잘라 맛보고 뱉어내기를 반복했다.

"생긴 것은 맛있게 생겼는데, 영 맛이 없어요."

입에 딱 맞는 복숭아를 찾아 시장을 뒤진 지 벌써 한 시간째. 그러다 드디어 오늘의 꿀복숭아를 찾았다. 그의 표정이 밝아졌다.

"와, 너무 맛있어요. 복숭아 열매의 빨간 부분 말고 파란 부분을 맛보면 전체적으로 어떤 맛인지 알 수 있어요."

과일 중매인이 성진 씨의 본업

성진 씨의 까다로운 입맛을 통과한 과일 상자들에는 특별한 훈장이 붙었다. 바로 316번이라고 적힌 빨간 스티커다.

"제가 낙찰받은 물건들을 제 것이라고 표시해두는 겁니다. 중매인이 물건을 사고, 소매상들이 이 물건을 사고 싶으면 스티커를 붙인 중매인을 찾아가서 물건을 사는 그런 구조가 있습니다."

성진 씨가 바로 316번 중매인이다. 스티커를 많이 붙인 날은 그만큼 그의 수확이 많다는 증거다. 기본적으로 이곳에서 잘해야 그날 하루 매출이 좋아질 수 있다고 한다. 성진 씨는 5년 전 과일 가게를 차리고, 좋은 물건을 직접 고르기 위해 중매인이 됐다. 50여 명의 중매인이 모인 도매시장은 매일 아침 과일 쟁탈전이 벌어진다. 치열한 눈치 싸움에서 승리한 뒤 성진 씨가 말했다.

"좋은 물건은 시세가 싸게 나오더라도 조금 높은 가격을 주고 사는 편입니다. 그래서 가능하면 제가 원하는 것은 사려고 합니다. 사지 못하면 열 받지요, 하하."

싼 물건을 사야 이윤도 많이 남고 좋을 텐데 그의 원칙이 무엇인지 궁금했다.

최성진 갑부는 고객을 응대할 때 늘 소소한 재미를 추가로 주려고 노력한다. 갑부가 준비한 뽑기 이벤트에 참여한 고객들은 의외의 즐거움을 덤으로 얻어갔다.

"그런데 한 번 팔고 안 팔 거면 모르지만, 웬만하면 싼 것은 피하는 게 좋긴 해요. 싼 것은 맛이 없든가 상태가 안 좋든가 그런 이유가 있기 마련입니다."

새벽 4시부터 시작한 경매는 아침 10시가 넘어서야 끝이 났다. 이날 갑부가 구입한 과일은 무려 1700만 원어치. 그는 도매시장 전체에서도 큰손으로 꼽힌다. 그리고 이달에 산 양이 1억8500만 원에 이른다.

"최 사장은 처음에 거의 바닥에서 고생했지요. 그러다 지금은 거의 다섯 손가락 안에 들 정도로 성장했어요. 젊은 친구가 영업도 열심히 해서 앞으로 촉망되는 중매인이라고 생각해요."(이계영 경매사)

성진 씨는 경매를 성공적으로 마치고 다시 가게로 돌아갔다. 오늘 판매할 신선한 과일들이 손님 맞을 준비를 했다. 과일들로 꽉 들어찬 가게의 아침은 기분 좋은 설렘이 가득했다.

그런데 한 사람이 가게의 과일 가운데 수십 상자를 자신의 차로 날랐다. 다른 사람도 많은 상자를 자신의 차로 날랐다. 알고 보니 청주, 대구, 세종 등 각지에서 온 과일 가게 주인들이었다.

"이곳만 한 물건을 찾아보기가 힘이 듭니다. 같은 물건이라도 맛의 차이가 크게 납니다. 이곳은 믿고 거래합니다."(대구에서 온 B 씨)

성진 씨는 날마다 8곳의 과일 가게 거래처에 물건을 제공한다. 성진 씨가 도매시장에서 그토록 많은 과일을 사는 이유다. 경매를 받은 과일을 거래처에 나누고 남은 과일을 매장에서 판매하는 구조를 만들어놓았다. 그래서 성진 씨의 매출에서 도매 판매는 상당 부분을 차지한다. 과일 매장 매출의 두 배가 이 도매에서 나오고 있다. 소매 매장의 연 매출 10억 원에 20억 원의 도매 매출을 합쳐서 총 매출이 30억원대에 이른다.

이날 오후 성진 씨는 가게를 나서서 대전 유성구 죽동의 다른 과일 가게로 갔다. 가게에 들어서자마자 주인 P 씨에게 "잘되냐? 잘돼? 야, 이런 것 좀 버려. 놓지 마, 이런 거 진짜"라며 잔소리를 늘어놓았다. 그러고는 "매장 손님이 고작 17명밖에 다녀가지 않았느냐"고 타박을 놓았다. 박 씨가 "배달은 빼고"라고 했지만, 성진 씨는 누그러들지 않았다. 이곳은 거래처일 뿐이지만 성진 씨는 주인에게 자신이 주인인 것처럼 조언을 아끼지 않았다.

"빈말로 '가게에 한번 들러서 장사하는 법을 알려달라'고 했어요. 그런데 진짜 올 줄은 몰랐어요. 주말에 와서 아침부터 저녁까지 6~7시간 비법을 알려주셨어요. 그때 잠깐 의심을 했어요. 이 사람은 분명 나에게 뭔가 원하는 게 있다, 그렇지 않고서는 이렇게 주말을 반납하면서까지 도와주지 않을 것이라고 말입니다. 그런데 그 이후로는 100% 신뢰하고 있습니다, 하하. 전혀 그런 사람이 아니라는 걸 알게 됐지요."(P 씨)

성진 씨의 마술

성진 씨는 또 잔소리를 늘어놓았다.

"요즘 젊은 사람들은 이렇게 나무 진열장으로 예쁘게 꾸미려고 해요. 이 자리에 박스를 쌓으면 몇십 개를 쌓을 수 있어요. 저는 이렇게 좁은 가게에 이런 쓸모없는 자리 만드는 것은 별로 좋아하지 않아요."

이런 잔소리를 듣더니 박 씨는 한숨을 크게 쉬며 웃었다.

"제 인생 최대 실수가 사장님을 한 달 일찍 만나지 못한 것입니다. 제가 처음 가게를 시작할 때 실내장식부터 진열하는 법을 모르고 시작했기 때문에 부족한 것이 많아요."

박 씨의 가게 바닥은 나무 판으로 만들어져 있었다. 성진 씨는 과일 가게의 바닥에는 대형 냉장고 때문에 물이 생길 수 있기 때문에 피해야 한다고 했다. 박 씨는 그것을 모르고 가게를 낸 것이었다. 이날 성진 씨의 심기를 건드린 것은 군데군데 비어 있는 진열대였다.

"저기 위에 단단한 복숭아를 두지 말고 황도랑 백도를 저 위에 쫙 깔아버려."

성진 씨가 과일 가게에서 과일을 진열하는 방법에 대한 노하우를 전했다.

"과일 가게에 들어섰을 때 시장에 들어선 것처럼 과일이 많아 보이게 해야 합니다. 그러면 와, 여기서 뭘 사지라고 생각할 겁니다. 항상 과일 가게의 인테리어 핵심은 과일이어야 해요. 그리고 과일의 색깔별로 진열하는 것도 필요해요. 진열대 맨 앞에는 가격대가 낮은 것을 깔아놓는 게 고객에게 부담을 덜 드릴 수 있어요. 그래야 손님들이 좀 더 매장에 머물게 됩니다."

즉 △과일은 실내장식이니 수북하게, △입구 쪽에서부터 낮은 가격으로, △색깔은 겹치지 않게 진열하는 게 좋다. 덧붙여 손님에게 인사만 잘해도 망하지는 않는다고 한다.

제작진은 달라진 진열 방법에 따라 매출에 차이가 있는지 확인해보고자 했다. 전날 성진 씨가 P 씨에게 새롭게 진열을 도와주었고, 다음 날 제작진은 카메라를 설치한 다음 상황을 지켜보았다. 한 손님은 진열이 달라진 것을 금세 알아차렸다.

"뭔가 달라진 게 보기가 좋아요. 전에는 복숭아들이 밑에 있어서 내려다봤는데, 위에 있어서 좋으네요. 진열도 깨끗하게 잘되어 있으니까 눈에 확 들어오고요."

어제와 비슷한 시간에 매출 상황을 확인해보았다. 총 수익은 159만 원. 전날보다 약 50%가 늘어났다.

"우리 거래처의 매출이 늘어나니 저도 매출이 늘어난 거고, 또 도매도 같이 늘어나게 된 겁니다. 제가 같이 일하고 있는 동생이나 형님들이 장사가 잘되다 보니 도매가 매출이 올라갈 수밖에 없는 거죠. 도매 사업이 잘되기 위해서 그분들에게 그런 내용을 알려준 것은 아니거든요. 저는 저 나름대로 물건을 판 것이고, 그분들을 도매로 데려와서 매출을 올려야겠다고 생각한 적은 없어요."

전국에 그가 노하우를 전수해준 과일 가게 사장은 모두 6명. 이들은 성진 씨에게 매일 과일을 사가는 도매 거래처이기도 하다.

늘 새로운 이벤트 구상

성진 씨는 2013년 스스로 과일 가게를 열었는데, 도무지 장사가 잘되지 않았다. 2000만 원이었던 빚은 6개월 만에 2억 원대로 불어났다.

"자신감 하나로 시작했지요. 좋은 물건은 팔면 팔린다, 나는 할 수 있다고 생각했습니다. 그런데 안 되더라고요. 200만 원어치 물건을 사왔는데, 첫날 6만 원, 이튿날 10만 원 밖에 팔지 못했어요."

그는 절박한 마음에 잘나가는 가게들을 찾아갔다. 하지만 가는 곳마다 문전박대를 당하기 일쑤였다. 결국 그는 혼자 공부하며 장사법을 익혀나갔다. 평생 읽지도 않던 책들을 읽기 시작하고 실천하기 시작했다. 그렇게 배운 노하우를 5년이 지난 지금 성진 씨는 다른 사람들과 나누고 있다.

충북 음성에 있는 또 다른 제자를 찾아 나선 성진 씨. 이 가게는 한쪽에선 컴퓨터 용품을, 다른 쪽에선 과일을 팔고 있었다.

"이분은 본업이 컴퓨터 매장이에요. 한쪽에 과일 가게를 너무 하고 싶다고 하셔서 차리신 겁니다."

M 씨는 성진 씨의 과일 가게 단골손님이었다. 그녀가 갑부의 제자가 된 데는 특별한 이유가 있었다.

"저희 친정 아버지 유산으로 이 가게를 차렸어요. 그 돈이 저에게는 굉장히 의미있는 돈이다 보니 최 사장님에게 매달려야겠다고 생각했어요. 최 사장님은 다른 분들에게도 컨설팅을 많이 하시던데, 돈을 전혀 받지 않으셨어요. 자신의 이득을 잘 챙기지 못하는 면이 있죠. 그래서 저는 조언을 듣던 날 바로 과일 사 먹을 때 사용하던 계좌로 100만 원을 송금했어요."

성진 씨는 그 돈이 부담스럽다며 아직도 갖고 있다고 했다.

"아쉬운 일이지만 안돼서 문 닫은 가게도 있어요. 물론 제가 했던 방식이 정답은 아니에요. 정답이 아닌 풀이를 해주면서 거기에 대한 대가를 바라서는 안 된다고 생각해요. 돈을 받을 만큼 엄청난 것도 아니었고, 그냥 기본적인 정보들을 전해준 거예요. 대부분 장사가 안되는 것은 그런 기본 정보를 몰라서 그런 것이거든요."

성진 씨는 과일 장사를 배우기 위해 찾아오는 이들에게 늘 기본을 강조한다. 손님들이 먼저 찾아오고 싶은 가게를 만드는 것이 바로 그가 생각하는 장사의 기본이다.

성진 씨는 늘 새로운 이벤트를 구상한다. 택배 상자 앞에서 펜을 들고 잠시 고민하더니 무언가를 써내려갔다.

"손님이 이걸 받고 상자를 열어보았을 때 제 마음을 알아주길 바라는 마음으로 적었어요."

성진 씨는 이 상자에 엄선한 특급 과일들로 골라 넣었다. 그의 '과일 홈 박스'다. 단골손님에게 판매하는 한정 상품인데, 가격은 3만 5000~3만8000원이다. 이날 상자에 들어간 과일은 사과, 청포도 1송이, 오렌지 2개, 포도 2송이, 자두, 방울토마토 등 6가지. 실제 가격은 4만1000원 정도로 파악됐다.

"가정에서 한 가지 과일만 드시면 지루하니까, 저희가 제철 과일만 종류별로 몇 가지 넣어드리고자 합니다. 그런데 수지 타산을 제대로 따지지 않습니다."

장사꾼, 진짜 장사꾼

홈 박스 구입자들은 자신을 신뢰하는 단골들이기 때문에 오히려 더 신경을 쓸 수밖에 없다고 한다. 성진 씨는 단골들을 향한 고마움을 상자에 적었다. 제작진은 성진 씨가 보내는 홈 박스 구입자들을 찾아가 보기로 했다. 성진 씨도 전화만 했을 뿐 한 번도 얼굴을 본 적이 없는 단골들도 많다. 서울 구로구의 한 단골인 박지영 씨에게 제작진이 직접 배달에 나섰다. 박 씨는 이 상자를 열어보고는 상자 안에 적힌 문구('시험 잘 붙고 꼭! 선생님이 되길')를 보고 웃음을 터뜨렸다.

"시험 떨어지라고 할 때는 언제고, 떨어지고 놀러 오라고 하셨는데요. 제가 지금도 선생이긴 한데 임용고시를 준비 중입니다. 그래서 그걸 응원해주셨네요. 과일 잘 먹고 있어요. 사장님 믿고 잘 먹고 있습니다. 놀러 갈게요."

성진 씨의 마음은 충분히 잘 전달된 듯했다.

"과일 장사가 어디 저뿐이겠어요? 전국에 수천 곳이 있을 텐데, 저를 좀 알아주시고, 기억해주시라는 생각에 장사할 때 계획을 많이 짭니다."

다음 날 성진 씨는 다시 과일을 들고 충남 세종시를 찾았다. 이번에도 역시 과일 가게다. 이곳은 그의 어머니 김춘화 씨와 친동생 최성문 씨가 운영하는 가게다. 성진 씨도 이곳에서 2년 정도 직접 장사를 한 곳이다. 벽에는 성진 씨의 초상을 그려 넣은 일러스트가 재미난 문구와 함께 붙어 있었다. 2년 전 어머니와 동생에게 가게 운영을 완전히 넘겼다.

"아들이 장사꾼, 진짜 장사꾼입니다. 우리는 완전 초보고요. 어릴 때는 아들이 장사를 할 거라고는 생각도 못 했어요."(어머니)

"형은 최소심이에요. 정말 조용했어요. 이렇게 요란할 거라고는 생각도 못 했답니다. 부모님이랑은 말을 많이 안 하고, 동생인 저하고만 말을 많이 하며 지냈지요. 그래도 이렇게 말이 많아질 줄은 몰랐어요."(동생)

아들이 소문난 과일 장사꾼이 됐다는 것이 자랑스럽기는 하지만 어머니는 늘 걱정이 앞선다.

"우리 남편이 사업을 하다가 많이 힘들게 돼서 아이들이 고생을 많이 했지요. 또 많이 가르치지 못한 것도 항상 마음에 걸리고요."(어머니)

성진 씨는 조용하고 평범한 학생이었으나 1998년 어느 날 그의 인생이 바뀌었다. 아버지가 운영하던 신발공장이 부도가 나면서 빚쟁이들이 집으로 몰려왔다. 아버지가 그들에게 쫓겨 다니는 신세가 됐는데, 어린 성진이는 그런 현실을 믿을 수 없었다. 며칠 뒤 집에 들른 아버지는 그의 앞에서 눈물을 보였다.

"자고 있는데 아버지가 깨우셨어요. 처음으로 울면서 말씀을 하시더라고요. 죽으려 했었다고요. 저는 가난이 정말 싫었어요."

마흔을 바라보는 나이가 되어도 잊지 못하는 그날의 아버지. 오늘은 아버지를 만나러 가는 날. 제작진이 따라갔는데 성진 씨는 촬영하지 않는 게 좋겠다고 했다. 멀리 보이는 정자에서 그는 아버지와 만나 이야기를 나누었다. 이날은 한 번도 하지 못했던 말을 전했다. 아버지는 일자리를 알아보고 있지만 마땅한 일이 없다고 하셨다.

"나중에 우리 가게 놀러 와서 청소나 좀 해주세요. 더운데 나가서 뭘 할 거예요."(최성진 씨)

"다 부담 돼. 나는 나대로 너희는 너희대로 그렇게 해야 편하지. 아빠가 가서 일하면 너희끼리 할 얘기도 못 하잖아. 많이 버는 것보다는 조금 벌더라도 가족이 화목하고 행복한 것이 최고야. 그렇게 악착같이 돈을 많이 벌려고는 하지 마. 부모 자식 간에 가끔 만나서 맛있는 것도 먹고, 서로 아무 일 없이 대화할 수 있고, 그런 게 행복이야. 돈 많다고 행복한 게 아니야."(아버지)

아버지가 짊어진 삶의 무게

성진 씨는 그 어려웠던 시절의 아버지 나이가 되어가고 있다. 아버지가 짊어진 삶의 무게를 조금씩 알아가고 있다.

"너무 노력했고, 고생했고. 아버지는 당신의 할 일을 다하신 것 같아요. 잘해오셨어요. 잘하려다 안 된 것은 어쩔 수 없으니 그것에 대해 더 이상 미안해하지 않았으면 좋겠어요. 제가 빨리 더 잘되어서 아버지께 용돈도 많이 드리려고 합니다. 아버지가 집에 편히 계시는 게 소원이에요."

다음 날 성진 씨는 모처럼 여유로워 보였다. 물을 마시고 있는 성진 씨를 직원이 불렀다. 농담 반 진담 반으로 "사장님, 빨리 가서 손님 모셔오세요"라며 웃었다. 그러더니 "저한테 뭐 받을 거 없으세요?"라고 말했다. 그 직원이 사장에게 월급 봉투를 건넸다.

"우리나라에서는 월급을 받고 일한다고 하면 자기 할 만큼만 해요. 돈 받은 만큼만 해요. 그런데 하는 만큼 보상이 더 주어지면 더 일하려는 마음이 생기잖아요. 수익 관리를 직원에게 맡겨서 저도 직원과 똑같이 남는 만큼 가져갑니다."(성진 씨)

이 가게에서는 매장에서 발생한 수익을 4명이 정확하게 4등분해서 가져간다. 과일 가게에서 일하는 사람은 모두가 가게의 주인인 셈이다. 성진 씨는 직원들과 함께 커가는 가게를 꿈꾸며 지금의 매장을 열었다.

"저는 매출은 중요하지 않다고 생각해요. 그보다는 고객 수가 더 중요하다고 항상 얘기합니다. 사람들이 우리를 보고 기분이 좋아야 오는 거지요. 그저 퍼주듯이 싸게 준다고 해서 사람들이 좋아하는 건 아니에요. 이 가게를 사람들이 동네 회관처럼 느끼게 하는 것이 중요해요. 제가 가져온 물건을 이 가게에서 서로 나눠서 먹는다고 생각해요."

성진 씨는 작은 콩 하나라도 함께 나눌 때 더욱 빛이 나는 것이라고 생각한다. '같이'의 가치를 잘 알고 있는 것이다. 그는 혼자만의 성공이 아닌 '함께 하는 길'을 선택했다. 그것이 더욱 가치 있는 성공이라고 굳게 믿기 때문이다.

최성진 씨는 2022년 가을에 새로운 사업을 시작했다. 과일 매장은 함께 일하던 직원들에게 맡기고, 과일 화채 디저트 전문점을 열기 시작했다. 이미 월평동, 오창읍, 송광동에 오픈해서 또다시 새로운 도약을 준비하고 있다. 시대에 맞춰 발 빠르게 움직이는 최성진 씨가 또 어떤 성공 스토리를 써나갈지 궁금하다.

최성진 씨의 성공 포인트

★ 도전을 두려워하지 말자.
★ 생각하는 시간에 행동으로 먼저 실행하자.
★ 기억될 수 있는 매장이 될 수 있도록 항상 노력하자.

한 줄 성공 비법

- 힘들다고 시작하지 못한다면 성공이란 단어는 포기해라.
- 남들의 시선을 의식하지 말고 맞다고 생각하면 실천해라.
- 간절히 원하라. 그리고 행동해라.

가게 프로필 ●

과일 갑부의 예상 연 매출

성수기 5개월×25일×약 380만 원 =약 4억 7000만 원
극 성수기 2개월×약 1억 원 = 약 2억 원
비수기 5개월×25일×300만 원 =약 3억 7000만 원

**연 매출
약 1억 4000만 원**

어디까지나 제작진의 계산임을 알려드립니다

상호: 쿠라쿠라
대표자: 최성진
주소: 대전 유성구 구즉로 52번길 31 , 지상1층 (송강동)
※ 최성진 갑부는 '서민갑부' 출연 당시 운영했던 과일 가게는
다른 사람에게 넘기고 과일 화채 디저트 전문점을 열었다.

산양삼과 부동산으로 일군
자산 230억 원

홍천 알짜 임업인 유재덕

"심봤다! 심봤다"

태백산맥의 서사면에 위치한 강원도 홍천에 산양삼으로 시작해 부동산 갑부가 된 이가 있다. 서른아홉에 230억 원의 자산을 일군 유재덕 씨가 그 주인공. 본업은 산에서 산양삼을 기르는 임업인이지만, 사업을 넓혀 주택 임대업, 요식업도 하고 있다.

제작진은 우선 유 씨의 '본캐(본래의 캐릭터)'인 산양삼 농장을 방문해 그가 어떻게 농사를 짓고 있는지 살펴보았다. 그의 농장은 일반적인 농장과 달리 가파른 야산에 있었다. 편평한 곳이 아니어도 산양삼 농사는 가능하기 때문이다. 그는 제작진을 데리고 점점 더 깊은 산속으로 데려갔다. 이렇게 가파른 곳에서 무슨 농사를 지을 수 있을까 싶은데, 그곳이 바로 산양삼 밭이었다.

산양삼은 산에 씨를 뿌려 자연 상태에서 키운 삼이다. 산양삼은 4~6월에는 초록 줄기와 이파리가 서 있다가 9월경 씨앗이 떨어지면 넓적한 빨대처럼 속이 비면서 땅으로 눕는다. 자연에서 자라는 만큼 재배 기간이 매우 길다. 삼은 뇌두(머리)가 해마다 한 칸씩 자라는데 12년근이라도 어른 손가락 굵기 정도밖에 자라지 않는다. 잔뿌리가 길고, 몸통이 황금색을 띠는 것이 좋은 상품이다. 삼의 뇌두를 확인하지 않고도 유 씨는 삼의 나이를 짐작하는데, 그것은 심은 위치에 대한 기록이 있기 때문이다.

유 씨의 고객들은 대부분 온라인 고객들인데, 단골 고객들 가운데는 직접 산으로 산양삼을 보러 오는 이들도 많다. 산에서 직접 삼을 캐보는 것이 즐겁고, 좋은 체험이 되기 때문이다. 산양삼을 캔 사람들이 큰 소리로 "심봤다!"를 외치자 산에 메아리가 울려퍼졌다. 다른 손님도 "심봤다!"를 외치며 즐거워했다.

제작진도 고객들과 같이 한 손에 호미를 쥐고 삼 줄기로 추정되는 아랫부분의 흙을 조금씩 걷어냈다. 다른 한 손으로는 그 흙을 살살 털어내다 보니 삼 뿌리가 드러났다. 이때 삼뿌리를 잡는 게 아니라 흙이 모두 떨어지도록 손을 가볍게 흔들어줘야 한다. 잔뿌리가 떨어지지 않게 하는 게 특히 중요하다.

"아내가 셋째를 출산해서 올해는 몸에 좋은 기운을 넣어주고 싶어서 이렇게 힘든 걸 무릅쓰고 찾게 되었습니다." (고객 A 씨)

직접 캔 삼을 계곡물에 씻어서 바로 한입에 넣은 손님은 "달착지근하면서도 향이 더 짙어 맛있다"며 좋아했다.

산양삼을 캐기에 좋은 시기는 늦가을이다. 1년 내내 채취를 할 수 있지만 잎에 있던 영양분이 뿌리로 모여드는 가을에 약효가 가장 좋다고 한다.

"산양삼뿐만 아니라 인삼도 가을이 가장 성수기입니다. 추석이 지나고 겨울에 땅이 얼기 전까지 삼이 양분을 비축합니다. 그래서 육질이 더 단단하고 몸에도 좋습니다."

산양삼은 사포닌, 단백질, 탄수화물 등 다양한 유기질과 무기질을 함유하고 있다. 기호에 따라 다양하게 섭취해도 좋은데, 가능하면 생으로 먹는 이맘때 것이 몸에 더 좋다고 한다. 그렇다고 많이 먹을 필요는 없다. 하루에 한 뿌리 정도면 족하다고 한다.

"삼은 조상 대대로 정성스레 키워오던 것입니다. 삼을 캔다기보다 부모님의 마음을 캐낸다, 부모님의 마음을 수확해낸다고 표현하고 싶네요."

청춘을 산에서 보내다

무슨 말인가 했더니 재덕 씨는 이 삼밭을 할아버지, 아버지에게서 물려받았다고 한다. 할아버지가 시작한 산양삼 재배를 손자가 이어받은 것이다. 재덕 씨는 스물네 살 때 산양삼 재배에 뛰어들었다.

"아버지로부터 산을 물려받았습니다. 그 산에 삼이 일부 심어져 있었고요. 자라난 삼의 씨앗을 따서 계속 심고, 그것이 지금까지 왔습니다. '부모님 하시는 일 물려받은 게 뭐 그렇게 대단한 거야?'라고 하는 얘기도 들었는데요. 그래서 더 열심히 철저하게 하려고 했던 부분이 있습니다. 아버지께 물려받았을 때는 약 33만㎡(10만 평) 정도였는데, 제가 조금씩 늘려서 이제 약 132만㎡(약 40만 평) 정도 됩니다."

재덕 씨는 부모님의 가업을 이어받는 데 그치지 않고 자신의 노력을 더해 이제는 강원도 인제, 양구까지 재배 규모를 4배 이상 넓혔다. 규모가 커진 만큼 신경 써야 할 일도 한두 가지가 아니다. 외지인과 야생동물의 출입을 막기 위해 밭 경계선에 울타리를 치는 것은 기본이다. 하지만 필수 작업이긴 해도 면적이 워낙 넓다 보니 울타리 보수는 틈날 때마다 할 수밖에 없다. 산양삼은 주로 해발이 높고 경사면에 자리한다. 그래서 대부분의 작업은 기계 대신 수작업으로 이루어진다.

"산에서 일할 때는 자재를 갖고 올라가는 게 힘든 일입니다. 그래서 울타리를 보수할 때도 망가진 울타리의 자재를 재활용해야 쉽습니다."

남들보다 이른 나이에 그야말로 '산사람'이 돼야 했던 그는 갖은 고초를 견뎌내며 치열하게 살았다.

"저의 20대는 아주 길었습니다. 지게질도 많이 했고요. 청춘을 산에서 보냈습니다. 지금 생각하면 즐거운 일이었어요. 좋은 추억이죠. 아침에 일찍 산에 가서 일하고 그냥 지쳐 쓰러져 잠들기 바빴습니다. 그래도 산에서 도망갈 생각이 안 들었습니다."

아버지에게서 산양삼 재배 노하우를 배웠고, 그도 열심히 노력했지만 사업 초반에는 산양삼은 거의 팔리지 않았다.

"7년에서 10년쯤 되는 산양삼을 재배해서 판매한다는 게 쉽지 않았습니다. 고객의 신뢰를 얻기 어려웠습니다. 고객들이 그렇게 오래된 것이라는 것을 믿지 못하고 의구심을 품었던 거죠. 일반 농산물이나 수산물은 생산하고 나면 공판장 같은 데서 수매해줍니다. 그런데 산양삼은 제가 스스로 능력껏 팔지 못하면 돈이 되지 않습니다. 그래서 자리를 잡지 못했을 때는 경제적으로 굉장히 어려웠죠."

위기를 극복하기 위해 재덕 씨는 산양삼을 본격적으로 연구하기 시작했다. 사업의 핵심 요소인 산양삼을 제대로 알아야 위기를 정면으로 돌파할 수 있을 것이라고 여겼다. 산양삼은 특히 다른 작목보다 씨앗 발아가 까다롭다. 그럼에도 재덕 씨는 집중적인 공부를 통해 발아율을 높일 수 있는 천연 약초 용액을 만드는 데 성공했다. 그 결과 산양삼 품질까지도 향상시켜 임업인들에게서도 인정을 받기에 이르렀다. 농법 발전에 이바지한 공로로 산림청이 그에게 상을 주기도 했다. 그가 기본부터 새롭게 다진 덕분에 그의 산양삼은 더욱 가치가 높아졌다.

재덕 씨는 제작진에게 산양삼 3년근 밭을 보여주었다. 낙엽이 수북이 쌓인 야산에 울타리를 친 곳이었다. 제작진은 3년근의 크기를 확인하기 위해 밭을 뒤적여보았다. 3년근은 아이들 새끼손가락의 손톱 굵기보다 작았다. 인삼의 경우 3년만 자라도 시중에 판매할 수 있을 정도로 크게 자란다고 한다. 그에 비하면 산양삼은 자연이 기른다고 말할 정도로 사람이 할 수 있는 일이 거의 없다. 사람은 그저 모종을 심을 때 정성껏 심고 인내하며 기다리는 수밖에 없다.

"자연 상태 그대로 생산하는 것이므로 모양이나 크기는 중요하지 않고 얼마나 깨끗하게 키웠느냐가 중요합니다. 그래서 모종을 심을 때 '잘 자라서 몇 년 있다 봅시다'라고 하고 흙을 덮습니다, 하하."

산양삼과 해물라면의 조합

그가 사는 곳은 산양삼밭 바로 아래에 위치한 한옥집. 여기에 삼을 포장하는 작업장도 있다. 포장할 때는 먼저 사각형 상자 바닥에 이끼를 깐다. 이끼는 상자 안에 습도를 유지해주기 때문에 꼭 필요한 재료다. 삼이 너무 마르면 잔뿌리가 떨어질 수 있기 때문에 그것을 방지하기 위한 것이다. 상자를 산양삼으로 채우고 나면 윤기 나는 황금빛 보자기로 상자를 싸서 받는 사람이 고급스러움을 느낄 수 있도록 한다.

재덕 씨는 직접 싼 산양삼 상자를 챙겨들더니 자동차로 1시간을 달려 원주공항으로 갔다. 거기서 비행기를 타고 제주도로 향했다. 한 달에 두세 번씩 직접 이렇게 제주로 공수하는데, 그것은 그의 부모님이 제주에서 살고 있기 때문이다. 부모님은 산양삼밭을 일구고, 재덕 씨에게 유산을 물려준 뒤 제주에서 노년을 보내고 있다. 제주에 도착한

산양삼은 산에 씨를 뿌려 자연 상태로 키우는 삼을 말하지만, 유재덕 갑부는 자연에만 맡겨두지 않고 발아율을 높이는 기술을 개발해 생산성을 높였다.

아들을 격하게 반긴 어머니는 아들이 가져온 산양삼을 보더니 "아이고 세상에 너무 좋다. 잘 키웠네"라며 칭찬을 아끼지 않았다. 어머니는 자신이 키울 때보다 아들이 산양삼을 더 잘 키운다며 아들을 자랑스러워했다.

"우리는 그냥 예전 방식대로 심어놓을 줄만 알았는데, 아들은 키워서 여기저기 응용할 수 있는 아이디어를 줬어요. 그래서 산양삼을 더 많이 팔 수 있게 됐습니다."

재덕 씨는 특히 부모에게서 "너 참 대단하다. 나보다 나은 것 같아"라는 얘기를 듣고 싶다고 했다. 부모님은 자신이 높게 생각하고 인생에 따를 만한 위인이다. 그런 부모에게서 인정받는 것이 자신의 인생에서 가장 큰 성취라고 그는 생각한다.

그의 부모는 7년 전 제주에서 산양삼을 넣어 파는 라면 가게를 열었다. 이제는 이 음식점(유재덕의 산양산삼해물라면)이 제주에서 이색 보양식 맛집으로 소문이 자자하다. 산양삼 라면을 요리하는 독특한 비법도 있다. 홍합, 꽃게, 새우, 전복 등 싱싱한 해물에다 채소와 산양삼을 우린 밑 국물을 붓고 해물이 익을 때까지 끓인다. 거기에 화룡정점인 산양삼 한 뿌리를 통째로 넣어서 산양삼 해물라면을 만든다. 이 음식에 곁들여 먹을 수 있는 김밥에도 다른 재료와 함께 산양삼을 넣는다. 라면 위주의 요리라기보다는 해물과 산양삼 위주의 요리에 라면은 덤으로 들어간 듯한 음식이다. 한 손님은 "굉장히 달고, 쓴맛이 없다. 굉장히 건강해지는 느낌이 든다"며 만족스러운 평을 내놓았다. 재덕 씨가 산양삼 라면을 개발한 이유가 따로 있다.

"산양삼은 너무 고가의 식품이다 보니 대부분 큰마음 먹어야 먹게 됩니다. 그렇지만 저는 산양삼을 대중화시키고 싶었습니다. 그래서 사람들이 가장 흔하게 먹는 라면에 산양삼을 넣으면 많은 사람이 관심을 가질 것이라고 생각했습니다."

이런 메뉴를 개발한 것은 우연이 아니었다. 그는 호텔조리학과를 나와서 한식, 일식 조리기능사 자격증도 갖고 있어 요리에 전문성도 갖추었다.

"산양삼은 다양한 요리에 활용할 수 있습니다. 산양삼 부침개, 산양

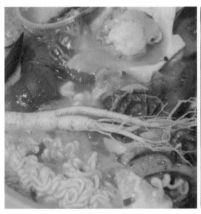

갑부가 개발한 산양산삼해물라면은 싱싱한 해물과 채소, 산양삼 등이 들어가 보양식으로 인기를 얻었다.

삼 주먹밥, 채소와 산양삼에 초고추장을 넣어서 버무린 산양삼 초무침도 맛있습니다.”

산양삼 라면 가게 매출은 하루 100만~150만 원에 이른다. 이 가게에서도 산양삼을 판매하고 있다. 홍천 농장에서의 산양삼 판매는 연간 약 20억 원, 제주 식당에서의 음식 판매와 삼 판매 매출은 약 7억 원이다. 대략 한 해 매출이 27억 원에 이른다.

부동산 55채 소유

산양삼 재배 과정에서 가장 중요한 것은 씨앗 심기다. 어느 가을 날 씨앗 뿌릴 곳을 준비하느라 재덕 씨의 홍천 농장이 부산하다. 여러 사람이 갈퀴로 땅바닥의 낙엽을 긁어서 치웠다. 낙엽들이 많으면 봄에 새싹이 올라올 때 힘을 많이 소모하기 때문에 잘 자라기 어렵다고 한다. 마르고 딱딱한 땅에서도 싹이 잘 트지 않는다. 햇볕이 적당히 들고 배수가 잘되는 경사면이 산양삼이 자라기에 좋은 조건이다. 이런 곳에 씨앗을 뿌리고 나면 따로 농약을 치거나 비료를 주지 않기 때문에 산양삼이 자랄 환경을 적합하게 맞춰주는 것이 중요하다.

재덕 씨가 이용하는 산양삼 씨앗은 콩처럼 동글동글하다. 과육 과피가 다 있는 산양삼 씨앗은 빨갛지만, 과피를 다 제거해서 씨눈을 틔

우는 개갑(開匣) 과정을 거친 씨앗을 밭에 뿌린다. 개갑 과정을 거친 씨는 땅에 심었을 때 발아율이 훨씬 높아진다. 흙 위에 씨앗을 뿌린 다음 긁개로 살살 긁어서 씨앗들이 덩어리째 붙어 있지 않도록 흐트러뜨려놓는다. 그래야 오랜 기간 잘 자랄 수 있다. 땅속 깊이 심으면 올라올 때 줄기를 길게 빼느라고 생명력에 지장을 주기 때문에 지표면에 뿌린 뒤에 흙으로 덮어준다.

"씨앗을 심을 때는 마음이 새로워집니다. 이게 또 새로운 10년간 제 사업이 되어줄 귀한 산양삼이니까요."

재덕 씨의 또 다른 일은 부동산 임대업. 서울 영등포구에 그가 주로 거래하는 공인중개사 법인 사무실이 있다. 새로 볼 물건도 있고, 원래 관리하던 곳도 둘러보러 재덕 씨가 서울 나들이를 했다. 부동산을 매매할 때 그가 주로 확인하는 것은 건물의 곰팡이 유무, 소음, 채광, 수압 등이다.

"산에서 산양삼 사업을 하다 보니 산을 사게 됐고, 부동산업에 대해서 알게 됐습니다. 산, 밭, 논, 시골집도 사면서 '대단한 게 아니어도 내 것인 게 중요하다'는 생각을 하게 됐습니다."

한때 그는 전국에 80채 정도의 부동산을 소유했었다. 현재는 55채. 자산 가치는 약 100억 원.

"부동산 임대업도 제게는 농사와 같은 느낌을 줍니다. 제가 조금 아끼고 성실하게 일해서 번 돈으로 씨를 뿌리고 있다고 생각해요. 만약에 실제로 농사가 좀 안 좋으면 그런 거와 상관없이 안정적 수익도 얻을 수 있고요. 부동산 수익으로 산양삼 경영을 할 때 인건비나 다른 산 매입에 활용할 수 있습니다. 두 가지를 따로 떼어 생각할 필요 없고, 하나의 사이클이라고 생각합니다."

그는 부동산 임대업에 대한 일반의 편견이 좀 안타깝다.

"부동산 임대업을 너무 터부시하잖아요. 나쁜 짓이라고까지 말하는데요. '내가 하면 투자고 남이 하면 투기'라는 말도 있고요. 하지만 저는 이 일을 하면서도 하루를 열심히 사는 겁니다. 저 자신과 대화해서 '이게 맞네, 잘 안 되어도 망할 일은 아니야'라는 느낌을 갖고 열심히 하다 보면 시간이 지나고 그것이 괜찮은 투자였다는 것을 느낄 수 있었습니다. 미래를 내다볼 수는 없으니까 투자가 불확실해도 그런 생각을 하고 삽니다."

마흔 살에 일군 경제적 자유

재덕 씨는 그런 장기적 안목으로 투자한 결과 약 230억 원의 부동산 자산을 모을 수 있었다.

서울에서 홍천으로 돌아오면 그는 햇볕이 비치는 고요한 숲속을 거닐며 마음을 다잡는다. 공기도 나쁘고 답답한 도시는 그의 터전이 아니다.

"주변 지인들이 저의 삶을 많이 부러워합니다. 시골 생활이 저도 힘들고 피곤할 때가 있지만, 그런 말들을 들으면 제가 훨씬 더 나은 삶을 살고 있구나라는 생각이 들어요, 하하."

누구나 한 번쯤 꿈꾸는 경제적 자유를 마흔 살에 일군 재덕 씨. 그의 도전은 현재진행형이다. 그는 요즘 유튜버로도 활동한다. 촬영, 편집 모두 직접 한다.

"유튜브 활동도 어느 정도 수준이 되면 수익이 생긴다기에 재밌겠다고 생각했습니다. 그런데 지금은 수익을 떠나 좋은 취미가 됐고, 하루를 즐겁게 꽉 채울 수 있는 한 부분이 됐습니다."

재덕 씨는 하는 일이 많다. 이동량도 많다. 여러 가지 일을 벌여놓아 힘들고 부담스러울 때도 있지만 대부분 만족감을 갖는다. 자신과 별로 상관없는 일에도 겁내지 않고 손대서 스스로 성공적으로 해냈다고 생각하면 큰 성취감을 맛본다. 수익보다 그런 성취감 때문에 도전을 계속하고 있다.

"여러 사업들이 그 자체로는 서로 연관성이 없어 보이지만 저를 중심으로 보면 다 관련이 있습니다. 왼쪽으로 보고 서건, 오른쪽으로 보고 서건 그 자체가 바로 저 자신입니다. 사업들 자체가 다 제게 의미가 있습니다."

그는 무인 카페 겸 오락실도 운영한다. 상가 건물 한쪽에 인형 뽑기

기계와 당구대, 오락기, 자판기 등을 갖춘 곳이다. 그는 어려서부터 이런 공간을 하나 갖고 싶었다고 한다.

"멘즈 케이브(남자를 위한 공간) 같은 거죠. 무인 카페로 만든 이유가 있어요. 요즘 같은 시절에는 크게 장사해봤자 크게 망하는 길밖에 더 있겠어요. 혼자 운영하면서 제가 스트레스 받지 않을 정도로 하는 걸 좋아하니까 이렇게 작게 만들었어요."

자판기에 든 지폐와 동전을 꺼내자 1000원짜리와 500원 주화들이 전부인데, 하루 매출이 10만5000원이다. 어떻게 보면 작은 매출이지만, 그는 '잔돈 부자'라며 즐거워했다. 통장으로 들어오는 큰돈보다 수북한 잔돈이 더 자신을 기분 좋게 한다는 것이다.

그는 자신의 부캐(부차적 캐릭터)를 찾는 일에도 열심이다. 최근에는 음원 저작권 등록까지 노리며 노래 녹음까지 했다. 실력에 상관없이 자신의 생각을 담은 자작곡을 자신 있게 불렀다.

'나를 찾는 벨소리. 부자가 되고 싶어, 난. 어떻게 해야 하는 거야. 작아도 내것이 좋아. 스스로 만족하는 게 성공인걸. 남을 보며 비관하지 마. 나는 오늘도 일하러 가. 행복해 이 순간. 너에게 보여주고 싶은 이 느낌.' ('일하러 가' 중에서)

자존감이 무척이나 높은 재덕 씨. 그의 성공을 이끈 힘도 이런 긍정의 힘이다. 그의 성공기를 한마디로 표현하면 '성공의 열매를 얻고 싶으면 도전이라는 씨앗을 심어라'이다.

"타인의 관심을 바라서 이러는 건 아닙니다. 저 혼자서도 만족스러워요. 한 번뿐인 인생인데, 재미있게 살아야죠."

가게 프로필 •

상호: 산양산삼해물라면 제주도본점

대표자: 유재덕

주소: 제주 제주시 테우해안로 150 1층

영업시간: 매일 08:00 - 21:00

정기휴일: 연중무휴

점포 면적: 30평, 제주공항 10분 거리

연 매출: 7억 원

PART
2

갓생 갑부

열정 아이디어로
보람찬 갓생 인생

- 1%의 영감으로 연 매출 20억 원 발명왕 김근형
- 선한 영향력 가게 운동 펴 돈쭐 난 파스타 갑부 오인태
- 거제 신선 해물로 60억 원 매출 전국구 이현진
- 네 개 레스토랑으로 연 매출 16억 원 성수동 골목대장 이남곤
- 전통술 구독 서비스로 연 매출 50억 원 이재욱
- 일당 6만 원에서 연 매출 100억 원 일군 인테리어 갑부 박치은
- 주택가 작은 가게로 연 매출 130억 원 초밥왕 김대승

1%의 영감으로 연 매출 20억!
아이디어로 돈 버는 남자

발명왕 김근형

사람들의 생활을 편리하게 하는 일

아이디어에 살고 아이디어에 죽는다. 일상 속 사소한 아이디어로 발명품을 만들어 연 매출 20억 원을 올리는 이가 있다. 발명왕 김근형(42) 씨. 그를 만나기 위해 찾아간 곳은 경기 부천시 공장지대. 매일 새로운 것들이 만들어지는 이곳에 그의 사무실이 있다.

사무실은 여느 공장 사무실처럼 널찍한 곳에 직원 몇 명을 위한 테이블이 있고, 벽 쪽에는 상자와 특이한 물건들로 가득했다. 갑부가 테이블 위에 자랑스럽게 내민 박스 안을 보니 잡동사니 같은 것들이 들어 있었다. 그는 그 안에서 평범해 보이는 소주잔을 끄집어냈다.

"여기에 술을 따르고 나서, '이 잔에 뭔가 변화가 있으면 우리 사귀는 거다'라고 허풍을 치는 겁니다. 그런데 차가운 술을 따르면 잔에서 하트 표시가 뿅뿅 나타나는 거예요. 그런데 손으로 잡고 있으면 또 색깔이 없어집니다."

그가 개발한 이벤트용 소주잔이다. 이번엔 지압기처럼 생긴 길쭉한 뭔가를 내려놓았다. 알고 보니 강아지 칫솔이다. 강아지용 치약을 위쪽에 넣으니 빈틈으로 치약이 흘러나오는데, 그것을 강아지가 씹을 경우에 이빨에 붙어 있던 치석 같은 것들이 제거될 수 있도록 만든 제품이다. 이뿐 아니다. 달걀을 잘 풀 수 있는 기계, 탄산음료의 김빠짐을 방지할 수 있는 키트 등 개성 넘치는 발명품들이 하나씩 나오는데, 과연 이런 것들이 돈이 될까 의심이 들기도 했다.

"직업이 뭐냐고 물으시면 발명왕이라고 혼자서 이야기하고 다닙니다. 아이디어를 실제 제품으로 만들어서 많은 사람들이 편리해질 수 있게 만드는 분을 발명왕이라고 하잖아요. 그래서 스스로 발명왕이라고 하고 다닙니다."

근형 씨는 또 제작진에게 뭔가를 보여주기 위해 주섬주섬 도구들을 주워서 직원들과 함께 사무실 밖으로 나섰다. 도구를 설치해두고 지나가는 사람들을 불러 모았다.

"제가 만든 아이디어 제품이 실제로 사람들에게 편리할지 아닐지를

확인하기 위해 거리로 나왔습니다. 이게 뭔지 맞히시면 공짜로 드릴
게요."

뒤에 여러 개의 빨판이 붙어 있고, 위에는 구멍이 뚫려 있다. 그런데
아무리 자세히 봐도 알 수 없는 물건이다. 지나가던 시민들이 호기심
이 생기는지 다가와서 관심을 보인다.

"어르신, 목욕탕 안에 있는 것 중에 뭔가를 끼워서 편하게 쓸 수 있
는 겁니다."

벽걸이, 칫솔끼우개, 손가락용 등 다양한 답이 나오지만 모두 오답
이다. 그런데 한 중년 여성이 "샤워꼭지 끼우개"라고 정답을 맞혔다.
샤워기를 결합한 후 욕실 어디든 붙일 수 있는 갑부의 발명품이다. 어
른뿐 아니라 아이들도 자기 키에 맞춰 샤워기를 아무 데나 붙일 수 있
게 하는 도구다. 몇 년 전 평소처럼 반려견을 목욕시키던 갑부의 아내
가 샤워기를 놓쳐 옷이 젖는 경우가 많아 불편함을 호소했다. 근형 씨
는 아내가 좀 더 편리하게 샤워기를 사용할 수는 방법을 고민했다. 그
러던 어느 날 아내가 술안주로 내온 문어숙회를 먹다가 다리 빨판을
보고 영감을 떠올렸다. 그렇게 문어 다리에서 착안한 샤워기용 핸드
프리 홀더가 만들어지게 됐다. 어떻게 보면 평범한 아이디어 같은데,
이런 것들로 그는 연 매출 20억 원을 올리고 있다.

제품의 생산 공정은 제작에서부터 택배 발송까지 직접 진행한다.
최소한의 인력으로 최대의 효율을 내기 위해 만드는 과정을 최소화했

다. 모든 물건은 온라인으로 판매하고 있다. 창업 2년 만에 국내는 물론 외국 유명 사이트까지 판로를 개척했다.

"고객에게 직접 온라인으로 팔면 B2C(기업과 개인 간 거래)로 마진이 많이 남습니다. 물론 B2B(기업 간 거래)도 하고 있어요. 처음엔 누가 저희 제품을 알지도 못해서 판매하기가 쉽지는 않았어요."

발명할 때 사용하는 대입법

근형 씨는 마진은 적지만 제품을 알리기 위해 도매 판매를 선택했다. 이렇게 해서 2020년 전반기에만 약 7억 7000만 원의 매출을 올렸다. 후반기까지 합치면 도매 매출만 약 10억 원에 달한다. 해외 수출도 활발하다. 미국, 일본, 러시아, 싱가포르, 아랍에미리트 등 8개국에 물건을 수출하고 있다. 도매 약 10억 원과 소매 약 8억 원에 외국 수출 2억 원을 합한 연 매출이 20억 원이다. 누군가는 하찮게 여길지도 모르는 아이디어의 대반란이다.

"이런 사소한 아이디어 하나로 생활 속 불편함을 개선해보자고 생각하면, 사실 누구나 할 수 있는 거예요."

그런데 아이디어가 어떻게 돈이 되는 것일까. 근형 씨는 직원들과 둘러 앉아 구수회의를 하는 중이다.

"달걀프라이 만들 때 이거 잘 뒤집혀지나?"

"아뇨, 잘 안 돼요."

우리가 요리할 때 많이 사용하는 뒤집개는 일면 편리하기도 하지만, 음식이 잘 뒤집어지지 않아서 무리하게 손목을 써야 하는 경우도 많다. 그런 불편함을 해소해주는 뭔가가 있다면 사람들이 관심을 갖고 살 것이다.

"그러니까 우리가 만들어야 되는 거야. 봐봐라. 그런 거 없으니까 우리 뭐 다 힘들잖아. 불편했잖아. 그런 뭔가를 한번 만들어보자고."

회의가 끝나자 갑부의 행동이 수상하다. 얼핏 보면 도둑 같기도 하다. 뒤집개를 갖고 여기저기 대보면서 고개를 갸웃거린다.

"이게 바로 발명할 때 사용하는 대입법이라는 겁니다. 머리로 뭔가 뾰족한 게 떠오르지 않으면 그냥 돌아다니면서 모든 사물에 대입해보는 겁니다. 일단 형상으로만요. 눈에 보이는 것이 아이디어가 될 수 있거든요."

이런 행동이 우스꽝스러워 보일지 몰라도 이게 바로 갑부만의 발명 노하우다.

"이것저것 다 해보는 겁니다. 그러다 좋은 결과물이 나올 수도 있어요."

근형 씨는 뒤집개를 여기저기에 한참 대입해보더니 온풍기 앞에서 "아, 됐어요, 됐어요"를 연발했다. 방송 제작진에게는 아무런 설명도

하지 않고, 과학 키트를 가져다가 뭔가를 만들기 시작했다.

"아이디어가 떠오르면 뭔가 뚝딱뚝딱 만들어보기에는 과학 키트가 최고예요."

조금 뒤 그는 일반 뒤집개와는 달리 납작한 피라미드처럼 생긴 모형에 온풍기 날개처럼 생긴 분리막을 단 독특한 뒤집개를 만들어냈다. 이것으로 실제 달걀프라이를 하면 천천히 뒤집어도 어렵지 않게 할 수 있게 됐다. 그런데 이 정도면 누구나 생각해볼 수 있는 아이디어 같기도 하다. 발명이라고 해서 뭔가 엄청난 것을 발명하는 게 아닌 모양이다.

"네, 맞습니다. 사실은 그게 발명이에요. 연필에 지우개 올린 것도 역사상 길이 남을 발명 중 하나이거든요. 굉장히 사소하지만 우리 생활이 편리해지는 데 도움이 되는 것이 발명이에요."

모형이 완성된 뒤에는 설계 작업에 들어갔다. 그는 송 부장에게 가서 과학 키트로 만든 뒤집개를 보여주고 "마름모꼴 말고 보통 뒤집개처럼 직사각형에다 날개만 달아줘"라며 수정해야 할 부분까지 설명했다. 송 부장은 컴퓨터 그래픽을 통해 샘플을 제작하는 과정에 들어갔다. 근형 씨는 완성된 설계도를 공장으로 보냈고, 곧 샘플이 완성돼 나왔다. 그 샘플을 가지고 테스트에 들어갔다.

"이 샘플을 가지고 떡볶이집에 가봅시다."

고교 시절 교통사고 이후 무조건 메모

그는 직원 한 명을 데리고 나갔다. 모든 제품화의 기본은 철저한 시장조사다. 특히 이 제품은 요리를 많이 하는 분들의 의견이 중요할 수 있기 때문에, 떡볶이집을 찾은 것이다. 근형 씨가 주인에게 말했다.

"떡볶이를 일반 뒤집개로 많이 뒤집으시잖아요. 제가 가져온 이 뒤집개를 한번 써보실래요? 어떤 거 같아요?"

"철판이 스테인리스인데 뒤집개까지 스테인리스로 하면 음식을 퍼담을 때 부딪치는 느낌이 들어서 좋지 않아요."(떡볶이집 주인)

"아, 좋은 의견입니다. 그럼 실리콘 처리를 하면 돼요. 이중 사출로 하면 됩니다. 사장님 덕분에 제가 좋은 아이디어를 얻었어요."(김근형 씨)

"그리고 뒤집개 끝부분을 막아주면 음식의 일정한 양을 퍼는 데 도움이 되겠네요."(떡볶이집 주인)

"여기를 막는다는 거죠. 아, 오늘 사장님이 아이디어를 다 주시네요."

그렇게 시장조사를 통해 아이디어를 얻어 온 근형 씨는 바로 수정 작업에 들어갔고, 얼마 되지 않아 완성본이 나왔다. 일반 뒤집개에서 양옆에 날개를 부착하는 1단 변화가 있었다. 2단 변화에서는 뒤집개 머리 부분이 더 넓어지고 뒷부분도 개선했으며, 기름이 빠질 수 있는 구멍도 만들었다. 근형 씨는 이제 실제 달걀프라이를 만들면서 개선본을 사용해보았다. 뒤집는 것은 성공했는데, 직원들의 반응이 별로다.

"이 정도 제품이라면 샀다가도 집에 쟁여두지 않을까요?"(직원 B 씨)

직원들의 시큰둥한 반응에 근형 씨는 금세 생각을 바꿔서 "보완할게 좀 있는 것 같아요"라며 "숨겨진 노하우로 구체화해보겠습니다"라고 말했다. 성공작이 아니어도 좌절 금지. 갑부는 수많은 시행착오가 더욱 완벽한 제품을 만든다고 믿는다.

"뭔가 불편한 게 있으면 자꾸 해결하려고 하니까 저희 일거리가 생깁니다. 제가 그것을 해결하면 그 일거리는 제가 딴 것이 되죠. 돈이

김근형 대표는 사람들의 생활을 편리하게 하는 다양한 발명품을 만들기 위해 늘 메모하는 습관을 갖고 있다.

될 것이고요."

일상의 불편함을 해결하기 위해 그가 언제나 빼놓지 않는 행동이 있다. 일을 하는 와중에도 늘 메모하는 습관이다. 그것이 지금의 갑부를 있게 했다. 그가 가진 '불편노트'는 성공의 일등 공신이다.

"불편노트에는 평소에 불편했던 점들을 해결하고자 했던 것을 메모해뒀다가 추가로 떠오르는 해결 방법들을 메모합니다."

불편노트를 열어보자 왼쪽 페이지에는 컴퓨터 마우스와 에어포켓을 일체형으로 만든 그림을 그려뒀고, 오른쪽 페이지에는 〈마우스 손목 아픔 방지〉라는 제목 밑에 '①워터젤을 마우스에 일체형 ②마우스 패드에 공기포켓대 ③책상에 거치하는 보호대'라고 적어놓았다.

"불편한 점들에 대한 아이디어가 있으면 그것을 보고 일단 설계를 합니다. 글씨를 쓰면서요. 예를 들면 기존 공기청정기 방식을 바꿔서 이렇게 불편을 해소한다라고 적습니다."

노트에 빼곡하게 적힌 갑부의 수많은 아이디어들은 그의 진정한 자산이다.

근형 씨는 고교 시절 교통사고를 당한 뒤 뇌에 작은 문제가 생겼다. 그래서 잊지 않기 위해 뭐든지 메모하던 습관을 갖게 됐는데, 그것이 오히려 전화위복이 된 것이다.

20년 전 노숙 생활 하기도

일단 아이디어 제품으로 만들 수 있게 되면 특허를 신청한다. 근형 씨는 11년 전에 특허를 신청했다가 뒤에 거절당한 내용을 소개해줬다. "벨크로 테이프(일명 찍찍이)로 아이들이 서랍을 열지 못하게 하는 발명이었어요. 그것이 거절된 뒤 그 실패를 교훈 삼아 특허를 얻기 위한 인생이 시작된 겁니다."

그는 실패에도 굴하지 않고 계속 도전했다. 옷을 던지면 걸리는 선인장 옷걸이라는 것도 그가 고안했고, 뜨거운 국밥을 식히는 냉각기도 고안했다.

"그냥 머릿속에 있는 걸 스케치해서 그 정도로 특허가 되는지 안 되는지 확인할 수가 있어요. 생활 속에 별것 아닌 것 같아도, 뭐 아무것도 아니다 이렇게 지나치지 마시고 특허 출원에 도전하시는 것도 괜찮아요. 그러다 특허가 되면 그것을 팔 수도 있어요. 제품을 만들지 않아도 돈이 되는 겁니다."

1862년 발명된 연필지우개는 당시 약 10만 달러에 판매됐고, 1867년 단단한 화분을 만들기 위해 냈던 철근 콘크리트 아이디어는 당시 약 200만 마르크(한화 약 10억4000만 원)에 판매됐다. 재봉틀도 특허 판매를 통해 1대당 5달러의 로열티 수익을 갖는다. 근형 씨도 10개의 지식재산권을 갖고 있고, 수익을 올리고 있다. 샤워기 고정기,

헤어드라이기 고정기 등 특허 분야도 다양하다.

이런 근형 씨에게도 어려운 시절이 있었다. 20년 전 성공하기 위해 무일푼으로 상경한 그는 잘 곳이 없어서 노숙 생활도 했다. 생각처럼 잘 풀리지 않았던 서울살이였다.

"길거리에서 500원짜리를 하나 주웠어요. 그걸 가지고 길거리에서 파는 꼬치어묵 한 개를 먹었는데, 국물은 한 스무 컵 마셨던 것 같아요. 그렇게 많이 마시니까 아주머니가 화를 내면서 뚜껑을 닫으며 '꺼져' 하는 겁니다. 그래도 어묵 국물로 따뜻하게 배를 채웠습니다. 그러고 계속 방황했어요. 여기저기 돌아다니면서요."

그렇게 거리를 배회하던 그에게 뜻밖의 기회가 찾아왔다. '급구/ 유흥업소 출장밴드 인원 모집/ 초보자 가능/ 숙식 제공.' 그는 잘 곳을 제공해준다는 말에 선뜻 그 일을 시작했다. 하지만 그 일도 쉽지 않았다. 기타를 치지 못하면서 뒤에서 흉내만 냈기 때문이다. 그걸 안 손님이 기타도 치지 못하면서 어디서 치는 흉내를 내냐고 핀잔을 주기도 하고, 잔을 입에 물고 노래하라고 요구하는 손님도 있었다고 한다. 인간 이하의 대접을 받았지만, 참아야 했다.

"가장 큰 충격을 받았던 날인 것 같아요. 맞는 것보다 더 자존심이 상했고, 항상 저 혼자 버려진 느낌이었어요."

하루하루가 지옥 같았던 어느 날 밴드를 떠나라는 얘기를 듣고 그는 한 번만 봐달라고 사정했다. 그는 모든 사람들이 자신을 등졌다고 생각하며 포기하려 했다. 그런데 마이크 하나가 고장 나 그것을 고치던 중 갑자기 뜻밖의 아이디어가 떠올랐다. 마이크를 노래 도구만이 아니라, 손님들에게 색다른 즐거움을 줄 수 있는 도구로 만들기로 했다. 마이크 전체를 황금색으로 바꿔 "회장님을 위해 준비했습니다"라며 주자 손님들이 그것을 기대 이상으로 좋아했던 것이다. 결과는 매우 성공적이었다. 그는 그 일을 계기로 벼랑 끝 위기를 잘 넘겼고, 아이디어의 중요성을 깨달았다.

"아, 이거구나. 이런 거면 고객의 요구를 충족할 수 있겠구나. 남들이 잘 안 하면서 그 고객이 정말 좋아할 만한 것. 이 두 가지를 기억하자."

자녀와 함께하는 식사 시간 아이디어 회의

어느새 밤이 찾아온 경기 성남시의 한 아파트. 근형 씨가 집으로 들어서자 아들과 딸이 뛰어나와 "아빠, 안녕히 다녀오셨어요? 사랑해요"라며 합창하듯 인사를 했다. 근형 씨도 "나도 사랑한다~"라며 두 아이를 감싸 안았다. 집 안은 발명왕의 집답게 눈길을 끄는 독특한 인테리어 제품들이 많았다. 온 가족이 둘러앉아 아내 정경미 씨가 정성 들여 요리한 미트소스 스파게티를 맛있게 먹고 있었다. 근형 씨가 갑자기

"오늘을 뭘 해볼까? 스파게티를 먹고 있으니 스파게티에 관한 걸 한 번 해볼까? 불편하거나 어려운 거 없지 그치?"라고 말하자 아이들이 "스파게티는 딱히 없는 것 같은데" "그치 불편한 건 없어"라고 답했다.

"너네들은 다 커서 그렇지만 아기들은 이렇게 포크에 면을 돌려서 먹는 걸 잘하지 못할 거 아니야."(김근형 씨)

"유치원만 가도 스파게티가 급식으로 나오거든."(아내 정경미 씨)

"그래, 그럼 포크에 관한 걸 해볼까?"(김근형 씨)

제작진이 "식사하면서까지 이렇게 아이디어 회의를 해야 하나요?"라고 묻자 근형 씨는 "식사하면서 대화를 많이 하는데요. 이런 시간이 아이들에게는 굉장히 창의적인 습관이 되는 것 같아요"라고 말했다.

딸이 먼저 아이디어를 떠올렸다. "불편한 건 아닌데, 접시에 온도계 같은 게 있어서 포크로 음식을 찍으면 그 음식의 온도를 알려주는 건 어때요?"

"오, 우와 진짜 필요 없겠다, 하하."(김근형 씨)

"아니에요. 음식 먹을 때 막 입천장 델 때도 있잖아요."(딸 김초연 양)

"포크에 온도계를 넣으면 크기가 커져. 아빠는 차라리 일정 온도가 지나면 색깔이 변하는 포크를 만들겠다."(김근형 씨)

"밥 먹을 때 자꾸 발명하라고 시켜요. 귀찮아 죽겠어요."(초연 양)

"여기다가 물고기 낚싯바늘처럼 조그맣게 달아서 포크를 들어 올리면 거기에 스파게티가 걸려서 안 떨어지게 하는 거?"(아들 김도현 군)

근형 씨가 "오, 그건 진짜 좋다"라며 아이디어를 개진한다. "포크에다 낚싯바늘을 대입했네? 그러면 다치지 않게, 뾰족하지 않게 해야겠어. 약간 둥글게 만들어서."

"아빠 회사에서 만들어 와봐요."(초연 양)

"알았어, 와, 괜찮은데?"(김근형 씨)

새로운 숙제가 생긴 근형 씨는 자신의 집에 있는 발명품들을 보여줬다. 자전거 헬멧처럼 생긴 모자 건조기는 모자를 세탁해서 이 건조기에 씌운 다음 바람을 쐬면 모자의 원형을 팽팽하게 유지하면서 말릴 수 있다. 이것과 세트를 이루는 비슷한 발명품도 있다. 삼각대와 집게를 결합해 만든 헤어드라이기 거치대.

아들 도현 군의 방에 들어가자 아들이 필터로 미세먼지를 걸러내는 장치를 소개했다.

"아빠가 과학 키트 같은 거 사줘서 이런 거 좋아하게 됐어요."(도현 군)

딸 초연 양은 이미 발명품까지 만든 경험이 있다. 달걀 반죽기를 만들어 특허까지 냈다.

근형 씨는 야심한 시각에 집을 나서며 "아지트에 갔다 올게"라고 말했다. 그의 뒤를 따라가보았더니 그는 묘지로 향했다. 휘영청 밝은 달이 떠올랐지만 으스스한 공동묘지에서 무엇을 하려는 것일까.

"여기에는 (고인들의) 수많은 아이디어들이 잠들어 있기 때문에 이곳에서 생각하면 좋은 아이디어들이 좀 더 잘 나오는 것 같아요.”

그는 아이디어가 막힐 때마다 이곳에 오는데, 미신처럼 이곳에서 좋은 아이디어를 많이 떠올렸다고 한다. 행동도 참 특이한 사람이다. 묘지를 향해 앉아서 그는 “구슬, 구름, 줄자…” 같은 말을 웅얼거렸다. 방법이야 어쨌든 과연 좋은 결과가 나올 수 있을까.

공짜로 해주는 발명 컨설팅

다음 날 어떤 사람이 커다란 상자를 하나 들고 출근했다. 그는 근형 씨의 눈치를 살피더니 “오늘 아이디어 하나 가져왔는데, 회의하고 만들어볼까 해서요”라며 말을 건다. 알고 보니 근형 씨의 ‘유일한’ 제자라고 한다. 강동구에서 온 강서구 씨. 1년 전 서구 씨가 근형 씨에게 이메일을 보내와 사제 관계가 됐다. 근형 씨는 2년간 아이디어로 창업하고 싶어 하는 사람들을 위해 개인 방송과 실제 세미나를 통해 컨설팅해주는 일을 하고 있는데, 방송을 보고 연락해온 것이다. 서구 씨는 욕실 문을 열고 닫을 때 문에 슬리퍼가 걸리는 불편함이 있다며 그것을 해결해보면 좋겠다는 아이디어를 갖고 왔다. 그의 아이디어는 슬리퍼 덮개를 밟으면 납작해지고, 뒤꿈치를 밟으면 다시 부풀어 오르는 슬리퍼다. 아이디어가 뛰어나도 실제로 적용하는 건 전혀 다른 문제라서, 근형 씨는 일단 모형부터 만들기로 했다. 모형을 만드는 데 필요한 물품은 임기응변으로 주변 사물에서 구한다. 이번에는 정수기 호스를 잘라 슬리퍼의 공기 튜브 기능을 갖췄다. 직원들이 커피 끓이려면 물이 필요한데 호스를 자르면 어떡하냐고 불평하자 근형 씨는 "물 사 먹어 당분간, 나중에 다시 만들어놓을게"라며 하던 일을 마저 했다. 뒤꿈치에 위치한 튜브를 발로 누르면 슬리퍼 덮개가 올라가는 구조를 만들었다.

"오, 완성! 잘됐네."

욕실에서 나갈 때 슬리퍼를 쫙 밟아놓고 나가면 형태가 찌그러지고, 들어갈 때 뒤꿈치를 밟으면 쫙 펴져서 쉽게 신을 수 있다. 수제자

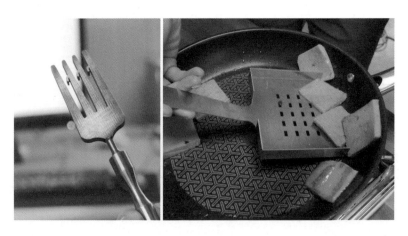

파스타를 힘들이지 않고 집어올릴 수 있도록 만든 포크(왼쪽), 달걀프라이 뒤집개 모형. 이런 모형들은 수많은 시행착오를 거쳐 실제 제품으로 만들어지기도 하고, 실패작으로 끝나기도 한다.

가 된 지 1년 만에 만든 서구 씨의 첫 발명품이다. 뒤에 이들은 수차례 테스트를 바탕으로 특허 출원까지 진행했고, 본격적으로 사업화를 할 예정이라고 한다.

"발명 컨설팅을 받으려면 너무 비싸요. 몇천만 원씩 합니다. 그보다 더 힘든 건 마케팅하는 비용입니다. 배울 게 많은데 제대로 가르쳐주는 사람이 없어요. 그래서 저는 제가 알고 있는 것을 나눠서 창업자들과 좋은 성과를 내고 싶어요."(김근형 씨)

갑부의 일상은 매일 발명으로 분주하다. 이날은 전날 밤 아들이 낸 낚싯바늘 같은 코가 달린 갈고리 포크 아이디어를 구체화하기로 했다. 그는 송 부장에게 샘플 생산을 위한 3D 모형을 제작해달라고 요청했는데, 작업은 금세 진행됐다. 이어 공장으로 달려가 샘플을 받아와서 컵라면을 끓이고 바로 테스트에 들어갔다. 직원 모두가 초긴장 상태. 시선 집중. 그가 갈고리 포크를 컵라면에 넣어서 바로 들어 올리자 면발이 풍성하게 엮여서 올라온다. 웃음이 터진다.

"애들이 무슨 잘못이야. 포크가 잘못이지. 이 갈고리 포크를 사용하면 애들이 쉽게 스파게티를 먹을 수 있어. 포크가 잘못했네. 자, 이거 빨리 특허 내. 이거 (특허 내기 전에) 방송에 나가면 안 되겠는데요? 진짜로 특허 내야 하겠는데요, 하하."

작은 아이디어에서 시작한 쾌거다. (서민갑부 제작진은 비밀을 지켜드렸다.) 테스트를 통과하면 가장 중요한 작업인 특허 출원이 진행돼야 한다. 근형 씨가 변리사에게 자료를 보내고 전화를 해서 물어보자 변리사는 "자료를 검토했는데, 일단은 포크에 낚싯바늘처럼 꼬리가 달린 건 존재하지 않는다"는 답변을 내놓았다. 특허가 진행될 수 있을 것 같다는 소식에 직원들이 환호성을 질렀다. 근형 씨는 바로 이 소식을 기다릴 아들에게 전화를 걸어 특허 가능성을 전했다.

"이렇게 초등학생도 간단한 아이디어로 뭔가 할 수 있다는 점을 아시면 좋겠습니다. 물론 제가 아이디어를 좀 더 업그레이드했지만요. 누구나 아이디어만 있으면 이렇게 할 수 있는 것 같아요."

일상의 불편함을 들여다보면 돈이 된다

근형 씨는 강원 태백에서 태어나 발명가로서 성공을 꿈꿨던 아이였다. 그의 발명은 아주 어린 시절부터 시작됐다.

"어려서 어머니, 아버지가 안 계셔서 할머니가 저를 거의 다 키우셨어요. 생활이 굉장히 힘들었죠."

30년 전 아버지의 회사가 부도 나자 부모님은 돈을 벌기 위해 타지로 떠났고, 작은 단칸방에서 할머니와 단둘이 살았다. 거동이 불편했던 할머니는 항상 지팡이를 지니고 다니셨는데, 어린 그의 눈에 밟힌 것은 할머니의 낡은 지팡이였다. 그는 '할머니가 불편해 보이시는데, 더 편하게 해드릴 방법이 없을까?'라고 생각했다. 그때 근형 씨의 눈에 띈 것은 망가진 우산대였다. 열두 살 아이였지만, 그는 우산 손잡이를 부러뜨려 지팡이의 손잡이로 만들었다. 할머니는 근형 씨를 칭찬했고, 그는 뛸 듯이 기뻤다. 이것이 발명가를 꿈꾸던 그의 첫 작품이었다.

"지팡이는 돈 주고 살 수 있는 물건이지만, 저희는 돈이 없었으니까요. 그래서 할머니를 편하게 해드려야겠다고 그걸 만들었어요. 그렇게 꼭 필요한 걸 해결하면서 발명을 하게 됐습니다."

그에게 발명은 가난한 어린 시절을 이겨내기 위한 방법이었고, 생활을 위해 필요한 수단이었다. 초등학교와 중학교 때는 과학경진대회에 나가 여러 번 입상하기도 했다. 하지만 가난하다고 투정도 많이 부렸기에 그때를 생각하면 할머니에게 죄송스럽기만 하단다.

"할머니가 살아 계실 때 '제가 돈을 많이 벌어서 더 좋은 거, 더 맛있는 거 사드릴게요'라고 했는데, 그 약속을 지키지 못했습니다. 살아 계실 때 더 잘해드릴걸 하는 생각이 뼈저리게 느껴집니다."

오늘따라 갑부의 회사가 분주하다. 거대한 욕조도 등장하고, 카메라도 동원되는가 하면 제품들도 일렬로 정렬됐다. 그때 갑자기 근형 씨가 타이즈를 입고 나타났다.

"오늘 라이브 커머스(상거래) 방송하는 날이거든요. 그래서 즐겁게 하려고 이런 걸 준비해봤습니다."

유튜브 채널 '편리한형제'에서 '라이브 커머스'가 진행되는 날이다.

신명 나는 노래와 함께 방송 '스타트'. 근형 씨는 욕실 의자와 좌욕기를 겸하는 제품을 먼저 소개했다.

"이건 욕실 의자예요. 이게 무슨 아이디어냐, 긴 말 필요 없이 보여드릴게요. 그냥 여기서 씻다가 엉덩이를 올려만 놓으면 돼요. 남성분들, 전립선 좋지 않으신 분들은 좌욕이 꼭 필요한데, 그 용도로 쓸 수 있어요."

이렇게 제품을 알리고 있는데, 시청자가 실제 사용하는 장면을 보여달라고 문자로 요청했다. 그러자 그는 "저, 진짜 미쳤다고 소문나는 거 아니에요?"라며 망설이는데, 옆에서 "한두 번 하는 거 아니잖아~"라며 부추겼다. 그러자 그는 이내 옷을 입은 채로 좌욕하는 장면을 보여주었다. 근형 씨는 홍보도 전쟁이라며 무엇보다 자신의 색깔을 내는 게 중요하다고 강조했다. 즐거운 방송을 마치자 결산이 바로 나온다. '아이디어 제품 보러 오세요' 누적 시청자 수 369명, 누적 댓글 수 13개, 누적 좋아요 수 1982개 등이다. 방송 직후 주문도 20건 정도 들어왔다. 30만 원 정도 매출을 올렸다.

"아이디어를 제품화하면 판매를 해야 하는데, 처음에는 사실 굉장히 팔리지 않습니다. 제품을 알려야 하는데, 제대로 알리기가 쉽지 않아요. 그 과정이 정말 전쟁터입니다."

굳이 이렇게까지 해야 하느냐는 주변의 따가운 시선도 있었다. 하지만 그는 다른 생각을 갖고 있다. 그 수많은 경험이 자신을 있게 한 발판이기에 달려가야만 했다. 그는 모든 발전의 원동력은 행동하는 것이라고 생각한다.

"흥미롭게도 '굳이'라는 글자를 이렇게 저렇게 돌려보면 '돈이'라는 글자가 됩니다. '굳이, 굳이' 하지 마시고 생각만 바꾸면 '돈이' 된다고 생각해보세요."

한 가지 생각에 빠지지 말고 언제나 다른 사고를 통해 바라보라. 일상의 불편함을 들여다보면 그것이 곧 돈이 된다. 이것이 발명왕 갑부가 터득한 성공 비법이다.

김근형 씨의 성공 포인트

★ 제품 제작에서 택배 발송까지 모든 과정을 최소화해 최대의 효율을 내는 구조를 만들었다.

★ 모든 발명의 원동력은 대입하고, 행동하는 것이다.

★ 불편함을 해결하기 위해 언제나 빼놓지 않는 행동은 메모하는 일이고, 그런 메모를 담은 '불편노트'는 성공의 일등 공신이다.

한 줄 성공 비법

– 일상에서 겪는 모든 불편함이 곧 발명의 동기이고, 돈이다.

– 한 가지 생각에 빠지지 말고 언제나 다른 사고를 통해 바라보라.

가게 프로필

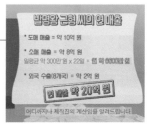

발명왕 근형 씨의 연 매출

* 도매 매출 = 약 10억 원
* 소매 매출 = 약 8억 원
  일평균 약 300만'원 x 22일 = 월 약 6600만 원
* 외국 수출(8개국) = 약 2억 원

연 매출 약 20억 원

어디까지나 제작진의 계산임을 알려드립니다.

상호: 편리한형제
대표자: 김근형
주소: 경기도 부천시 삼작로 171번길 37

선한 영향력 가게
운동 펴 돈쭐 난 가게

파스타 갑부 오인태

자영업자의 전쟁터 홍대 앞에서 살아남다

"사장님을 돈으로 혼내러 왔어요. 돈으로 혼쭐을 내겠습니다. 저 못 참습니다. 저 돈쭐 낼 거예요. 사장님 기다리세요."(손님)

"내가 뭘 했는데 나한테 그래?"(오인태 사장)

서울에서 다섯 손가락 안에 드는 자영업자의 전쟁터이자 젊음의 거리 홍대 앞. 코로나19가 유행하고 사회적 거리 두기가 길어지면서 매출이 반토막나고 심지어 적자까지 기록하면서 자영업자들이 하나둘 떠났다. 입구에 '임대 문의'를 써 붙인 가게가 늘어나고 매서운 한파가

거리를 휑하게 만들었지만, 유독 한 가게 앞에선 별 위력을 발휘하지 못했다. 평일 대기 시간은 보통 30분 이상, 주말에는 1시간 이상 기다려야 먹을 수 있다는 소문난 파스타집이다. 제작진이 도착했을 땐 이미 점심시간에 길게 줄을 선 사람들이 이제나저제나 식당 안으로 들어가길 고대하고 있었다. 실내는 테이블이나 벽의 마감재를 나무로 사용해 편안한 분위기를 연출했다.

"파스타가 진짜 맛있고, 양도 많고, 사장님도 친절해서 자주 와요."(손님 A 씨)

한 번 방문한 손님은 두 번, 세 번 찾으면서 결국 단골이 된다고 한다. 보기엔 여느 파스타와 다를 바 없지만, 맛을 직접 보면 확연한 차이를 느낄 수 있다.

"인터넷에서 이 가게가 유명하다고 해서 왔어요. 아들이 군대에서 휴가를 나왔는데, 가고 싶은 식당 적어서 나오라고 하니까 이 가게를 적어 왔어요. 지난 월요일에 휴가 나오자마자 여기로 왔는데, 하필 그날이 정기 휴일이어서 오늘 다시 왔습니다."(손님 B 씨)

인터넷에선 꽤 유명한 가게라 외국인들도 소문 듣고 찾아온다.

"여기 파스타는 조금 매워요. 외국 파스타는 안 매워요. 그런데 여기 파스타가 더 맛있어요."(외국 손님 C 씨)

이렇듯 국적을 막론하고 여러 사람들의 입맛을 사로잡은 비결은 무엇일까.

'서민갑부' 제작팀이 이 가게 사장인 오인태(37) 씨를 만나러 갔다. 마침 오 씨는 직접 만든 파스타를 먹고 있었다.

"저희도 직접 만든 파스타를 자주 먹어요. 저희가 먹을 수 없는 음식을 손님에게 팔아선 안 되니까요. 일주일에 네 번쯤 먹는 것 같아요. 이틀에 한 번꼴로 먹어도 질리지 않는 맛을 만들려고 노력하고 있습니다. 그렇게 노력해서 파스타가 출시됐기 때문에 손님들이 부담 없이 드실 수 있는 것 같아요."

이 집의 특징은 뛰어난 맛도 맛이지만 가격이 매우 저렴한 데 있다. 둘이서 각자 파스타와 샐러드, 음료를 먹고도 1만 9000원 정도 나온다. 주머니가 가벼워도 이곳에 오면 배불리 먹을 수 있다. 심지어 남자 셋이 파스타 두 접시에 피자까지 시켰는데도 계산할 때 나온 금액은 약 2만 원이 전부였다.

"다른 매장에서는 파스타 하나만 먹어도 2만 원대가 나오는데, 여기서는 이렇게 많은 메뉴를 시키고도 2만 원밖에 나오지 않으니까 가성비가 무척 좋은 것 같아요."

특히 메뉴 중 인기가 좋다는 '치킨 폭탄 로제 파스타'에는 제법 굵은 치킨 12조각(약 300g)이 접시 주위를 빙 둘러가며 꽉 차게 들어서 있고, 가운데 푸짐한 면발이 자리를 차지하고 있다. 손님들이 매우 좋아하는 효자 상품이다. 한 손님은 "치킨을 거의 한 마리 먹은 기분이다"며 좋아했다.

가성비 높은 파스타의 비법은 과연 무엇일까.

"일반적으로 음식 재료를 인터넷으로 구매하는데, 저희는 인터넷보다 훨씬 저렴한 가격으로 구입할 수 있는 구조를 만들었습니다. 저희는 물류 회사에 저희 창고 공간을 확보해놓고 저희가 쓰는 식자재를 외국에서 직접 사옵니다. 전용 상품이라고 해서 쓰는 것들이 있는데, 대량으로 계약을 하고 대량으로 미리 받아놓기 때문에 음식값이 쌀 수 있습니다."

3자 물류 시스템으로 가성비 높여

오 씨가 말하는 구조는 일명 3자 물류 시스템이다. 해외에서 재료를 직수입해 대량으로 들여와, 계약한 물류회사의 냉동 창고에 식재료를 보관해두고, 필요할 때마다 꺼내 쓰는 것이다. 물론 이 시스템이 가능한 것은 재료 소진이 빠른 가게이기 때문이다. 파스타의 특성상 해외 식재료가 많이 들어가는데, 3자 물류 시스템 덕분에 오 씨는 해외 현지에서 공급되는 파스타 면과 싱싱하고 좋은 식재료를 아낌없이 쓸 수 있게 됐다. 손님은 가성비가 좋은 데다 맛까지 수준급이어서 만족하고, 갑부는 많이 팔아서 만족할 수 있는 일석이조의 구조다.

숟가락보다 큰 새우가 여럿 들어 있는 로제 폭탄 슈림프 파스타는 가격이 9000원. 다른 파스타집보다 넉넉한 새우 양에 손님들의 발걸음이 몰리는 건 어쩌면 당연지사가 아닐까. 지난 2016년에 문을 연 오 씨의 파스타집은 초창기부터 5900원짜리 파스타로 이목을 끌었다.

"대학가에서 장사를 시작했는데, 학생들이 적은 비용으로도 좀 더 배부르고 맛있게 식사하면 좋겠다고 생각했어요. 그러다 보니 가성비 좋다는 얘기가 나온 겁니다."

인태 씨의 두 번째 전략은 고객의 입맛 사로잡기. 가게가 위치한 곳은 유행에 민감한 홍대 앞 거리다. 새로운 먹거리가 많이 들어오고 그에 따라 고객의 입맛도 까다로워질 수 있는 곳이다. 바쁜 점심시간이 지나면 그는 주방 입구에 휴식 중이라고 써 붙이고 새로운 맛의 파스타를 개발하기 위해 실험하기도 한다. 겨울이라 얼큰한 국물을 찾는 손님들을 생각해 약간 짬뽕 스타일로 매콤한 국물이 있는 파스타 개발을 시도했다. 며칠째 답을 찾지 못하고 실패하고 성공할 때까지 직접 만든 파스타를 테이블에 가져다 두고 직원들과 시식하면서 머리를 맞댔다.

"외식업 자체가 옛날에는 그래도 트렌드가 한번 잡히면 2, 3년씩 유지가 됐는데, 요새는 1년도 되지 않아서 획획 바뀝니다. 새 메뉴를 개발할 때 사실 우리 입맛에만 맞아도 안 되고, 보편적인 맛이 나와야 합니다. 새 메뉴 개발은 저희가 살아남기 위한 한 방법이죠."

호박을 십자로 펼쳐놓고 그 위에 면을 얹은 파스타, 면이 보이지 않을 정도로 많은 토핑을 얹은 파스타 등 셀 수 없이 많은 신메뉴가 오랜 시간 오 씨의 피와 땀, 눈물로 완성됐다. 하지만 고객의 사랑을 받지 못하면 아웃! 그동안 인태 씨의 가게를 거쳐간 파스타만 해도 100여 개는 된다. 그만큼 많은 메뉴 개발에 열정을 쏟았다. 그 덕분에 손님들의 발길이 지금까지 이어질 수 있었다.

세 번째 전략은 신속한 서비스. 손님의 주문을 받으면 음식이 나올 때까지 10분이 넘지 않도록 하는 효율적 시스템을 구축했다. 인태 씨가 정한 시간은 한 접시당 4분 30초. 이렇게 단시간에 조리가 가능한 이유는 그가 만든 독특한 주방 시스템 덕분이다. 일부러 주방 공간을 좁게 만들고, 파스타에 들어가는 재료의 부피, 들어갈 순서까지 고려해서 요리사의 주방 동선을 맞춰놓았다. 이런 배치 하나하나가 모두 '비법'이다. 이러한 프로세스가 모두 인태 씨가 손님의 처지에서 생각한 아이디어다.

"이 시스템을 만들기 위해 전문가 친구랑 도면을 30, 40번 바꿨어요. 음식 가게에서 돈 벌려면 음식만 맛있으면 되는데, 사업을 하려면 '프로세스'가 있어야 한다고 그럽니다."

끝없이 세심한 서비스

인태 씨의 세심함은 끝없다. 손님의 접시가 비면, 시키지 않아도 '터키시 딜라이트' 같은 디저터를 내놓는다. 코로나19 팬데믹이 지속되고 있는 때라 누구나 마스크가 필수품이고, 음식을 먹을 때 적당히 보관할 곳이 없어서 주머니에 넣거나, 테이블 한쪽에 올려두는 경우가 많다. 하지만 인태 씨는 손님들이 마스크를 보관할 수 있도록 작은 비닐봉투를 하나씩 나눠준다. 음식 먹을 때 긴 머리를 간수하지 못하는 손님을 보면 머리띠도 갖다 준다. 계산대 한쪽에 머리띠 보관용 나무 상자가 있다.

"손님들이 지인들과 웃으며 식사하고 있는 것도 보기 좋지만 식사하고 간 뒤 남은 빈 접시를 보면 기분이 정말 좋습니다. 손님이 한 번이라도 더 웃고 가면 좋겠다는 생각으로 사업을 시작했습니다."

테이블 6개의 작은 가게인데, 하루 매출이 109만7000원. 300~400명이 다녀간 것이다. 갑부의 연 매출은 약 3억 원. 평균 일 매출은 약 96만 원이고 일주일에 6일 가게를 운영해서 월평균 2500만 원을 올리고 있다.

물론 이런 정도의 매출을 올리기까지 우여곡절이 많았다. 처음부터 장사가 잘된 것은 아니었다. 가게가 홍대 외곽의 건물 2층에 있어 아무래도 손님의 관심을 받기가 어려운 상황이었다. 처음 3개월은 하루 매출 5만 원에 불과하고 버리는 식재료가 많았다. 그래도 가게 월세와 직원 월급은 꼬박꼬박 나가게 되니 돈을 마련하기 위해 인태 씨는 공사장 일용직을 시작하기도 했다. 그야말로 이중 생활이 한동안 계속됐다.

"가게를 그만두고 싶을 때가 많았는데, 여기서 포기하면 너무 많은 것을 잃을 것 같았어요. 돈보다도 자신감이나 자존감 같은 것이 무너질 것 같아서 어떻게든 버텨보자고 마음을 먹었습니다. 우리가 음식을 제대로 만들고 서비스를 똑바로 하고 있으면 언젠가 손님들이 알아주고 그렇게 해서 물꼬만 터지면 어떻게든 될 것이라는 믿음이 있었지요."

다양한 방법으로 마케팅을 펼치며 오매불망 손님만을 기다렸다. 전단지를 만들어 길거리에서 지나가는 사람들에게 나눠주기도 했다. 그러다 그날이 찾아왔다.

"아직도 기억하고 있는데요. 2017년 5월 4일이었어요. 매출이 말도 안 되게 터졌어요. 그 전까지만 해도 많아야 하루에 40만 원 정도 매출이 나왔는데요. 그런데 단골손님 한 분이 자신의 소셜 미디어에 '이런 가게가 있다'며 글과 사진을 올린 거예요. '여긴 맛도 있고 가격도 좋다'며 올렸는데, 그게 파급력이 컸어요."

인태 씨는 그날을 기억하기 위해 기쁜 마음에 직접 동영상까지 찍어뒀다. 그 영상을 보면 수많은 사람들이 가게 앞에 줄을 서서 기다리고 있다. 그야말로 물밀 듯이 손님들이 찾아왔던 날이다. 인태 씨의 진정한 도약이 시작됐던 날이기도 하다.

사랑과 헌신이 돈과 같은 교환가치

이곳에서는 돈 말고도 교환가치를 지니는 것이 또 있다. 그것은 사랑과 헌신이다. 음식값을 계산하려는 손님이 돈과 헌혈증을 같이 내밀자 직원은 "감사합니다. 좋은 데 쓰겠습니다"라고 말했다. 이곳에서는 헌혈증 한 장에 파스타 한 그릇이 무료다. 손님들도 기분이 좋다. 기부도 하고 무료로 파스타도 먹을 수 있으니 일거양득이다.

"헌혈증 2개 기부하고, 파스타 두 그릇을 공짜로 먹었어요. 4만 3800원 가운데 2만6000원 할인해서 1만7800원만 계산했습니다."(손님 D 씨)

인태 씨는 네 명의 장정들이 앉아 있는 테이블로 가 주문을 받다가 갑자기 "혹시 소방공무원이세요?"라고 물었다. 그들은 평상복을 입고 있었는데, 인태 씨는 어떻게 그들이 소방공무원인지 알았을까?

"소방공무원들은 손에 화상 자국이 많은데요. 지금 저분들 가운데 '하트 세이버(Heart Saver, 생명을 소생시킨 사람을 일컫는 말)' 배지를 달고 있는 분이 있어서 여쭤봤습니다."

하트세이버 배지는 심정지 환자를 심폐소생술로 구할 경우에 받는 것이다. 가게 직원 중 한 명이 응급구조사 출신이라 인태 씨는 소방공무원에게 남다른 애정을 갖고 있다고 한다. 자신이 만든 든든한 한 끼가 그들이 화마와 싸울 때 힘이 되길 바라면서 정성껏 요리해준다. 그러면서 이들에게도 돈을 받지 않았다. 계산대에는 '대한민국의 소방공무원님들을 응원합니다. 모든 소방공무원님들 전액 무료!!'라고 적힌 안내문이 붙어 있었다. 인태 씨는 소방공무원에게서 '사인'을 한 장 받았다. 소방공무원은 '맛있게 먹었습니다. 힘내서 화마와 싸우고 소중한 생명을 지키겠습니다'라고 적어주었다. 그러면서 음식값 대신 기부함에 기부봉투를 넣었다. 주인이 돈을 받지 않으니 자신들도 그 뜻을 존중해 약자들을 돕는 데 쓰겠다는 것이었다. 인태 씨는 소방공무원에게 받은 사인 종이를 벽에 붙였다. 이미 벽에는 먼저 다녀간 수많은 소방공무원의 사인들로 가득하다.

"소방관은 목숨을 걸고 하는 숭고한 직업이잖아요. 저희도 식당에서 불을 쓰다 보니까 아무래도 그분들에게 관심도 좀 있고, 개인적으로는 조금 존경하기도 하고, 나름대로 좀 응원해드리고자 지금까지 계속하고 있습니다."

인태 씨는 2018년부터 헌혈증 내는 손님과 소방공무원에게 공짜 음식을 제공해왔다. 그런데 감동적인 이야기는 또 있다. 바로 VIP 손님들이다. VIP 카드 소지자 본인과 동반 1인에게 모든 메뉴를 2만 원 이내에서 무료로 제공하고 있다. 이 가게에서 VIP의 뜻은 결식아동 혹은 결식 우려 아동을 뜻한다. 인태 씨가 그들을 배려해서 붙인 이름이 VIP다. 급식카드를 꺼내는 것조차 어쩌면 아이들에게 상처일까 싶어 자체적으로 VIP 카드를 만든 것이다. 우리 사회에 약 30만 명이나 되지만, 도움의 손길이 필요한 이들이다. 인태 씨는 그들이 밥 한 끼 편하게 먹고 가기를 바라며 가게 밖 벽에 안내문을 크게 써 붙였다.

"뭐든 금액 상관없이 먹고 싶은 거 얘기해줘. 눈치 보면 혼난다!!"

"다 먹고 나갈 때 카드 한번 보여주고, 미소 한번 보여주고 가면 좋겠다."

이곳 가게 VIP 손님으로 다녀간 한 부모가 솔직한 심경을 털어놓았다.

"(급식 카드를 보여준다는 건) 솔직히 스스로에게 낙인을 찍는 거잖아요. 그 낙인감은 아이들 마음에 상처가 될 수 있으니까요. 이렇게 서비스하기가 쉽지 않을 텐데, 사장님이 대단하신 것 같아요."(손님 E 씨)

"기분이 굉장히 좋았어요. 차별받는 느낌이 들지 않아서요. 급식 카드를 쓸 경우 다른 데서는 꼭 얘기를 해야 하는 경우가 많거든요. 그런데 계산할 때 옆에 다른 사람이 서 있으면 눈치가 좀 보이고, 자격지심도 들거든요. 그런데 여기 사장님은 급식 카드만 보여주면 아무 말 하지 않고 처리해주니까 마음이 되게 편했어요."(손님 F 씨)

선행을 펼치는 특별한 이유

우리 사회가 미처 챙기지 못한 부분까지 세심하게 보듬어준 인태

씨. 그는 언제부터 이렇게 특별한 VIP 손님을 받기 시작했을까. 3년
전 한 공무원이 결식아동을 위한 급식 지원 카드를 임의로 발급해
1억4000만 원을 쓴 게 드러나 징역형 집행유예를 받는 사건이 계기
였다.

"제가 그 기사를 보고 '이게 말이 되나'라고 생각했습니다. 그러면
내가 벌고 있으니 나라도 지원하자는 생각을 했습니다."

지자체에서 결식아동에게 지원하는 1일 식대는 5000~8000원으
로 현실적으로 한 끼를 해결하기가 쉽지 않다. 급식 카드를 쓸 수 있
는 가맹점도 많지 않은 상황임을 알고 인태 씨는 조금이라도 그들에
게 도움이 되고 싶었다.

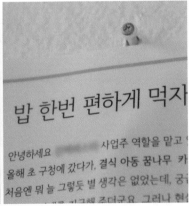

파스타 갑부 오인태 대표는 결식 우려 아동에게 공짜 밥을 제공하면서 '선한 영향력 가게' 모임을 만들었다. 현재는
전국의 2700여 식당, 학원 등이 이 모임에 동참하고 있다.

이뿐 아니다. 광복절 기념으로 방문 고객에게 기념 텀블러와 광복절 에디션 팔찌를 제작해 선물로 주었고, 평화의 소녀상 전시 문제가 해외에서 불거졌을 때는 지지하는 글을 올리기도 했다. 이런 일들 때문에 젊은 층에서 '돈쭐 내줘야(돈과 '혼쭐 내다'를 합한 은어)' 할 가게 1순위로 급부상했다고 한다. 가게를 방문한 고객들은 "사장님 돈쭐 내러 왔어요" "저 못 참습니다. 저 돈쭐 낼 거예요. 사장님 기다리세요"라며 음식을 시키고 즐거워들 했다. 좋은 일 하는 사장에게 조금이라도 힘이 되어드리고 싶었다는 것이다.

100만 구독자를 보유한 먹방 크리에이터 히밥 씨도 갑부의 가게에 돈쭐을 내러 왔다며 파스타 10그릇을 순식간에 먹어치우기도 했다. 유튜브 제작진도 5그릇을 먹어 15그릇에 8만 9000원.

"엄청나게 싼데요. 이러면 남는 게 없을 것 같은데요. 이 집 음식은 토핑도 많고 소스도 푸짐해서 얼마 먹지 못할 것이라고 생각했는데, 그래도 맛이 좋아서 굉장히 맛있게 잘 먹었습니다. 10그릇밖에 먹지 못했지만 이 가게가 선한 영향력을 끼치는 가게라고 해서 조금이라도 도움이 되지 않을까 해서 이렇게 왔습니다. 이 가성비가 어떻게 가능한 건지 그저 놀랍습니다."(유튜버 히밥)

인태 씨가 이런 선행을 펼치는 특별한 이유가 있을까. 손님들도 궁금해했다. 코로나19 시대에 자영업자들이 힘들다는 건 대부분 알고 있는 일이고, 혼자 먹고살기도 퍽퍽한 시기에 선행도 좀 쉬었다 갈 법하다. 그럼에도 인태 씨가 선행을 계속하다 보니 인태 씨가 건물주나 돈이 많은 사람이라고 생각하는 이들도 있었다.

"저는 건물주도 금수저도 아닙니다. 사실 20대 때 아버지 사업이 기울어 지방에서 서울로 올라올 때 150만 원 들고 왔어요. 방을 얻을 때 보증금 100만 원 내고 사글세 낼 돈이 부족해서 막일로 충당하던 무일푼이었습니다. 가난했던 20대 때와는 달리 지금은 먹고 싶은 것도 사 먹을 수 있고, 어느 정도 만족하며 살고 있습니다."

당시 배고픈 설움이 무엇인지 느꼈다는 인태 씨. 컵라면과 삼각김밥으로 하루를 버티던 그런 시기가 있었기에 결식아동 뉴스는 그에게 남의 일이 아니었던 것이다. 더욱이 그가 선행을 멈출 수 없게 하는 또 다른 이유도 있다. 금고 속에 곱게 넣어둔 편지들. 손님들이 보내준 편지와 봉투. 이런 내용들이 들어 있다. '결식아동과 고생하시는 소방관에게 공짜로 식사를 제공하는 게 쉽지 않을 텐데, 대단하세요. 저도 사장님처럼 다른 사람에게 베풀며 돕는 삶을 살겠습니다.' '25살 청년입니다. 선한 영향력을 세상에 퍼뜨리시니 응원하는 사람으로서 존경스럽고 대단하다고 느껴집니다.' VIP 손님들이 메모지에 서툰 글씨로 쓴 감사의 글들이 가슴을 찡하게 한다. 오 씨는 "가게를 오가는 손님들이 놓고 간 손편지들이 제게 되게 큰 힘이 됩니다"며 고마움을 표했다.

정작 본인은 소박한 삶

남에게 이렇게 넉넉히 베풀 줄 아는 인태 씨가 사는 곳은 의외로 어느 빌라의 반지하방이다. 이곳에서 그는 든든한 지원군인 아내, 길에서 구조한 고양이 세 마리와 함께 살고 있다. 코로나19 직전에 이사를 가려고 돈을 모아뒀는데, 아이들 지원하는 데 돈을 쓰면서 이사가 늦춰졌다. 선행을 좀 덜했으면 집도 진작에 샀을 것이었다.

퇴근 후 집에서도 그의 일은 끝이 없다. 하루 평균 수면 시간은 4시간. 그가 근래에 이렇게 바쁜 것은 결식 우려 아동에게 무료로 식사를 제공하는 선행에 다른 자영업자들이 동참하면서 일이 커졌기 때문이다. 일명 '선한 영향력 가게' 모임이 만들어졌다. 전국의 식당, 학원 등에서 2700여 곳이 참여해 결식 우려 아동을 위해 무료 프로그램을 만들었다.

"아이들을 돕고 싶어 하는 가게 사장님들이 전국에 굉장히 많아요. 그분들 뜻을 모아 선한 영향력 가게 모임을 만들게 됐습니다. 더 많은 가게가 동참하다 보면 이것이 하나의 문화로 자리 잡을 수 있지 않을까 생각합니다. 그러면 더 많은 아이들이 도움을 받을 수 있으니 더 좋은 일이 되겠지요."

깜깜한 밤 불빛의 도움을 받으면 길을 잃지 않듯 어려움에 처한 아이들도 등불이 필요하다. 이런 등불을 밝히는 사람들이 적지 않다. 결식 우려 아동을 돕기 위해 시작한 인태 씨의 작은 나눔이 나비효과가 되어 큰 나눔으로 번지고 있다. 인태 씨 가게 근처의 한 안경원 주인도 인태 씨의 뜻에 동참했다.

"저는 안경테랑 안경 렌즈를 합쳐서 10만 원까지 무상으로 지원하고요. 시력 검사도 해주고, 안경이 부러지거나 하면 고쳐주기도 합니다. 한번 좋은 일을 시작하면 멈출 수가 없더라고요. 저도 언젠가는 좋은 일을 하며 살겠다고 생각은 했는데, 실제로 실천하는 사람들이 있어서 저도 선한 영향력에 물이 든 겁니다."

다른 가게 사장도 인태 씨의 영향을 받아 선한 영향력 가게가 되기로 했다. 그는 오 사장을 걱정한다.

"저도 3년째 이 일에 동참하고 있는데요. 오 사장처럼 살아간다면 쉽지 않을 것 같습니다. 본인만 생각하며 살아도 되는데, 이 선한 영향력 가게가 커지다 보니 전국에 있는 걸 다 관리해야 하니 본인이 무척 힘들 겁니다."

오 씨가 하는 일이 밖으로 알려지면서 비난도 적지 않았다. 심지어는 아이들 팔아서 장사한다는 원색적 비난까지 있었다. 소셜 미디어에도 근거 없는 악플이 점점 많아졌다.

"선한 영향력 가게 모임을 하기 전부터 저희 가게는 장사가 잘됐고, 가성비 맛집으로 알려져 괜찮았습니다. 그런데 선한 영향력 가게의 시발점이 되다 보니 마치 이 가게는 맛도 별로 없는데 이 일 때문에 장사가 잘되는 곳으로 알려지기도 했어요. 지난 몇 개월 동안은 사실 너무 힘들었어요. 밤에는 수면제 없이는 잠들기도 힘든 때가 있었습니다.”

그때 그는 소셜 미디어에서 한 아이의 글을 발견했다. 그 아이는 “작년 1년 동안 진짜 파스타에서 신세 졌던 학생입니다. 진짜 학교 점심 먹고 저녁에는 먹을 것이 별로 없어서 거의 매일 같이 갔는데, 정말 친절하셨고 눈치 하나 주는 거 없이 다정하셨습니다. 정말 작년 한 해 동안 너무 감사했습니다”라고 적었다.

“그 댓글을 보니 (체증 가신 듯) 뭐가 이렇게 쑥 내려가더라고요. 그 댓글 보고 약도 다 끊었어요. 그러니까 제가 남에게 잘 보이기 위해서 이걸 하는 것도 아니고, 남의 눈치 안 보고 편하게 먹으면 좋겠다는 제 마음을 전달받은 한 명이 있는 거잖아요. 그래서 그 친구의 공개 댓글이 저를 살린 겁니다. 그게 저를 살린 거예요.”

진정한 행복은 베푸는 삶에서

인태 씨의 심장이 다시 뛰기 시작했다. 점심 장사가 끝난 시간 손님들이 오고가며 넣어준 기부함이 꽉 찼다. 기부함에 500원 이상은 자제해달라는 문구를 넣었는데도, 1000원, 5000원이 대부분이고, 1만 원짜리도 제법 눈에 띈다. 분기별로 모금함을 정리하는데, 이번에는 82만 원이 모였다. 헌혈증까지 정리해서 그는 혈액암협회로 갔다. 이 협회 추미정 씨의 말이다.

"올해로 3년째 오 사장을 만나고 있어요. 헌혈증 400장은 적은 게 아니거든요. 좋은 일로 이걸 모아주셨으니 얼마나 좋아요. 혈액암 환자들에게는 아주 큰 도움이 됩니다."

추 씨는 혈액암 환우들을 대신해 오 씨에게 감사장을 전달했다. 오 씨는 감사장에도 자신의 이름이 아니라 '진짜 파스타 방문 고객님'이 라는 이름으로 썼다.

"이 일을 하면서 인간으로서 제가 더 성장하지 않았나 생각해요. 감 사하다는 말을 되게 많이 하고 살아요. 세상이 내가 옛날에 봤던 회색 은 아니구나 하는 생각을 했습니다. 과거의 저는 그중에 부정적인 것 들을 많이 보지 않았나 생각해요."

회색 빛 세상을 보던 예전에는 미처 몰랐던 아름다움. 차가웠던 마 음이 선한 영향력으로 녹아내리면서 인태 씨의 마음에도 볕이 들었 다. 그 볕이 그를 어느 지역 아동센터로 이끌었다. 오 사장은 연말을 맞이해 아이들에게 식당에서 먹는 맛있는 한 끼를 대접하고 싶었다. 가게에서 재료까지 가져와서 따뜻한 요리를 직접 해주었다. 40인분 의 파스타. 정성을 다해 만든 요리에 아이들이 박수를 치며 좋아한다. 크리스마스를 앞두고 열린 특별한 파스타 파티였다. 아이들은 "제가 먹은 것 중에 제일 맛있어요"라며 더 먹기도 한다. 내가 할 수 있는 작은 나눔이 누군가에게는 기쁨이 되는 순간이다. 이보다 더 가슴 뭉클한 순간이 있을까. 행복이란 많은 것을 가진다고 느낄 수 있는 것이 아니다. 나로 말미암아 행복한 사람이 더 늘어났다면 그보다 더 값진 일이 또 있을까.

오인태 씨의 성공 포인트

★ 3자 물류 시스템으로 싼 가격에 해외 식재료 직수입, 홍대에서 1만 원 이하로 파스타를 맛볼 수 있는 가성비 맛집

★ 손님을 위한 서비스(머리끈과 마스크 보관 비닐, 터키 직수입 디저트 제공)

★ 헌혈증과 파스타 무료 교환, 소방관 무료 대접, 결식 아동 무료 대접 등 착한 일을 하는 선한 영향력 가게로 입소문 나면서 좋은 일도 하고 맛있는 것도 먹고 싶은 MZ세대의 취향 저격

한 줄 성공 비법

- 지갑은 가볍게, 몸은 무겁게! 1만 원 이하로 해산물, 치킨 등 푸짐한 토핑을 올린 파스타를 대접한다.
- 주방 동선의 효율화로 파스타 한 그릇을 만드는 데 최대 4분 30초를 넘지 않는다.
- 계절별로 손님들의 취향에 맞는 트렌디한 메뉴를 개발한다.

가게 프로필 •

상호: 진짜파스타
대표자: 오인태
주소: 서울시 마포구 와우산로 64 전원빌딩 2층 진짜파스타
영업시간: 11시 30분 ~ 20시
정기휴일: 매주 월요일

거제 신선 해물로 일군
60억 원 매출

전국구 삼삼해물 이현진

막내로 불리는 사장

경남 거제시에서 수산물을 유통하는 이현진(43) 씨를 만나기 위해 제작진은 거제로 향했다. 거제도에 도착해서 어디로 가면 될지 물어보자 그는 "택시를 타고 오시면 되는데, 거제도 삼삼해물이라고 하면 다 안다. 모르면 간첩"이라며 자신감을 보였다. 그래서 택시기사에게 '삼삼해물' 아시냐고 묻자 "거기가 어딥니까?"라며 되물었다. 여차여차해서 가게 근처로 가자 택시기사도 "아, 여기 말하는 겁니까? 저 집은 직접 잡아온 자연산을 팔아서 되게 장사가 잘됩니다"며 알은체를 했다.

"이 집은 거제도에서 엄청나게 유명하죠. 아마 모르는 사람이 없을 거예요."

다행히 현진 씨가 허풍을 떤 건 아니었던 듯하다. 입구부터 싱싱한 해산물이 반갑게 맞이해줬다. 꽃게, 성게, 전복, 조개, 문어 등 다양한 해물이 손님을 반겼다. 그런데 사장의 얼굴이 보이지 않는다. 사장을 찾자 중년 여성이 "아, 막내요? 저 안쪽에 있을 깁니다"라고 손짓했다. 드디어 현진 씨를 발견한 제작진이 "서민갑부 맞으세요?"라고 묻자 그는 "그런 건 아니고, 시골 촌뜨기? 그런 거 같아요"라며 너털웃음을 터뜨렸다. 자신이 사장보다 더 월급을 많이 받는다는 김종일(45) 부장 은 "서민갑부 잘못 찾아왔다"면서 "우리 사장님은 모든 것을 회사에 쏟아 붓고 있다"고 말했다.

매장 안에서 바쁘게 움직이던 현진 씨가 트럭을 몰고 어디론가로 향했다.

"어머니 만나러 갑니다. 이 어머니들 손에서 해산물이 춤을 춥니다. 만나보시면 깜짝 놀랄 겁니다."

호기심 가득 안고 그를 따라가니 거제 하청항에서 정차했다. 바닷 가에 마련된 숙소에 가자 물질을 나가기 위해 준비 중인 해녀들이 있 었다. 한 여성이 들어오자 현진 씨는 "기립, 기립해주십시오"라며 웃음 을 터뜨렸다. 그 여성은 "오늘 바람도 안 불 낀데, 니 땜에 분다, 씨"라 며 현진 씨에게 투덜거리면서도 그와 하이파이브를 했다. 이들 관계가 어쩐지 복잡해 보였다.

"우리가 힘들게 잡은 것을 사장님이 물건값을 잘 쳐주고 사서 가니까 우리한테는 밥줄이나 마찬가지요. 고마운 사람이죠."(해녀 A 씨)

"우리 사장님 따라갈 사람이 어디 있어요? 한국에는 없을낀데?"(해녀 B 씨)

현진 씨는 남다른 매력으로 이들 중년 여성들의 마음을 사로잡은 것 같았다. 그는 해녀들과 함께 배를 타고 바다로 나갔다. 능숙하게 배를 운전하면서 먼 곳을 바라보았다. 20여 분을 달려 작업 해역에 도착하자 해녀들이 물질을 준비했다. 현진 씨는 배를 세우고, 해녀들을 살뜰히 챙기는 일꾼으로 변신했다. 해녀들에게는 바다가 곧 집이고, 밥이고, 인생이다. 20m 깊이까지 잠수해서 이들이 잡아 올린 것은 해삼. 겨울 보양식으로 으뜸이라 해녀들의 지갑을 두둑하게 해주는 효자 상품이다. 해녀들이 숨비소리(바닷속에서 숨이 턱까지 차오르면 물밖으로 나오면서 내뿜는 휘파람 소리)를 토해내고 바다로 잠수했다가, 다시 물밖으로 얼굴을 내미는 행동을 반복했다. 그 시각 현진 씨는 배 위에서 망부석처럼 어딘가를 응시했다.

"해녀들이 안전하게 작업하고 있는 건지 항상 확인하고 있어야 합니다. 안 그러면 큰일이 일어날 수도 있으니까요."

해녀들의 마음을 사로잡다

혹시 모를 사고에 대비해 바다 상태를 확인하는 것도 중요하다. 작업이 끝날 시간이 가까워오자 현진 씨는 갑자기 분주해졌다. 큰 물통에 물을 넣고 가스 불을 켰다.

"해녀분들이 올라오면 매우 추운데, 추위를 이기는 데 쓸 수 있도록 뜨거운 물을 준비하고 있어요."

고된 물질을 끝내고 해녀들이 하나둘씩 물에서 올라오기 시작했다. 그물망이 제법 묵직하다. 현진 씨가 해녀들을 향해 "보고 싶었어요"라고 말하며 하이파이브를 한다. 지친 해녀들이 그의 애교에 웃음을 터뜨렸다. 해녀들이 잡아 올린 해물은 가리비, 해삼, 전복 등이었다.

"오늘 잘 팔릴 것 같은데요, 하하."

배가 항구에 도착하면 현진 씨가 본격적으로 실력을 보여줄 차례다. 그는 해녀들이 채취한 자연산 해산물을 전량 매입했다. 덕분에 해녀들은 판로 걱정 없이 물질에만 전념할 수 있어 서로가 좋다.

"어머니, 여기 물건값입니다."(현진 씨)

"아이고, 오늘 많이 했네. 고마워요."(이순덕 해녀)

"고생하셨습니다."

"외상 없다이, 현찰 가져오라이."

"예, 예."

제작진이 해녀에게 오늘 벌이에 대해서 묻자 "남의 재산에 껄떡대면 안 되는데, 안 가르쳐주지"라며 웃었다.

"우리 해녀들이 다 고생하는데, 고생한 보람이 이때 나는 거예요, 이때. 차가운 물에서 작업해도 오늘 돈 버느라 덥다."

현진 씨는 고생한 해녀들을 위해 점심으로 짜장면을 준비했다. 아들처럼 친근하게 다가온 현진 씨에게 해녀들은 차츰 마음의 문을 열기 시작했다.

"물건을 이렇게 쉽게 못 줘요. 거래할 사람에 대해 다 알아보고, 그 사람을 여러 번 만나보고 해야 가능하죠."(해녀)

"사장님이 이전에 수시로 여기 왔었어요. 와서는 '이거 드셔보세요'

이현진 갑부는 거제 10개 항구 100여 명의 해녀들에게서 신선한 해산물을 구입해 전국에 공급하고 있다.

하면서 우리에게 잘했어요."(해녀)

현진 씨는 2년여의 노력 끝에 거제의 장평항, 농소항, 장목항, 장승
포항 등 10개 항구 100여 명의 해녀들과 거래하는 큰손이 됐다.

"과거에 보니까, 다른 지역 사람들이 와서 거제 해녀들이 캐낸 해물
을 가져가서 그쪽 지방에서 팔고 있는 거예요. 이곳 물건이 다른 지역
에 가서 다시 저희에게 오면서 신선도가 떨어지고, 가격은 가격대로
비쌌고, 시간도 너무 많이 걸렸습니다. 그래서 제가 돈, 시간, 그리고
지역 활성화에 이바지하는 부분을 많이 바꿨다고 생각합니다."(현진
씨)

현진 씨는 12년 전 아는 사람 하나 없는 거제에서 해산물 유통에
뛰어들었다. 그는 해녀가 캔 자연산 해산물에 무한한 가치가 있다고
판단했다. 그의 예상은 적중했다.

"자연산 전복은 1kg에 소비자 가격이 18만 원 정도 됩니다. 해물 양
이 하루에 많이 들어올 때는 5000만~7000만 원 정도 됩니다. 작게
들어올 때는 1000만~2000만 원 정도 되고요."

전국 어디든 33시간 안에 배송

현진 씨는 해녀에게서만 물건을 받는 것은 아니다. 경매와 주변 양

식장을 통해 공급받아 판매하는 해산물도 100여 가지나 된다. 굴을 좋아해서 이 가게를 자주 찾는다는 박미화 씨는 "이 가게가 다른 곳보다 알도 굵고 싱싱하고 맛이 있어요"라며 6kg을 사갔다. 중간 유통을 줄여서 소비자와 직접 거래해 갑부의 매장은 불황을 모른다.

"대형 할인점보다 여기가 훨씬 낫죠. 가격은 대충 아는데, 여기가 싸고 물건이 좋아요."(손님 A 씨)

이 매장이 대형마트와의 경쟁에서도 지지 않고 승승장구할 수 있었던 이유는 현진 씨의 넉넉한 인심 때문이었다.

그가 갈고닦은 필살기가 하나 더 있다. 그것은 택배 유통이다. 아침, 오후, 저녁 이렇게 하루 세 번 1톤 트럭에 택배를 가득 실어 보낸다. 남해 청정해역에서 잡힌 각종 해산물이 집결하면 전 직원이 총출동해 택배 포장에 돌입한다. 돌문어를 시작으로 해삼, 가리비, 멍게 같은 다양하고 신선한 해산물들이 택배로 배달된다.

"요즘 가리비가 제일 많이 나가요. 멍게도 많이 나가고요. 전반적으로 다 잘 나갑니다."

그런데 직원들이 포장할 때 비닐포장 안에 무언가를 빵빵하게 주입하고 있었다. 알고 보니 액상 산소였다. 그의 매장 한 곳에는 고농도 산소를 만들어내는 기계가 있다. 깨끗하게 정화된 바닷물을 넣는 것은 기본이고, 살아 있는 해산물이 고객에게 도착하는 순간까지 최상의 신선도를 유지하도록 하기 위해 일정량의 산소를 넣어준다.

"바다에서 해녀들이 잡아 올린 것을 저희가 가지고 와서 소비자에게까지 최소 33시간 안에 보낸다는 원칙을 갖고 있습니다."

33시간 원칙은 과연 어느 정도 사실일까. 의심 많은 제작진이 거제에서 서울 사무실로 직접 택배를 보내보았다. 오후 6시 36분에 택배를 신청했는데, 다음 날 오후 4시에 사무실에 도착했다. 해녀 조업에서부터 소비자가 택배를 받기까지 약 30시간이 걸린 셈이었다. 해산물의 신선도를 확인해보니 낙지는 아직도 살아 있었고, 조개도 껍데기를 움직이고 있었다.

현진 씨가 이렇듯 신선도를 중시하게 된 계기가 있었다. 택배 사업을 처음 시작한 어느 날 굴 박스가 반송돼왔다. 박스를 뜯어보니 굴에서 역한 냄새가 났다. 소비자에게 전화를 했더니 "어디 이딴 굴을 돈 받고 팔아요. 가족들이 다 배탈이 났잖아요"라며 항의했다. 현진 씨는 "죄송합니다. 병원비는 다 책임지겠습니다"라며 읍소했다.

"싱싱한 물건이니까 아무렇게나 봉지에 싸서 보내면 소비자가 받아도 싱싱할 것으로 생각했는데, 그게 아니었습니다. 이것을 어떻게 하면 보완할 것인지 고민했습니다. 갓 잡아 올린 해산물로 소비자에게 호감을 줘야 한다는 생각을 하게 된 겁니다."

바닷물의 양을 달리 넣어서 실험을 해봤지만 신선도에는 큰 차이가 없었다. 생존 시간을 좀 더 연장해주기는 하지만 완벽한 대안이 될 수는 없었다. 그런데 산소를 넣어서 포장하면 선도도 더 좋아진다는 말을 듣고 실험을 해보기로 했다. 자연산 전복처럼 고가의 해산물에만 더러 고농도 산소를 주입한다는 말을 들었던 터라 실험을 했는데, 결과는 대만족이었다.

"다른 곳에서 안 하고 싶어서 안 하는 게 아니거든요. 돈이 들어가니, 투자를 못 하는 겁니다. 수지타산도 생각해야 하겠지만, 소비자가 만족한 다음에 이익을 낼 방법에 대해 생각해야지요. 저는 먼저 겁먹고 행동하지 않는 사람은 아닙니다."

거제시 300여 개 업체에 납품

현진 씨는 당장 눈앞의 이윤보다 보이지 않는 가치를 중시하며 과감하게 산소농축기를 사들였다. 그것은 긍정의 부메랑이 되어 돌아왔다. 신선함이라는 최대 무기를 장착하며 주문량이 폭주한 것이다. 하루 택배 물량만도 1000개에 달할 정도였다.

"사장님이 진취적이고, 생각을 많이 합니다. 앞으로도 더 큰 계획을 세워서 키우고 있으므로 계속 성장하고 있는 겁니다. 처음에는 힘들게 시작했지만, 지금은 존경스러울 정도로 잘합니다."(택배기사)

이곳의 택배 주문량 때문에 택배회사도 1년 내내 극성수기를 누리고 있다고 한다. 갑부의 해산물은 대형마트에까지 들어가고 있다. 도

매뿐 아니라 소매까지 발을 넓히며 큰손으로서의 면모를 유감없이 뽐내고 있다.

"산지에서 바로 가져오니까 품질이 좋습니다. 위탁해서 그렇게 하는 건데, 품질이 괜찮으니까 저희가 계속 거래를 하는 겁니다."(대형마트 강동균 수산물팀장)

"박리다매. 거래처 사장님도 좋고, 저희도 좋습니다. 이윤을 조금 남기되 많이 팔아서 절대 이익을 늘리는 방향으로 가고 있습니다. 그게 저희 사장님 방침입니다."(김종일 부장)

현진 씨는 박리다매 원칙으로 거제시에서만 약 300개 업체에 납품하고 있다.

"대형 슈퍼마켓 수산물 분야의 점주를 맡았습니다. 거기에서 저희 매출이 하루에 200만~300만 원 정도가 나왔습니다. 그런데 수수료가 굉장히 비싸 약 1000만 원 정도 됐어요. 그래서 이 돈을 대기업에 주지 말고 손님에게 주자는 생각을 했습니다. 이 이윤을 손님에게 되돌려주면 최소 이윤으로 우리가 팔 수 있지 않나. 그러면 소비자도 좋고 저도 많이 팔아서 좋게 되는 겁니다."

정신없이 바쁜 하루가 끝이 나고, 하루를 결산할 시간. 도매와 소매 매출을 합산한 결과 약 900만 원을 훌쩍 넘겼다. 여기에 택배 매출 750만 원을 합하면 일 매출이 약 1650만 원. 한 달 매출은 5억 원이다. 12개월을 계산하면 연 매출 60억 원. 발상의 전환이 이뤄낸 대반란이라고 볼 수 있다.

다음 날 현진 씨는 통영의 수산물 위판장을 찾았다. 위판장에서는 표정 관리에 힘쓰는 게 역력했다. 중매인들이 서로 원하는 물건을 쟁취하기 위해 치열한 신경전이 벌어진다.

"이거 우리가 사고 싶다고 해서 바로 표정을 드러내면 안 돼요. 다른 중매인들이 알아차리지 못하게 안 사는 듯하면서 사야 합니다."

눈짓, 몸짓을 동원해 텔레파시를 주고받더니 결국 현진 씨는 햇병아리 시절부터 거래를 해온 중매인을 통해 갑오징어, 낙지, 주꾸미, 소라, 고동까지 구매했다. 현진 씨는 신선한 해산물이 있으면 그곳이 어디든 발 빠르게 찾아간다.

"매일 물건의 시세를 파악하는 것이 제일 중요해요. 그 시세를 파악해서 소비자에게 시세에 맞게 빨리 대응해주는 것도 중요하고요."

통영의 다른 위판장. 바다의 우유라고 불리는 굴 경매가 한창이었다. 겨울철 매출 30%를 차지하는 굴 경매에 직접 뛰어든 김종일 부장. 중매인 자격까지 취득한 그는 철저한 검수를 거쳐 고품질의 굴을 구매하는데, 이날 김 부장은 600kg 가까운 굴을 사들였다.

"부장님이 오셔서 영업을 총괄하면서 매출이 급상승하고 있습니다."(현진 씨)

김 부장은 현진 씨가 다니던 회사의 룸메이트이자 무서운 선배였다고 한다.

"사장님은 남들보다 두세 걸음 빨리 가는 사람입니다. 일에는 단계가 있잖아요. 1 다음은 2인데, 우리 사장님은 1 다음에 5를 생각하고 있어요. 그런 엄청난 추진력이 제가 여기에서 일하고 싶게 한 동기부여가 됐다고 생각합니다."(김종일 부장)

철저한 수조 관리

거제 법동만의 한 양식장. 청정해역에서 자란 가리비가 풍년을 이뤘다. 세척 과정을 거쳐 세상에 빛을 보는 순간 가리비 담당인 장우현

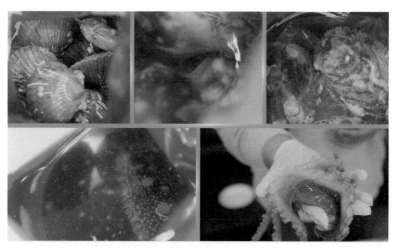

이현진 갑부는 매일 수조의 해산물 신선도를 점검해 조금이라도 문제가 있으면 폐기처분한다. 먼 곳에 택배를 보낼 때는 고농도 산소를 포장지에 주입해 신선도를 유지한다.

과장의 일손도 바빠진다. 질 좋은 해산물을 확보하기 위해 산지를 직접 찾는 것은 기본이다. 하루 거래하는 가리비 금액만 350만 원에 달했다. 한 달이면 1억 원어치의 가리비가 갑부의 매장으로 이동한다.

"우리가 이만큼 많이 싣고 가는데, 그걸 하루에 다 파는 거 보면 대단해요. 대표님은 난사람이에요."(장우현 과장)

과거 동료 직원들이 현진 씨가 혼자 하던 일을 나눠 맡으며 성장의 견인차 역할을 했다. 든든한 내 편이 생기자 현진 씨의 추진력도 날개를 달았다.

"전 직장에서 같이 근무했던 사람은 지금 직원 중에 세 명입니다. 다들 엘리트였기에 제게 큰 도움이 됐습니다. 그분들이 저와 같이 일하면 적어도 밥은 굶지 않겠다는 믿음은 있었던 것 같습니다."

삼삼해물 매장의 수조에는 항상 해산물들이 가득하다. 바다의 왕자 랍스터가 위용을 자랑하고, 싱싱한 개불, 전복, 문어, 낙지가 수조에서 유영하고 있었다. 그런데 현진 씨가 수조 곁을 떠나지 못하고 매의 눈으로 안을 들여다보았다. 문어 두 마리가 그의 레이더망에 걸렸다.

"이 문어는 살아 있지만, 머리가 벗겨져 있잖아요. 그러면 상품 가치가 떨어집니다. 이런 것들을 폐기처분해야 해요."(이현진 대표)

그렇게 검증을 끝낸 해산물만 손님과 만나게 된다. 작은 비닐봉지에 담기는 해산물들도 있다. 1인 가구가 증가하면서 적은 양을 찾는 사람도 늘었다. 키조개부터 전복, 개조개, 홍합까지 한 번에 맛볼 수 있는 조개 모둠 세트를 필두로 전자레인지에 6분간 돌리기만 하면 완성되는 간편 가리비찜은 소셜 미디어에서 선풍적인 인기몰이를 했다. 먹음직스러운 비주얼에 돋보이는 배합 아이디어까지 소비자의 취향을 제대로 저격했다.

택배 행렬이 이른 아침부터 줄을 이었다. 12월에는 피크였는데, 하루에 800만 원어치를 택배로 보냈다. 택배차량을 따라가보았다. 서울 송파구의 한 물류센터. 일주일에 5일은 1톤 트럭에 물건을 가득 싣고 이곳에 도착한다. 현진 씨가 수도권 지역으로 새벽에 배송하는 업체와 손을 잡은 지 1년. 입소문을 타며 꾸준한 성장세를 보이고 있다. 이곳에서 9000만~1억 원 정도 매출을 올린다. 매일 오전 거제를 출발해 당일 배송을 원칙으로 삼았기에 쉽지 않은 도전이었다. 그래서 만족도가 더 크다.

"1kg씩, 500g씩 소포장해서 소비자에게 보내는 것이 인력도 많이 들어가고, 신선도 관리도 매우 힘들었습니다. 하룻밤 자고 나면 포기해야겠다고 생각했다가도 주문이 밀려 있으면 다시 일을 시작했습니다."

그날 오후 현진 씨가 들른 곳은 서울시 성동구의 한 사무실. 온라인 판매와 디자인을 담당하고 있는 서울 사무소였다. 신선한 해산물의 장점을 극대화할 포장 용기 개선과 관련해 열띤 회의가 벌어졌다.

"용기에 붙이는 온도계는 사실 우리가 소비자에게 얼마나 신뢰도를 줄 수 있느냐는 점에서 시작한 고민입니다. 온도가 섭씨 5도 이하로 내려가면 파란색으로 되는 거고, 그 이상으로 올라가면 빨갛게 되는 겁니다. 다른 데서도 이런 걸 시도하진 않았습니다. 또 이걸 쉽게 따라 할 수도 없는 거라서 우리의 정체성이 될 것이라고 생각해요."(친형 이현호 씨)

"그러면 독점계약을 해요, 하하."(이현진 대표)

홈페이지 운영으로 택배 물량 급증

택배 물량을 폭발적으로 늘게 한 일등 공신은 홈페이지 운영이다. 운영자는 나이가 세 살 위인 친형 현호 씨. 2년 전 현진 씨는 다양한 판로 개척을 위해 디자인을 전공한 형에게 도움을 청했다. 그러면서 온라인 판매에 뛰어들었다. 홈페이지에서는 주부들이 어려워하는 해산물 손질법에서부터 다양한 레시피까지 정보를 듬뿍 담아 소비자의 만족도를 높였다.

"홈페이지를 만든 지는 2년이 채 안 됐습니다. 첫해에는 효과가 별로 없었고요. 그런데 지금은 열두세 배 정도 신장한 것 같아요. 대기업이나 주변 기업들의 러브콜을 많이 받고 있습니다."(이현호 씨)

진취적인 추진력으로 늘 두 세 걸음 앞을 내다보는 현진 씨. 전 직장 동료들과 유통망을 넓히며 한 번, 또 형과 함께 온라인 판매에 뛰어들며 다시 도약했다.

"도매의 경우는 미수금도 쌓이다 보니 현금이 잘 안 돌았습니다. 돈이 없어서 대출을 받고, 현금 서비스를 받아서 대금을 준 적도 있었습니다. 인터넷 판매는 현금 흐름을 빠르게 돌릴 수 있는 게 가장 큰 장점입니다. 그래서 인터넷 판매를 시작했습니다."

서울에서 형을 만나고 돌아가는 길이었다. 현진 씨는 부산에 홀로 계신 어머니를 찾아갔다.

"전화도 안 하고 갑자기 오네."(갑부의 어머니 김추자 씨)

늦은 밤 갑작스러운 아들의 방문에도 어머니는 식사부터 챙겼다. 늘 자식 끼니 걱정이 먼저인 여느 어머니의 마음이었다. 그 넘치는 내리사랑을 알기에 현진 씨는 앉은 자리에서 뚝딱 밥 한 그릇을 해치웠다.

"우리 아들이라 그리 생각하는지 몰라도, 항상 씩씩하고 웃는 얼굴이고, 생각이 긍정적이에요."(김추자 씨)

"아픈 데 없어요?"(현진 씨)

"없어."

"진짜 아픈 데 없어?"

"온몸이 아프지, 어떻게 안 아프겠어?"

"하하하."

긍정의 아이콘 현진 씨. 어머니의 영향을 많이 받은 듯하다.

"많이 못 사주고 많이 못 가르친 게 미안하죠. 나는 아들이 잘되어 있는 걸 나 혼자 보는 것이 아까울 정도예요. 우리 남편이 봤으면 정말로 기뻐했을 텐데 하는 생각이 들더라고요. 항상 우리 남편이 봤으면 좋았겠다고 생각해요. 잠깐이라도 아들이 잘된 모습을 봤으면 좋았을 텐데. 고생만 해놓고 가버리니 속상해요."(어머니)

현진 씨의 아버지는 마흔여덟 한창 나이에 갑자기 세상을 떠났다. 제주에서 태어난 현진 씨는 귤 농사를 짓는 부모님을 도우며 농장을 놀이터 삼아 지냈다.

"부모님은 남의 귤밭에서 농사를 지어주고, 월급을 받았어요. 큰 귤밭 가운데 초가집이 하나 있었는데 거기서 저희가 살았습니다."

몸을 뉘어 쉴 공간이 있는 것만으로도 감사했던 시절이었다. 쌀을 살 돈이 없어서 버려진 귤로 끼니를 해결할 때도 있었다. 그럼에도 가족은 웃음을 잃지 않았다.

"귤을 끓여 먹고 구워 먹고 쪄서 먹었습니다, 허허. 주변에 귤밖에 없었으니까요. 초등학교 다닐 때 귤을 너무 많이 먹어서 저는 밤마다 오줌을 많이 쌌던 것 같아요. 그래서 어머니에게 맨날 혼이 났지요."

긍정의 힘이 성공의 자산

그러던 어느 날 아버지는 "여기서는 도저히 교육을 시킬 수가 없으니 부산으로 가자"며 가족을 데리고 부산으로 향했다. 그의 부모는 자식에게만큼은 배우지 못한 설움을 물려주고 싶지 않았다. 아버지는 공사판을 돌며 닥치는 대로 일했고, 목숨이 위태로웠던 순간도 여러 번이었다.

"아버지는 근무하시다가 손가락이 잘렸고, 어머니는 위에서 떨어진 돌에 맞기도 하셨어요. 어렸을 때 존경하는 사람이 누구냐고 제게 물어보면 저는 아버지랑 어머니라고 말했어요. 부모님은 저희 때문에 고생하신 분, 자식들을 위해 헌신하신 분들이라고 생각해요."

비록 가난했지만 현진 씨는 부모님을 원망하지 않았다. 가족을 지키기 위해 눈물겨운 희생을 하신 분들임을 잘 알았기 때문이었다. 그런 긍정의 힘이 성공의 자산이 됐다.

다음 날 현진 씨는 선착장을 찾았다. 자신을 찾는 곳이면 어디든 가는데, 이날은 섬으로 배달을 가기 때문이었다. 거제도 동쪽의 작은 섬 이수도.

"섬에 사는 주민이 큰 배를 사서 고사를 지낸다고 합니다. 거기에 가고 있어요. 시골에서는 그게 큰 행사이거든요. 그런 데는 꼭 참석하려고 합니다."

첫 출항을 앞둔 배의 안전을 기원하며 열린 마을 잔치다. 현진 씨가 빠질 수 없다. 현진 씨가 마음을 담은 봉투를 건네자 선주는 "아, 이런 거 사양합니다"라며 손사래를 쳤다. 그렇다고 현진 씨가 무안해하는 게 아니라 손을 잡으며 "그럼 마음만 드리겠습니다"라고 인사하고 덥석 껴안았다. 환한 웃음이 오가는 장면이었다. 선주는 현진 씨에 대해 "참 좋은 사람입니더"라며 찬사를 아끼지 않았고, 다른 이웃도 "이마가 번쩍하니 야무지게 생겼네요"라며 칭찬했다. 현진 씨는 배를 둘러보며 삶의 돌파구가 되어준 바다를 멀리 바라보았다. "사장님도 이런 배 하나 사야 하는 거 아닌가요?"라는 제작진의 말에 "그러지요, 뭐. 하하"라며 포부를 다졌다.

다시 눈코 뜰 새 없이 바쁜 하루가 이어졌다. 현진 씨는 거래처 중한 곳인 식당으로 배달을 나섰다. 가게 주인 장학중 씨에게 "냉장고 바닥 좀 닦으라고 내가 몇 번을 얘기했는데"라며 핀잔을 주고, "바닥에 물건을 저렇게 놔두면 어떡해"라며 잔소리를 했다. 장 씨는 "우리 지금 정리하려고 그랬어. 오늘 단체 손님이 있어 치우지 못했어. 열심히 할게"라며 배시시 웃었다. 현진 씨는 또 장 씨가 쌈 배추가 아니라 알 배추를 손님들에게 내는 것을 보고 마뜩잖아했다. 손님 서비스가 더 우선인데 원가 절감하려고 그러는 거 아니냐며 언성을 높였다. 제작진은 현진 씨가 왜 남의 영업점에서 이렇게 분노하는지 이해가 되지 않았다.

"전에 다니던 회사 선배가 제가 하던 식당을 맡아서 해보고 싶다고 해서 노하우를 알려드리고 식당을 운영하게 했습니다."

장학중 씨는 과거 해산물 식당을 운영하던 현진 씨에게 노하우를 배워서 식당을 차렸다.

"17년 정도 알던 사이고요. 전에 직장 생활 할 때부터 인연이 되어서 이렇게 아직도 만나고 있습니다."

가족, 직원에 대한 강한 책임감

음식 만들기에서부터 가게 운영까지 1년 동안 배워서 시작한 식당. 오픈한 지 1년 반이 된 식당이다. 저녁 시간이 되자 식당에 빈자리가 없을 정도로 손님이 많았다. 이곳의 인기 메뉴는 거제 앞바다의 싱싱함을 담은 모둠조개찜. 13종류의 조개가 총출동했다. 거제 여행의 먹방 필수코스로 급부상하며 전국에서 몰려온 손님들로 연일 문전성시를 이루는 곳이다.

"해산물도 싱싱하고 양도 푸짐해서 진짜 배부르게 잘 먹었습니다."(손님)

"거제 바다를 품은 맛? 너무 멀리 갔나? 하하."(손님)

치즈를 넣어 만든 랍스타 찜도 단연 눈에 띄는 메뉴다. 곁들이는 소스도 현진 씨가 개발한 그대로라고 한다.

"연매출 5억 원 정도 됩니다. 이 친구 덕분에 빨리 자리를 잡았습니다."(장학중 씨)

며칠 뒤 현진 씨가 제작진을 자신의 집으로 초대했다. 12년 만에 리모델링을 했는데, 제작진이 첫 손님이란다. 아내 박미정 씨와 아들 성빈 군, 딸 수빈 양이 손님을 반겼다. 현진 씨는 갓난아이 둘을 데리고 찜질방과 원룸을 전전하던 때도 있었다. 그러다 처음 장만한 집이어서 그만큼 애착이 많다고 한다.

"결혼한 뒤 한 번도 가구를 산 적이 없었는데, 이번에 처음 샀습니다. 이전에는 다 얻어서 썼어요. 힘들 때 왔는데 다른 사람이 쓰던 가구도 벽지도 저희에게는 감지덕지했어요. 아이들 데리고 같이 잘 수만 있다면 저희에게는 다행이었지요. 이 집에서 남편이 장사를 시작했고 그게 잘됐어요."

현진 씨는 가족 덕분에 앞만 보고 달릴 수 있었다. 현진 씨는 몸에 밴 검소함과 부지런함으로 집과 상가 건물, 공장 부지까지 모두 20억 원대 자산을 일구었다.

그날 밤 아내 박 씨는 집 단장을 축하하며 특별 만찬을 준비했다. 어머니와 동생 부부도 축하 자리에 들렀다.

"너무 좋아요. 내가 너무 뿌듯하고, 기분이 정말 상쾌하고 좋아요. 가게만 자꾸 늘려서 내가 맨날 '집수리 좀 해라'라고 잔소리했어요. 며느리는 미안해서 수리하자는 말도 못 하는 것 같아서, 제가 그렇게 했어요."(어머니 김추자 씨)

고단했던 과거를 보상받듯 치열한 삶 끝에 찾아온 달콤한 행복이었다. 가족들의 응원 속에서 현진 씨는 새로운 인생 2막을 열고 있다.

"언니도, 오빠도 참 고생 많이 했는데, 이제야 뭔가 좀 보상을 받는다는 그런 느낌이 들어요."(동생 은미 씨)

현진 씨는 맨몸으로 시작해 60억 매출 신화를 쓰기까지 위대한 성공 뒤에는 자신을 믿고 따라와준 이들을 지키기 위한 강한 책임감이 있었다고 말했다. 미래를 내다보는 혜안과 실패를 두려워하지 않는 과감한 도전, 가난을 이겨낸 혹독한 과거가 그를 거제의 큰손으로 만들었다.

이현진 씨의 성공 포인트

★ 자연산 해물을 공급하는 원천인 해녀들의 마음을 사로잡았다.

★ 경매와 주변 양식장에서도 신선 해물 100여 가지를 사서 거래처에 공급한다.

★ 택배 포장할 때 고농도 산소를 투입해 해산물의 신선도를 유지할 수 있었다. 이를 통해 전국으로 신선한 해물을 전국으로 배송할 수 있게 됐다.

★ 홈페이지 운영으로 택배 물량이 급증했다.

한 줄 성공 비법

— 혹독한 가난을 겪고도 실패를 두려워하지 않고 과감히 도전했다.

— 혼자 하던 일을 전 직장 동료들과 함께 나눠 맡은 것이 성장의 견인차가 됐다.

— 눈앞의 이윤보다 신뢰를 얻기 위한 일에 투자했다.

가게 프로필 •

현진 씨의 연 매출 추산

도매·소매 약 900만 원 + 택배 약 750만 원
일 매출 합계 = 약 1650만 원
한 달 매출 = 약 5억 원

연 매출 약 60억 원

어디까지나 제작진의 계산임을 알려드립니다.

상호: 삼삼해물 (영어조합, 시푸드)
대표자: 이현진
주소: 경남 거제시 장승포로 76, 1층

100m 안 네 개 레스토랑으로
연 매출 16억

성수동 골목대장 이남곤

성수동 핫 플레이스를 주름잡다

회색빛 낡은 공장지대였던 서울 성동구 성수동이 요즘 개성 넘치는 가게들과 사람들로 북적이는 '핫 플레이스'로 떠올랐다. 이곳 성수동의 골목 경제를 뒤흔든다는 이가 있어 제작진이 찾아 나섰다.

성수동 골목 가운데서도 유독 한 가게 앞에 사람들이 길게 줄을 서 있었다. 동네에서 모르는 사람이 없을 정도로 유명세를 떨친다는 빵집. 구수한 돈 냄새가 솔~솔~ 풍겨 나왔다. 빵집 주인이 돈을 많이 벌 것 같았다. 그런데 진짜 갑부는 이 빵집 위층의 윤경양식당 주인이라고 한 손님이 말했다.

"윤경양식당이랑, 저기 삼삼하우스랑, 그다음에 고니스라고 있고, 저 뒤에 쏘마이피자요. 반경 100m 안에 네 개 레스토랑 사장이 같은 사람이에요."

윤경양식당에 들어가자 이미 손님이 만석이었는데, 주인은 햄버거 가게인 고니스버거에 가 있단다. 골목길을 돌아 고니스버거로 가자 손님들이 꽉 찬 가운데 몇몇 사람이 테이블 위 메뉴를 사진에 담고 있었다.

"이 가게가 주변에서 유명하다고 하니까 여기 온 것을 보여주고 싶어서 사진을 찍었어요."(손님 A 씨)

"처음에 들어오면 실내장식의 느낌이 너무 좋아요. 간판이 이색적이고 이국적이에요."(손님 B 씨)

가게에는 차분한 인테리어와 경쾌한 리듬의 뮤직비디오가 흘러나오고 있었다. 미국의 고급 햄버거집 같은 분위기였다.

"햄버거를 좋아하는데, 진짜 맛있네요. 재료들이 잘 어우러지는 것 같고 빵이랑과도 잘 어울려요."(손님 C 씨)

수제 햄버거는 한입에 베어 물기 힘들 정도로 컸다. 육즙이 살아 있는 두꺼운 패티가 특징인 이 햄버거를 만든 이는 '성수동 골목대장' 이남곤(42) 씨.

"저는 제가 좋아하는 게 아니라 다른 사람이 좋아하는 게 무엇인지가 궁금해요. 어떤 것들이 요즘 '핫'한지, 사람들이 어떤 것들을 되게 좋다고 말하는지 하는 것들 말입니다. 똑같은 거 하는 건 별로 재미가 없고요. 새로운 기획을 만들어내는 과정이 너무나 즐겁고 재밌어요."(이남곤 사장)

외식업을 시작한 지 올해로 7년째. 이 씨는 자신만의 색다른 감성으로 사람들을 홀려 갑부가 됐다. 예컨대 햄버거용 빵에도 자신만의 브랜드가 있다. 빵틀에서 찍어낸 똑같은 빵에 불도장으로 자신의 로고를 찍어서 독특한 분위기를 만들어낸다. 사진 찍기 좋아하는 젊은 층을 겨냥한 홍보 방법이다.

"햄버거만 덩그러니 있으면 이게 어디 햄버거인지 아무리 맛있어 보여도 모르잖아요. 손님들이 소셜 미디어에 올렸을 때 정확히 우리 햄버거라는 걸 알려주려고요."

수제 햄버거의 핵심인 패티는 매일 아침 그가 직접 소고기를 갈아서 만든다. 구워진 패티를 뒤집는 데도 그만의 기술이 있다. 한 면이 적당히 익었을 때 뒤집개로 살살 긁어서 갈색으로 딱딱해진 부분이 잘 붙어 있도록 하는 게 중요하다. 이 부분이 특히 맛있는 부분이다. 겉은 바삭하고 속은 촉촉한 패티와 치즈, 베이컨의 절묘한 앙상블. 세상에서 단 하나뿐인 갑부표 수제 버거는 불티나게 팔려나간다.

"이곳 대표 메뉴가 치킨 번 버거인데, 되게 특이하고 비주얼도 너무 이쁘고 맛이 좋아요. 기름도 되게 깨끗한 것 쓰시는 것 같아요."(손님 D 씨)

끝없는 메뉴 개발

갑부의 대표 메뉴는 치킨 번 버거. 치킨에 소스를 발라 갖가지 채소를 올리는 과정은 별다를 게 없다. 그런데 그 위에 소고기 패티가 올라간다. 칼로리가 너무 많을 것 같은데, 그 위에 자른 토마토를 넣고 다시 치킨을 얹었다.

"약간 재미로 위아래에 치킨을 사용한 겁니다. '칼로리 폭탄' 같은 것을 하나 만들었는데 생각보다 사람들이 좋아합니다."

치킨이 빵의 역할을 대신해 이름 붙인 치킨 번 버거다. 스테이크를 먹듯 칼질은 기본. 사람들은 체면은 잠시 넣어두고 맘껏 먹었다. 여기

성수동 고니스의 수제 햄버거는 한입에 베어 물기 힘들 정도로 크고, 두꺼운 패티에 육즙이 식욕을 돋운다.

저기 감탄이 이어졌다. 남곤 씨는 미국 여행에서 햄버거 투어를 할 정도로 햄버거에 대한 애정이 남다르다. 그때 좋아하던 맛을 목표로 잡았다.

"손으로 먹으면 육즙과 소스들이 손에 묻어나야 해요. 햄버거를 깔끔하게 먹을 수 있다? 그건 제대로 된 정통파 미국식 햄버거가 아니에요. 왜냐하면 패티의 두께가 어느 정도 돼야지만 육즙을 담아낼 수 있거든요."

남곤 씨는 미국 햄버거의 맛을 재현하기 위해 많은 시간을 투입했고, 시행착오도 많이 거쳤다고 한다. 우유에 식초를 타면 식초산이 단백질을 응고시키는데, 버터 만들고 남은 버터밀크에 매콤하게 간을 한 닭고기를 재워준다. 넓적다리 살을 통째로 사용한다. 이런 레시피는 어떻게 알았을까?

"토머스 캘러라는 미국 유명 셰프가 프라이드 치킨을 파는데, 미국에서 가장 맛있는 치킨이라는 말이 있습니다. 그런 자료들을 보면서 어떻게 만드는지 배우기도 합니다."

남곤 씨는 레시피를 알려주는 유료 사이트에서 치킨 만드는 법을 배웠고, 그것을 자기 것으로 만들기 위해 노력해왔다. 뭐든 보고 배우려던 열정이 요리 문외한이었던 그를 지금의 자리에 있게 했다.

남곤 씨가 전화를 받고 급하게 어딘가로 향했다. 갑부를 찾기 위해 처음 방문했던 매장으로 가니 그의 아내가 계산대를 지키고 있었다.

"제가 기계를 잘못 다뤄서 포스 단말기가 고장났어요. 그래서 남편을 오라고 했어요."(아내 신윤경 씨)

남곤 씨가 계산대를 요리조리 만지더니 뚝딱 고쳐놓았다. 알고 보니 대학에서 컴퓨터를 전공했다고 한다.

이 첫 번째 매장은 4년 전 부부가 함께 문을 열었다. 점심시간이 지났는데도 줄이 길게 늘어섰다. 아내 윤경 씨가 서빙하느라 분주했다. 남녀노소가 좋아하는 돈가스가 이 집의 메인 메뉴. 두툼한 속살을 자랑하는 돈가스에 밥, 소스와 피클이 한 접시에 담기고, 샐러드와 차 등이 곁들여진다. 그의 매장에서는 손님들이 사진 찍는 게 필수인 것처럼 보인다. 대부분의 손님이 그렇게 하고 있다.

윤경양식당의 주 요리는 일본식 돈가스다. 두툼한 속살을 자랑하는 돈가스에 밥, 소스와 피클이 한 접시에 담기고, 샐러드와 차 등이 곁들여진다.

"고기가 되게 두꺼운데, 질기지가 않고 연해요. 그래서 턱에 무리가 가지 않고, 맛있습니다."(손님 E 씨)

모두가 극찬을 아끼지 않는 이유는 돈가스의 두께 때문이다. 보통 돈가스집의 고기 두께보다 훨씬 두꺼워 2cm 정도나 된다.

"제가 여러 가지 실험을 했는데, 고기를 15일 정도 저온 숙성한 다음 사용하면 두껍지만 부드럽게 되더라고요."

아무도 거들떠보지 않던 2층집을 계약

이 한 장의 돈가스에 부부의 희로애락이 고스란히 담겼다.

"월세방에 살면서 아이는 생겼고, 그래서 어떻게든 이 아이를 잘 키워야 할 텐데, 경제적으로 이렇게 맨날 똑같아서는 진짜 답이 없다. 뭔가를 하자고 해서 시작을 하게 됐습니다."(이남곤 씨)

"주변에서 놀라시더라고요. 제가 만삭인 상태로 과연 식당을 할 수 있겠냐고요. 그래도 어쩔 수 없으니 그냥 하자고 생각했어요."(아내 신윤경 씨)

5년 전 신 씨가 첫아이를 임신했을 때였다. 부부가 함께 산책을 하던 어느 날 횡단보도에서 길을 건너기 위해 기다리는데 건너편 2층 집이 눈에 들어왔다. 빈집인데, 사람들이 많이 다니는 곳이라 아내가 음식점을 하면 좋을 것 같다는 생각을 한 것이다.

"거기서 보니 근처의 동사무소를 왔다 갔다 하는 사람들이 있고, 서울숲을 오가는 사람들도 많아서 2층집에 뭔가 있으면 눈에 들어올 것 같았어요."

한동안 아무도 거들떠보지 않던 2층집이었다. 부부는 없던 살림에 5000만 원을 빌려서 매장을 준비했다. 하지만 장밋빛 꿈은 그리 오래 가지 못했다. 인테리어를 해주기로 했던 친구가 돈을 떼먹고 가서 연락이 닿질 않았다. 결국 부부는 최소한의 비용으로 직접 발품을 팔아가며 부부만의 색을 입히기로 했다.

"돈이 별로 없어서 화려하게 할 수 없기 때문에 남다르게 하면 괜찮지 않을까 하는 생각을 했어요. 그리고 겉은 올드하지만 안은 예쁘게 장식하면 반전이 생겨 오히려 이걸 더 좋아하지 않을까 해서 저희가 직접 내부를 꾸몄습니다."

부부는 돈가스를 연구하기 위해 일본에도 가보았다. 오랜 전통을 자랑하는 유명한 돈가스집들을 둘러보며 직접 맛을 보았다. 남곤 씨는 겉은 바삭하고 속은 부드러운 돈가스를 맛보며 "오, 돈가스가 이렇게 맛있나?"를 연발했다. 그리고 일본 최대 레시피 사이트에서 공개된 노하우를 따라 하며 튀김과 숙성의 비밀을 찾아냈다.

"식당을 하려면 다루는 음식에 대해 최고라고 생각하는 집의 맛을 일단 경험해야 합니다. 돈가스는 일본 음식이기 때문에 일본에서 인정받는 레시피가 진짜 레시피라고 생각했습니다. 그리고 실험을 해봤는데, 사람들의 반응이 정말 좋았어요. 동네에 드디어 제대로 된 먹을 만한 집이 생겼다는 평가도 많이 해주었고요. 와, 됐구나, 이게 되는구나 하며 좋아했지요."

그 결과 놀라운 반전을 이뤄냈다. 소셜 미디어에는 이 식당에 대한 게시물이 약 7700개나 올라 성수동 유행의 중심에 우뚝 서게 됐다.

처음 갑부와 건물주를 연결해준 부동산을 찾아가보았다.

"이남곤 사장님은 개척자라고 할 수 있어요. 왜냐하면 원래 이곳 주변에 그런 개념의 식당이 없었는데, 이 사장이 가게를 연 뒤에 그런 식당들이 많이 늘어났거든요."(부동산중개소 대표)

하지만 남곤 씨는 좀 겸손해했다. "우리 사회가 원래 그런 방향으로 가고 있었는데, 제가 불을 붙이는 데 조금 도왔을 뿐이다"라고 말했다. 갑부의 돌풍 이후 성수동 지역에는 5년 동안 100여 개의 가게가 생겨나 새로운 상권을 형성했다.

남곤 씨의 윤경양식당은 삭막한 공장지대였던 성수동에서 따뜻한 정을 느끼게 해주는 곳이다. 소박한 집기에 가정용 접시들도 그런 분위기를 자아낸다. 손님들이 음식을 맛있게 먹으며 담소하는 모습을 보는 그의 입가에 따뜻한 웃음이 번졌다. 부부도 추억 한 보따리를 풀어내며 긴 하루가 지났다. 이날 매출은 210만 원을 가뿐히 넘겼다. 수제버거 매장에서도 185만 원을 기록했다. 다른 두 곳까지 합쳐

640만 원. 돈가스와 햄버거 연 매출은 약 10억7040만 원. 다른 2개 매장의 연 매출 5억3000만 원을 합치면 전체 매출이 약 16억 원에 이른다.

피자 위에 아보카도와 연어

그날 밤 두 자녀가 기다리는 집으로 돌아온 남곤 씨. 아이들을 돌보면서 가게도 운영하느라 부부는 늘 아이들 걱정이 많다. 처음엔 100일 된 첫째 아들을 어머니께 맡기고 식당을 운영하기 시작했다. 그때의 미안함이 아직도 남아 있다. 아내의 눈시울이 붉어졌다.

"가게를 연 뒤 아기 손님들이 왔을 때 몇 번 울었어요. 아이가 보고 싶기도 하고."(아내 신 씨)

남몰래 창고에서 모유를 유축하며 울기도 여러 날이었다. 신 씨는 아이에게 진 마음의 빚을 다 갚을 수 있을까 걱정했다.

"제가 이렇게 못나서 사랑하는 아들을, 자식을 떼어놓아야 하나 하는 자책감이 들었습니다. 왜냐하면 너무 소중하고 사랑하는 아이인데, 일주일에 한 번밖에 못 봤거든요. 그래서 저희가 아이가 너무 보고 싶을 때는 밤 12시에 엄마 집을 찾아가기도 했어요."(이남곤 씨)

남곤 씨는 아이들에게 더욱 당당한 아빠가 되기 위해 시간을 허투루 쓸 수 없단다. 그가 바쁘게 사는 이유다.

오늘의 갑부를 있게 한 또 다른 과거가 있다. 그는 노점 앞에서 정장을 입고 있는 사진을 한 장 보여줬다.

"10년 전 첫 회사 그만두고 친구랑 같이 길거리에서 이렇게 샌드위치 만들어서 팔았어요."

그것은 자신만의 아이디어를 펼친 첫 시험대였다. 그가 다닌 회사는 국내 최대 회사인 삼성전자였다.

"그때 휴대전화사업부에 있었어요. 그런데 워낙 기업이 크니까 저같은 사원은 작은 역할밖에 할 수 없잖아요. 제 아이디어를 가지고 이 세상에서 뭔가 해내는 것을 좀 확인하고 싶어서 그만뒀어요."

무모한 도전이었지만, 실패를 두려워하지 않는 열정은 그를 더 단단하게 만들어줬다.

"제 이력서를 보면요. 정말 지저분해요. 컴퓨터 전공에서, 휴대폰 만들다가, 갑자기 때려치우고 길거리 장사를 하다가, 그리고 외국계 기업에서 영업도 했죠. 그런데 지금 와서 보면 뭐 하나 도움 되지 않는게 없어요. 제가 그걸 다 경험해봤기 때문에 볼 수 있는 것들이 있더군요."

저돌적이고 모험심이 강한 갑부의 하루가 더 궁금해졌다. 이른 아침, 그는 가게 매장 관리는 뒷전이고 채소를 나르느라 분주했다. 쏘마이피자를 방문해서는 버섯이 가득 든 상자를 개봉해서 점장에게 건넸다.

"사람들이 이름만 들어도 뭔지 알고, 많이 먹어봤고, 남녀노소 좋아하고, 10년 전에도 팔았고, 10년 후에도 팔 음식들. 이런 음식들만 저희가 메뉴로 잡고 있습니다."

캐주얼한 느낌의 미국 분식집을 모티브로 꾸민 세 번째 매장. 이 가게는 피자와 맥주를 주로 팔고 있다. 많은 사람들이 서울숲을 오가며 들를 수 있는 공간이다.

그런데 피자라고 다 같은 피자가 아니다. 젊은 여성들의 마음을 얻기 위한 비장의 무기가 있었다. 오븐에 갓 구워낸 피자에 아보카도와 연어를 듬뿍 올려 선풍적 인기를 끄는 연어 아보카도 피자다. 여심을 홀린 '비주얼 끝판 왕'이란다. 절로 행복해지는 맛의 향연에 손님들의 입가에 웃음이 떠나질 않는다.

"피자 위에 연어 올라가는 거 처음 보는데, 아보카도와 연어가 아주 잘 어울려요."(손님 F 씨)

투시력이라도 가진 것일까. 남곤 씨는 손님의 마음을 잘 읽었다. 이번엔 치킨에 양념 옷을 입혔다. 피자와 세트로 나가는 메뉴다. 피자 반 판, 감자튀김, 치킨 윙으로 구성된 피자 치킨 세트다.

"피자 한 판 다 먹으려고 시키지만 맨날 남겨서 집에 싸가거나 하는 손님이 많아요. 그래서 피자 반 판에 다른 메뉴를 섞어 먹으면 만족도가 훨씬 올라갑니다."(이남곤 씨)

통계 분석해 평일과 주말 메뉴 달리하다

네 번째 가게는 삼삼하우스. 한식전문점이다. 남곤 씨는 이곳에 도착하자마자 반찬 점검부터 했다. 남곤 씨는 반찬을 몇 개 집어 먹으면서 부엌으로 들어가며 "엄마, 엄마가 있을 땐 반찬이 맛있어"라고 말했다. 부엌에서 음식을 만들고 있던 어머니는 아들이 들어오자 잔소리를 했다.

"지금 가게 4개만이라도 좀 알뜰하게 해가지고, 돈을 좀 모았으면 좋겠는데. 돈은 안 모으고 가게에 투자만 하니까."(어머니 박미자 씨)

문어발처럼 가게를 늘리고 있는 아들이 마음에 들지 않는 눈치다. 지켜보고 있던 남곤 씨는 웃으면서도 고개를 절레절레 흔들었다.

"방송을 보시는 젊은 분들은 부모님에게 의지하지 마시고요. 각자 인생은 각자 개척해야 해요, 하하."

어머니는 그사이 완성된 부대찌개를 만들어서 손님에게 서빙을 했다. 이곳의 주메뉴가 부대찌개다. 뜨끈한 국물에 몸도 마음도 녹는다. 손님들은 부대찌개와 즉석 떡볶이를 주문했다. 같은 듯 다른 두 메뉴가 공생하고 있었다.

"평일에는 직장인들에게 부대찌개를 주로 팔고, 주말에는 데이트 오거나 놀러 오는 젊은 친구들에게 떡볶이를 부대찌개보다 많이 팔아요."

평일과 주말에 매장을 찾는 연령층이 확연하게 구분되자 남곤 씨가 묘책을 낸 것이다. 통계를 활용해 메뉴를 선정한 역발상이 돋보인다. 평일에는 부대찌개와 떡볶이가 7 대 3이라면, 주말에는 3 대 7로 바뀐다. 손님들은 실내장식도 마음에 들어 했다.

"한식집인데 카페나 양식집 같은 느낌이 납니다. 인테리어도 깔끔하고 좀 따뜻한 분위기라서 좋은 것 같아요."(손님 G 씨)

메뉴는 달라도 남곤 씨가 사람들을 유혹하는 기술에는 변함이 없었다. 실내장식을 배경으로 사진을 찍는 손님들도 종종 있었다. 남곤 씨는 아내가 갖고 싶어 하던 주방 스타일을 식당에 그대로 만들었다. 친구 집에 초대받은 듯 편안하게 식사를 즐기게 해주려는 의도가 담겼다.

"같은 거 하면 나눠먹기예요. 수요는 한정돼 있으니까요. 그래서 맥락에 따라 그 장소에 따라 잘 맞을 법하고 제가 흥미가 있어 하는 것을 문어발식으로 여러 가지를 해보는 겁니다. 그러면서 그 매장에서 고객의 마음을 뺏어야죠. 도둑놈처럼 이렇게요, 하하."

'골목대장' 남곤 씨의 영업 전략 첫 번째는 '변화무쌍한 문어발이 돼라'이다. 그것이 손님을 끌어당기는 힘이 됐다. 이날 오후 남곤 씨는 아내와 아이들까지 대동하고 골목 탐방에 나섰다. 천천히 이동하면서 사진을 계속 찍었다. 상권의 변화와 흐름을 읽기 위해서였다. 남곤 씨는 가족과 함께 한 건물의 비어 있는 1층 내부로 들어갔다.

"이곳은 저희가 다음에 오픈할 매장입니다. 더 이상 가게를 안 내려고 했는데, 자리가 너무 좋은 곳이라 갑작스럽게 계약을 하게 됐습니다."

남곤 씨는 권리금이 없는 자리를 선점하기 위해 덥석 계약부터 했다고 한다. 그 뒤엔 치밀한 계획이 숨어 있었다.

"세계적으로 유명한 카페가 이 건물 바로 옆에 들어섭니다. 제가 그 정보를 카페 박람회에 갔다가 들었어요. 그래서 근처를 알아보니 이 자리가 나온 거예요. 만약 다른 사람들도 그 정보를 알고 있었다면 이곳도 되게 비싸게 나왔을 테지요."

아이템보다 가게 자리 분석이 먼저

상권을 활성화하는 이슈와 함께 유동인구의 흐름을 다각도로 분석한 결과 다섯 번째 매장이 선택됐다. 사실은 식당이라고는 찾아보기 어려울 정도로 상권이 형성되지 않은 곳이었다. 그가 이미 연 매장들도 근처의 월 임대료(3.3m²당 13만 원)보다 3만~7만5000원 저렴하게 계약을 했다.

"왜 자리를 먼저 봐야 하냐면 자리가 곧 비용이거든요. 아이템을 먼저 가지고 가면 내가 원하는 자리는 항상 비싸요. 권리금이 붙어 있거나 해요. 그런데 사람들이 많이 다니지만 상권이 형성되지 않았거나 음식점을 했던 자리가 아니어서 그만큼의 가치가 없는 매장들이 꽤 많이 있어요. 그런 매장을 찾아내고, 여기서 뭘 하면 좋을까를 거꾸로 생각해냅니다."

남곤 씨는 가게를 낼 때 근거리에 두는 원칙을 고수하고 있다. 이처럼 그가 동네 상권에 주목하게 된 데는 이유가 있다. 몇 년 전 남곤 씨는 돈가스 매장이 승승장구해 대형 회사들로부터 제주도 유명 리조트의 푸드 코트에 입점해달라는 제안을 받았다.

"두 매장 다 입점 제안을 받아서 들어갔고, 이곳에서도 식당이 잘 되었기 때문에 당연히 엄청나게 잘될 거라고 생각했어요. 제주도에서 성공하면 전국에 못 할 곳이 없겠다는 마음이었지요."

그런데 생각과 달리 일이 잘 풀리지 않았다. 본사에서는 본점과 맛이 다르다는 항의가 있다며 지적을 하기도 했다. 아르바이트생이 예고 없이 그만둬서 일손이 달리기도 했다. 남곤 씨는 사고가 난 매장들을 수습하러 다니기에 바빴다. 이상과 현실은 너무도 달랐다.

"위치도 다르고 그 위치에 따라 너무나 많은 맥락이 바뀌거든요. 고객도 바뀌고, 분위기도 바뀌고, 느낌이나 감정, 상황 등 모든 것이 바뀌어요. 그래서 어떤 곳에서는 대박이 나도 다른 곳에서는 쪽박을 찰 수 있는 게 장사라는 걸 깨달았습니다."

더욱이 6개 매장에 20명이 넘는 직원들의 인건비로 매달 적자를 면치 못했다.

"매장이 멀리 있다 보니 직원들 숙소에 생활비까지 대주어야 하고, 관리도 어려웠습니다. 그렇게 신경이 분산될 바에야, 그냥 성수동에만 집중하자고 생각했습니다. 인건비가 한 1억 가까이 한 번에 뭉텅뭉텅 나가니 이러다 큰일 나겠다 싶었지요. 너무 자만에 빠져서 확장을 무리하게 해선 안 되겠다고 생각했습니다. 문어발도 몸통에서 딱 뺄 수 있는 만큼만 뻗어야지, 다른 문어발을 빌려서 했다가는 큰일 나겠다는 걸 깨우친 거지요."

그래서 남곤 씨는 실패를 거울삼아 성수동에서 더욱 견고하게 입지를 다지기로 결심했다.

한 남성이 매장을 찾아오자 일을 하던 남곤 씨가 갑자기 반가운 인사를 건넸다. 알고 보니 상권 분석 전문가인 김영준 씨였다. 골목 상권 관련 책을 쓰고 경제 분야 파워 블로거이기도 한 김 씨를 남곤 씨는 소셜 미디어에서 만나 친구가 되었다. 김 씨가 도로 건너편 건널목에서 2층에 있는 남곤 씨의 매장에 대한 견해를 들려줬다.

"제가 만약 가게를 했더라면 저 자리는 안 들어갔을 거예요. 상권을 형성하는 건 건물, 상점 비즈니스, 걸어 다니는 소비자들이에요. 사람들은 이런 길을 걸어가도, 길을 건너가는 행위를 귀찮아해요. 그래서 대로를 기준으로 상권이 분절되는 효과가 나타납니다."

갑부의 매장들은 4차선 대로인 왕십리로를 사이에 두고 옹기종기 모여 있다. 서울숲 상권은 주로 주말 나들이 손님이 형성하는 상권이고, 뚝섬역 상권은 평일 오피스 상권이다. 이 경우 상권이 극명하게 나뉘어 재미를 보기 힘들다는 게 전문가의 냉정한 분석이다. 돈가스 가게는 평일에 오피스 상권에만 속한다. 그런데 매일 장사가 잘되고 있다.

"그게 참 재미있는 것인데요. 사람들은 맛있는 걸 찾아가길 좋아하고, 찾아갈 만한 특색이 있다고 생각하면 어느 정도 발품을 팔아서라도 가기를 원합니다. 그 점에서 본다면 윤경양식당은 사람들을 흡인할 수 있는 비즈니스이기 때문에 길 건너편에 있는 사람도 길을 건너갈 수 있는 겁니다."(김영준 씨)

효율성 높여 사람의 마음을 훔쳐라

남곤 씨가 분절된 상권을 합치는 마법 같은 일을 이뤄낸 것이다. 전문가의 논리를 깼다는 게 참 특별해 보인다.

"대부분은 이렇게 도전해볼 만큼 가치가 있다고 판단하지 못했을 겁니다. 특정 시간이 아니면 유동인구가 별로 없거든요. 그런데 저희는 이곳에 살고 있기 때문에 가능성을 좀 더 많이 알았습니다. 특정 시간엔 사람이 없어도 점심시간에는 박 터질 거야 하는 생각이 있었습니다. 정말 주말이나 봄가을에는 진짜 손님이 대박 터질 거라는 걸 알고 있었죠."

악조건 속에서도 그가 당당히 성공을 거머쥘 수 있었던 것은 흙 속에 숨겨진 보석을 찾아내는 남다른 안목 때문이었다. 그것이 그의 두 번째 비법이다.

끊임없는 메뉴 개발도 한몫 톡톡히 했다. 남녀 모두가 좋아하는 스테디셀러인 돈가스에 그 맛을 더욱 풍성하게 해주는 일본식 카레를 얹은 메뉴도 인기다. 깊고 진한 풍미로 돈가스와 함께 먹으면 그 맛이 배가된다. '절대미각'을 가진 남곤 씨가 찾아낸 특급 비밀병기라고 한다.

"정통 카레는 인도가 유명하지만 우리가 흔히 먹는 카레는 일본에서 온 거잖아요. 그래서 저희도 일본식 카레를 끓이고 있어요."

갑부의 카레는 양파가 포인트다. 양파는 갈색 빛이 될 때까지 달달 볶아 수분을 모두 날려주는 것이 포인트다. 소고기 등심은 큼직하게 썰어서 준비한다. 카레에 들어가는 고기도 마블링이 살아 있는 도톰한 것들이다. 카레보다는 구워 먹기에 좋은 고기 같다.

"탄 부분을 시어링(Searing)이라고 하는 것인데, 이렇게 갈색이 돼야지 고기에서 맛있는 맛이 나오거든요. 햄버거를 만들 때도 겉에 있는 크러스트가 바삭바삭하게 만들어주잖아요. 그거랑 똑같은 원리예요. 거기서 단백질이 열과 만나서 마이야르 반응을 일으키면서, 감칠맛이 우러나오거든요."

마이야르 반응은 갈변화 현상이라고 해서 고기나 빵의 노출된 겉부분이 뜨거운 열에 화학반응을 일으켜 갈색으로 변하게 되고 구수한 맛을 내는 것을 말한다. 남곤 씨는 이렇게 익힌 고기를 양파와 합체한 뒤 다량의 물을 넣어준다. 거기에 3가지 일본 카레 가루를 혼합하고, 베트남 고추로 마무리한다. 이것을 두 시간 정도 푹 끓여주면 완성된다. 이 카레는 이틀간 숙성 과정을 거쳐 손님상에 오르게 된다. 인고의 시간을 거쳐 완성된 카레는 서비스할 때 약간의 파절임을 넣어서 느끼함을 없앤다.

사용된 고기는 퍼내서 따로 밥솥에 보관했다. 남곤 씨는 귀한 식재료를 그냥 버릴 수 없다며 그것으로 소고기 등심 카레라는 메뉴를 하나 더 만들었다. 풍미를 살리며 메뉴도 다양화해서 선택의 폭을 넓혔다. 1년여의 개발 끝에 세상에 빛을 보게 된 메뉴다. 남다른 노력으로 빚어낸 결실을 손님들이 먼저 알아줬다.

"소고기가 부드러워서 더 맛있게 들어가는 것 같아요."(손님 H 씨)

"일반 카레보다 더 진한 것 같아요. 그래선지 카레랑 밥이 잘 어울리는 것 같아요."(손님 I 씨)

남곤 씨는 이처럼 메뉴도 효율적으로 구성하고 있다. 일본식 카레와 소고기 등심 카레, 패티로 들어가는 치킨을 빵 대신 위아래로 올린 치킨 번 버거와 치킨 버거, 피자와 한 접시에 나가는 닭날개·감자튀

김 세트, 육수와 기본 재료를 동일하게 사용한 부대찌개와 즉석떡볶이가 대표적이다.

"과정은 똑같아요. 단지 고기만 더 넣었을 뿐입니다. 근데 요리하기가 훨씬 편한 메뉴가 하나 더 생기고. 사람들이 재밌어하는 요소도 만들어냅니다. 그러면 소문도 나죠. 그러니까 일석 몇 조를 해낸 거죠. 메뉴 안에서도 같은 걸 가지고 다르게 보고, 비틀어보기도 하고 새롭게 보기도 하고. 이런 것들을 계속 시도하면서 진짜 고객들이 좋아하는 게 뭔지 찾아가고 있습니다."

남곤 씨의 세 번째 비법을 정리하면 '효율성을 높여 사람의 마음을 훔쳐라'이다. 4개 매장을 효율적으로 관리하기 위해 만들어낸 아이디어 메뉴가 사람의 마음을 훔치며 성공하는 킬링 포인트가 된 것이다.

신메뉴 출시 기념 이벤트

며칠 뒤 한식을 전문으로 하는 네 번째 매장에 손님들이 계속해서 밀려들었다. 남곤 씨가 신메뉴 출시 기념 할인 이벤트를 진행했는데, 문자로 할인 안내를 받은 이들이었다.

'고기 가득 매콤단짠 밥도둑 파김치돼지짜글이 단돈 6000원'

매장이 네 곳이나 되다 보니 남곤 씨가 이번 이벤트 문자를 보낸 대상 고객은 5650명. 그는 다양한 홍보 이벤트를 동원해 단골 고객 유치에 힘쓰고 있다.

"주변에 부대찌개집들이 한 다섯 개가 동시에 생겨서 다른 메뉴를 한번 시도해보려고요."

날이 갈수록 경쟁업체가 늘어나는 상황이다. 상권이 형성되면 사람들이 몰리기 때문에 좋은 일이지만, 메뉴가 겹치면 맛으로 승부를 걸어야 한다. 손님을 놓치지 않기 위해 한시도 게으름을 피울 수 없다.

"짜글이는 파김치 김치찌개와 비슷해요. 국물은 조금 남아 있도록 짜글짜글 끓입니다."

아이디어를 다 어디에서 얻는 것인지 신기할 따름이다. 돼지짜글이를 맛본 손님의 반응은 어떨까.

"파 때문에 씹히는 맛도 좋고요. 양념도 있고, 맛있는 거 같아요. 회사가 요 근처라 또 먹으러 올 것 같아요."

냄비에 끓여 낸다는 전제 아래 다양한 시도를 할 수 있다는 게 한식 매장의 큰 장점이다.

"우리가 생각한 게 항상 정답은 아닐 겁니다. 정답이면 '땡큐'지만 아닐 가능성도 있는 거거든요. 아닐 때는 빨리 다른 걸로 바꿔서 정답으로 향해 가야 합니다. 고객이 진짜 원하는 것들을 저희가 찾아가야 해요. 그래서 저희는 이 매장에 메뉴 이름을 넣지 않아요."

이만하면 정말 변신의 귀재다. 남곤 씨가 또 뭔가를 준비했다. 휴대

전화로 요리하는 장면을 실시간으로 중계했다.

"새로운 메뉴를 선보여서 반응을 보고, 초대해서 서비스를 하고, 좋아하면 진짜 메뉴로 넣는 '인터랙티브한(상호소통적인)' 활동을 해보려고 합니다."

남곤 씨는 소셜 미디어로 실시간 반응을 확인하며 새로운 메뉴를 테스트했다. 이날은 돈가스와 파김치를 가지고 음식을 하나 만들 준비를 했다. 바삭한 식감의 돈가스와 새콤한 파김치가 잘 어울릴지는 두고 볼 일이다. 네티즌들이 저마다 한 마디씩 거든다.

"음식 가지고 장난하는 거 아닙니다!!" "돈가스랑 파김치는 뭔 조화??" "넘 멋져용~!" 그 위에 "잘생긴 박진영이다~"라는 문자도 있다.

"아아, 잘생긴 박진영. 중학교 2학년 때부터 들었습니다. 박진영 닮았다는 소리는."

남곤 씨는 파김치를 기름에 볶아준 뒤 갖은 양념을 넣고 자박하게 끓였다. 그 위에 돈가스를 얹어 돈가스 파김치를 완성했다. 방송을 끝내고 남곤 씨가 왜 이런 일까지 하고 있는지에 대해 설명했다.

"제 아이디어, 제 스타일, 제 것이 세상에 통하는지 확인하고, 그걸 확인받았을 때의 기쁨이 훨씬 더 큽니다. 가게 다섯 개가 안정적으로 돌아가게 되면 그때는 우리가 정말 안정적으로 많은 수입을 거둘 수 있지 않을까 생각합니다. 눈덩이를 굴리는 것처럼요. 지금은 돈을 많이 벌지는 못하지만 계속 투자하면서 돌리고 있습니다."

눈덩이를 굴려 커다란 눈사람을 만들 듯 앞만 보고 달려간다는 성수동 골목대장 남곤 씨. 네 개의 매장을 연이어 히트시켰고, 외식업계에 반란을 일으켰다. 그의 작은 날갯짓이 골목 상권을 살리는 커다란 태풍이 됐다. 그의 끝없는 도전은 오늘도 계속된다.

이남곤 씨의 성공 포인트

★ 영업 전략에서는 변화무쌍한 문어발이 돼라.

★ 식당을 한다면 자신 있는 메뉴를 끝없이 개발한다.

★ 자신만의 색다른 감성으로 사람의 마음을 훔쳐라. 예컨대 햄버거용 빵에도 자신만의 불도장 로고를 찍는다.

한 줄 성공 비법

- 내가 좋아하는 게 아니라 다른 사람이 좋아하는 게 무엇인지 알아야 한다.

- 내 아이디어를 가지고 뭔가 성과를 내는 것이 중요하다. 실패를 두려워하지 않는 열정이 필요하다.

가게 프로필 •————————————

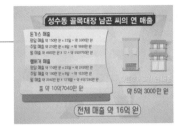

상호: 윤경양식당 (고니스, 삼삼하우스, 쏘마이피자도 소유)
대표자: 이남곤
주소: 서울시 성동구 왕십리로 96

전통술 구독 서비스로
연 매출 50억 원

전통주 지킴이 이재욱

전통술과 사랑에 빠진 서민갑부

구독 서비스는 현대적인 마케팅 기법 가운데 하나다. 일정 금액을 내고 정기적으로 제품이나 서비스를 받는 것을 뜻하는 구독경제. 구매 대신 구독을 선호하는 흐름이 있어 그 시장도 점점 커지고 있다. 국내 구독경제 시장은 2016년 25조9000억 원에서 2020년 45조 1000억 원대로 커졌다.

전통적으로 신문이나 우유 등이 구독 서비스의 대표 품목이다. 요즘엔 백화점 반찬, 커피, 꽃, 자동차, 주택, 여행 상품까지 그 범주가 매우 다양해졌다. 여기에 한 청년 사업가 이재욱(28) 대표가 창의적 발상으로 전통술 품목을 더했다. 전통술 구독 서비스는 소믈리에가 전국 각지 1200개가 넘는 전통술 양조장에서 알맞은 술들을 선별해서 소비자에게 소개해주는 서비스다. 2019년 1월 20명의 구독자로 시작해서 2021년 3월 1만 명을 넘겼다.

"이전에는 방송의 경우 '개그'라는 콘텐츠를 소비하기 위해 많은 사람이 일요일 저녁에 '개그 콘서트'를 봤어요. 지금은 같은 '개그'라는 콘텐츠를 소비하기 위해 유튜브에 들어가서 자기 스타일에 맞는 채널을 구독해 봅니다. 내 취향에 맞는 것을 취사선택하는 시대로 바뀌고 있습니다. 그래서 굉장히 간편하게 내가 매번 찾아 나설 필요 없이 심지어 직접 구매할 때보다 저렴하게 문 앞까지 배송되는 '구독경제'가 소비자의 취향을 잘 겨냥하지 않나 생각합니다."

도대체 어떤 전통술을 어떻게 보내기에 구독자가 꾸준히 늘어나는 것일까.

"매달 전통술의 종류가 바뀝니다. 예컨대 5월에는 가정의 달이니까 남녀노소 쉽게 즐길 수 있는, 알코올 도수가 낮은 과실주 위주로 소개했어요. 6월에는 초여름에 즐기기 좋은 알코올 도수가 높지 않은 증류주 위주로 구성했어요. 복분자 증류주, 감귤 증류주 같은 것들은 칵테일로 만들어 먹기에도 좋은 술들입니다."

재욱 씨는 매달 테마를 정해서 어울리는 술들을 골라서 구독자에게 보낸다. 그런데 구독 상자를 열어보면 전통술이라기보다는 현대적인 상품들 같아 보인다.

"우리나라에 유통되고 있는 2000개가 넘는 전통술 가운데 6% 정도만 무형문화재 혹은 식품 명인이 빚어 전통을 계승하는 술로 등록 돼 있어요. 나머지 94%는 그 지역에서 생산하는 농산물로 만드는 술입니다. 포도나 오미자, 쌀 등 그 지역 농산물로 만든 전통술도 좋은 게 많아서 저희가 구독자에게 소개합니다."

전통주는 제조 방법, 생산자, 주류의 원료에 따라 분류된다. 첫째 주류 무형문화재 보유자 및 식품 명인이 제조한 술, 둘째 농업인이 직접 생산한 농산물로 제조한 술, 셋째 지역 농산물을 주원료로 제조한 지역 특산주 등이다. 이 대표는 이것들을 매달 특정한 주제에 맞춰 서너 병씩 골라 배송한다.

"배송 상자에는 술들을 소개하는 큐레이션(전문적 식견으로 선별) 카드도 같이 들어갑니다. 이 카드로 전통술마다 담긴 이야기와 어울리는 안주가 무엇인지도 알려줍니다. 그리고 전통술에 대한 모든 설명을 저희가 직접 시음하면서 적어요. 포털사이트 백과사전의 정보를 갖다 쓰거나 하지 않고, 100% 저희가 만든 오리지널 콘텐츠입니다. 이 술을 객관적으로 판단했을 때 단맛이 어느 정도인지, 산미나 '드라이(단맛이 없는)' 정도는 어떠한지 등을 다 적어둡니다. 그래서 이 술을 처음 접하는 사람들도 '나 이 술들을 잘 모르지만 왠지 내 입맛에 맞을 것 같아' 같은 판단을 할 수 있도록 안내합니다."

매월 셋째 주 목요일 1만여 구독자에게 배송

전국에 흩어져 있는 전통주들을 배송하는 것도 이 회사의 독특한 시스템에 의해 이뤄진다. 경기도 안성시에 있는 물류창고에서 매월 셋째 주 목요일 1만 명이 넘는 구독자의 집으로 배달된다. 재욱 씨는 포장에도 신경을 많이 쓴다.

"소비자가 상자를 받았을 때 선물 받는 느낌이 들 수 있도록 포장하고 있습니다."

구독자 가운데는 젊은 층도 꽤 있다. 1년째 술을 구독하고 있는 신원호 씨의 구독 평이다.

"매달 다르니까 색다르기도 하고, 전통주라는 생각이 안 들 정도로 예쁘기도 합니다. 그래서 지인들에게 선물도 해주고 싶고, 추천도 해주고 싶은 마음이 듭니다. 집에서 구독 상자를 받아서 아내와 한두 잔씩 분위기 있게 마셔보니까, 음식 맛도 더 좋은 것 같고, 아내와의 관계도 더 좋아지는 것 같습니다."

"저희가 아이가 있다 보니 밖에 나가서 술 마시기가 쉽지 않은데, 집에서 전통술을 즐길 수 있다는 것 자체가 매우 큰 장점 같아요."(구

독자 조영선 씨)

술에 대한 개인의 기호는 매우 다양하다. 요즘 들어 수제 맥주니 유기농 와인이니 해서 다양한 주류 상품들이 나오고 있긴 하지만 아직도 우리나라 주류업계는 몇몇 대기업이 제한된 브랜드로 석권하고 있는 모양새다. 재욱 씨는 이에 대한 문제의식도 있었다.

"음식이나 취향에 따라서 어울리는 술이 따로 있는데, 술 산업이 그걸 따라가지 못하는 게 안타까웠습니다. 저희가 보내드리는 술을 통해 구독자분들이 '우리나라에 이렇게 다양한 술이 있었어?' '아, 내 술 취향은 이런 거였어' 같은 말을 하게 되면 좋겠다고 생각했습니다."

사실 전통술 종류가 2000여 가지나 된다는 것도 놀라운 일이지만, 품질이 좋아도 알려지지 않은 전통술을 쉽게 만나볼 수 있도록 '구독'이라는 아이디어를 접목한 것도 놀랍다. 이것이 이재욱 갑부의 첫 번째 성공 전략. 어떤 계기로 구독 서비스를 시작하게 됐을까.

"제가 정말 똑똑해서 '구독경제'를 도입하자고 생각한 것은 아니었고, 같이 창업한 친구 중에 미국에서 대학을 나온 친구가 있었어요. 미국에서는 우리나라보다 '구독경제'가 몇 년 더 빨리 활성화돼 있었거든요. 그래서 그 친구가 아이디어를 냈고, 우리도 그런 개념으로 시작해보자고 의기투합하게 됐습니다."

구독자가 1만 명을 넘어서면서 월 매출이 4억 원대를 돌파했다. 12개월을 합하면 약 48억 원. 기타 전통술의 온라인 판매금액이 월

3000만 원 정도여서 연간 3억6000만 원 정도. 이를 다 합하면 예상 연 매출은 약 51억6000만 원.

늘어나는 매출만큼 늘어나는 책임감으로 재욱 씨가 일주일에 한 번씩 꼭 하는 일이 있다고 한다. 그건 바로 전통술 시음회. 예컨대 12월에 정기 배송할 전통술을 정하기 위해 직원들이 블라인드 테스트(시음회)를 해서 맛있는 술을 고르는 일이다. 이 시음회에서 가장 중요한 건 편견 없이 전통술을 맛보는 것이라고 한다. 직원 가운데 현아 씨와 행우 씨 등 5명은 전통주 소믈리에 자격증도 있다. 이들 전문가와 비전문가가 함께 시음회를 해서 의견이 편향되지 않도록 유의한다. 전 직원이 매주 한 번씩 돌아가며 시음회를 갖고, 주제나 계절에 어울리는지 여부를 신중하게 평가해서 전통술을 선정한다.

"저희의 취지는 모든 술을 구독자의 입맛에 맞춰드리겠다는 게 아닙니다. 구독자의 '인생술'을 찾아드리겠다는 것입니다. 구독자분들이 어느 달에는 저희가 보내드리는 술이 입에 맞을 수도 있고, 또 맞지 않을 수도 있어요. 하지만 저희가 무조건 지키려고 하는 것은 입맛에 맞지 않더라도 정말 괜찮은 술을 보내드리겠다는 것입니다. 그리고 그 술이 요즘 계절과 잘 어울리는지, 또 최근에 너무 비슷한 술들만 보내드리지 않았는지 등을 고려해서 최종적으로 '인생술'을 선정합니다."

직원들의 의무, 대낮 시음회

시음회는 직원으로서 해야 하는 일이다 보니 대낮부터 여러 술을 마셔야 하는 '애환'도 있다. 술을 조금만 마셔도 빨개지는 직원이 있고, 술이 맛있다고 조금 많이 마신 직원은 의자에 앉아 졸기도 한다. 직원들이 정성껏 작성한 평가서를 통해 구독 상자에 넣을 전통술이 선정된다. 술이 정해지면 구독 상자의 가격을 정한다. 이때 반드시 소비자가보다 평균 12% 저렴하게 책정한다.

"아무래도 생소한 제품에 대해 소비자에게 경험하게 하는 것이다 보니 내가 직접 구입할 때보다 더 저렴하지 않으면 '한번 사볼까'라

이재욱 대표의 전통술 사랑은 유난하다. 2000여 개가 넘는 전통술을 모두 꿰고 있다.

는 마음이 들지 않거든요. 원래 술은 소매가와 도매가의 차이가 큰 고부가가치 상품입니다. 그래서 12~13% 저렴하게 가격을 책정하는 게 가능합니다. 또 구독 서비스 특성상 수요가 예측되기 때문에 재고가 남는 것에 대한 걱정이나 손해를 염려하지 않아도 됩니다."

이처럼 가성비를 높인 가격 책정이 두 번째 성공 전략이다.

직원들은 때로 단체로 전통주 기행을 떠나기도 한다. 그것은 구독 상자에 담길 술을 생산하는 양조장을 방문해 검수하기 위한 여행이다. 생산량 확인과 위생 점검 및 계약을 위해 충남 당진시의 한 양조장을 방문했다. 1933년 양조를 시작해 90년째 막걸리와 약주 등 전통주를 빚고 있는 곳이다. 2009년엔 이곳의 막걸리가 청와대 만찬주로 선정돼 유명세를 타기도 했다. 재욱 씨는 이곳의 막걸리를 1만 3000병 구입키로 했다. 양조장 김동교 대표에게 어떤 사람들이 어떤 음식과 함께 이 막걸리를 즐겼는지를 알려주기도 했다. 정기 구독하여 배송된 전통술에 대한 소비자의 반응을 정리해 양조장에 제공한 것이다. 이것은 양조장 차원에서는 알 수 없었던 정보여서 김 대표가 고개를 끄덕였다.

"구독경제라는 말은 들어봤어도 전통술을 가지고 하는 건 처음 알게 됐습니다. 전통술 구독 서비스라는 말을 처음 들었을 때 굉장히 새로운 방식이라고 생각은 했지만, 과연 저게 될까 하는 의구심이 있었습니다. 그런데 이 대표가 새로운 시장을 연 것 같아요. 새로운 소비자

충도 만들어냈고요. 그러면서 저희 전통주 업계에서도 가치 있고 굉장히 의미 있는 일이라고 생각하고 있습니다."(김동교 대표)

이 대표가 전통술에 관심을 가진 것은 홍콩과학기술대학교를 다닐 때 막연히 사업의 꿈을 키우다 국내에서 열린 전통주 엑스포에 들른 게 계기가 됐다.

"제가 처음부터 통계적으로 엄청난 성장을 할 것이라고 확신한 것은 아니었어요. 그냥 갓 대학을 졸업했고 시장에 대해서도 제대로 이해하지도 못했어요. 정말 객기로 '맨땅에 헤딩'을 한 거죠. 전통술과 관련된 창업을 하려고 했을 때 주변에서 많이 말렸어요. 지금도 먼저 창업한 선배들이 '나는 네가 진짜 성공하지 못할 줄 알았다'라고 말하곤 해요."

모두가 안 된다고 할 때 그가 찾은 돌파구는 밑바닥부터 시작하자는 것이었다. 바로 현장 경험을 하는 것. 소비자들의 반응을 직접 살피고 전통술을 공부하자는 취지였다. 한 전통주 갤러리(판매장)에서 보고 듣고 배운 것을 토대로 사업 모델을 잡아나갔다. 이현주 전통주 판매점 관장은 "이 대표가 사업계획서를 들고 왔는데, 온라인 유통과 관련해서는 처음엔 조금 난감했다"면서도 "열정이 넘치는 청년이었고, 참신한 아이디어들도 있어서 흥미로웠다"라고 말했다. 이 대표는 전통주 시장을 조사하면서 사업 성공에 대한 확신이 점점 들었다고 한다.

"전통술이 너무 맛있는데 왜 내 주변 친구들은 아무도 모를까라고 생각했어요. 인터넷에 검색해봐도 나오는 정보가 별로 없었어요. 사람들이 전통술을 알면서도 안 마시는 게 아니라 모르니까 못 마시고 있는 게 아닐까 하는 생각이 들었습니다. 그래서 '이건 내가 한번 알려볼 수 있겠다' '이 전통주 시장을 바꿀 수 있겠다'라는 생각이 들어서 시작하게 됐습니다."

주류 온라인 판매 최초 허가

하지만 전통술을 정기 구독하는 개념이 없었던 때, 현실은 만만치 않았다.

"사실 우리나라에서 주류 온라인 판매가 최초로 허가된 게 전통주였어요. 당시만 해도 온라인 판매를 어떻게 해야 하는지 양조장 사장님들도 잘 몰랐거든요. 제가 정말 열심히 주세법을 공부해서 비즈니스 모델을 만들고, 2019년 1월에 전통술 정기 배송 온라인 서비스를 시작했습니다."

그런데 몇 개월 지나지 않아 국세청에서 연락이 왔다. 새로운 형태의 사업체이다 보니 주세법 위반 여부를 심사하려던 것이었다. 이 대표는 합법을 증명하기 위해 직접 공부한 주세법을 확인해가며 고군분투했다.

"저희가 어떻게 전통술 정기 구독 사업을 운영했는지 보여드리니까 조사관이 이건 괜찮을 것 같은데 우리도 내부적으로 검토해보고 연락 드리겠다고 하더군요. 나중에 '혐의 없음'이라는 통보가 왔습니다."

재욱 씨는 이렇듯 우여곡절 끝에 전통술 구독 서비스라는 시장을 개척했고, 지금은 승승장구하고 있는 것이다.

이 대표는 전통술을 팔기만 하는 게 아니라 지키기에도 나섰다. 대구 달성군 유가면의 하향주 무형문화재 양조장. 신라시대부터 이어져 온 유서 깊은 전통술인데 전수자가 없고, 대표(대구시 무형문화재 11호 보유자인 박환희 씨)가 몸이 좋지 않아 생산이 중단된 상태였다. 오랜 판매 부진과 홍보 부족으로 경영난을 겪은 박 씨는 2019년 10월부터 술을 빚지 못했다. 이 소식을 들은 이 대표가 팔을 걷어붙였다. 현장을 방문했던 이 대표가 이 전통주를 시음해보았다.

"산미가 적당히 올라와서 너무 맛있는데요? 새콤달콤한 맛이 먼저 어우러진 다음에 누룩향이 은은하게 코끝에 조금씩 올라오는 맛? 더 많은 분들이 이 술을 좋아하시겠다는 생각이 들었어요."

이 대표는 박 대표를 만나 대화를 나누며 상황을 개선하기 위한 방법을 논의했다.

"소중한 전통주가 이대로 명맥이 끊기는 게 너무 안타까운데요. 앞으로 생산 계획이 더 없으신가요?"(이 대표)

"생산 계획이 없다기보다, 기회가 주어진다면 한번 다시 해볼 만은 해요. 하지만 이 상태로 가면 계속 적자 상황이 됩니다."(박 대표)

"저희가 술 빚는 데 필요한 인원이라든가 재료라든가 이런 것을 지원해드리고 사람들이 하향주를 구매해서 '전통술 지키기' 프로젝트에 참여할 수 있게끔 해보면 참 좋을 것 같습니다."(이 대표)

"그런 기회를 만들면 좋겠네요. 많은 사람이 동참하면 나도 그 많은 사람들이 실망하지 않도록 열심히 할게요. 경영난을 겪으면서 정말 자신 없다고 생각했는데, 이 술에 대해 많은 관심을 가져주니까, 이건 뭐 하늘이 두 쪽 나도 제가 해야 할 일인 것 같습니다."(박 대표)

"잘 부탁드리겠습니다."(이 대표)

"아니, 내가 잘 부탁해야지."(박 대표)

사람들에게 인생술 찾아주는 것이 목적

2021년 7월 '서민갑부'에 이 방송이 나간 뒤 하향주는 다시 제조돼 판매되기 시작했고, 크라우드 펀딩 등을 통해 박 대표가 재기하는 듯했다. 하지만 1년 뒤인 2022년 7월 박 대표는 경영난을 이기지 못하고 하향주 제조장과 생산시설을 매각하고 말았다. 일반인은 더 이상 이 술을 구매할 수 없게 됐다.

하지만 이 대표는 사라져가는 양조장을 지속적으로 찾아다니고 있다.

"어쨌든 저희는 전통주를 알리는 역할을 하고 있고, 사람들로 하여금 인생술을 찾아주는 것이 저희 목적이다 보니 누군가의 인생술이 사라진다는 것은 굉장히 아쉬운 일이잖아요. 수익뿐만 아니라 전통주 관련 회사로서 전통주 복원에 기여할 수 있다면 의미 있는 업적을 남기는 회사가 되지 않을까 생각합니다."

이 회사의 직원들은 대부분 20대여서 홍보 방법도 젊고 최신식이다. 대구 양조장에 들렀던 직원들은 근처의 빼어난 계곡에 들러 전통술 홍보 영상 제작에도 나섰다. 휴가철에 맞게 시원한 계곡에서 '음식

이재욱 대표는 '음식의 완성은 술이다'라는 제목의 홍보용 동영상을 제작해 소셜 미디어에 올렸다. 전통주의 종류만큼이나 즐기는 방법도 다채롭다는 걸 알리려는 취지다.

의 완성은 술이다'라는 제목으로 동영상을 제작했다. 전통주와 어울리는 음식인 닭볶음탕을 조리해서 추천하는 내용이다. 전통주의 종류만큼이나 즐기는 방법도 다채롭다는 걸 알려주는 건 매우 중요한 일이다. 직접적인 술 홍보보다 사람들에게 멋진 술 문화를 알리겠다는 취지도 훌륭하다. 이런 영상 제작은 전통주는 더 이상 '올드'한 술이 아니라는 인식을 심어주는 데 한몫하고 있다. 이처럼 체험형 소비를 추구하는 마케팅 전략은 이 대표의 세 번째 성공 전략이다.

이 대표는 구독경제 시장에서 특히 유명 인사다. 한 통신사는 그에게 요즘 떠오르는 소비 트렌드인 구독경제에 대한 강연을 요청하기도 했다. 통신사 콘텐츠팀 담당자는 "앞으로 유통망에서 계속적으로 접하고 판매해야 하는 상품들이 구독 마케팅으로 판매해야 하는 상품들이라서 판매원들의 사고방식을 바꾸는 차원에서, 그리고 기술 향상 차원에서 도움이 되기를 바라고 이 대표를 초청했다"고 말했다.

코로나19 사태로 비대면 소비가 증가하면서 전 세계 구독시장도 급성장했다. 하지만 이 대표의 생각은 조금 다르다. 그는 좀 더 멀리 내다보고 있다.

"저는 코로나19도 분명 영향이 있다고 생각은 하지만, 그것이 본질적인 이유는 아니라고 생각합니다. 저희도 코로나19 이전부터 빠르게 성장하고 있었고, 집에서 술 마시는 '홈술' 문화도 팬데믹 이전부터 확산되고 있던 트렌드거든요. 결국 제가 말하는 '가치 소비'가 가장 본질적인 이유이고, 코로나19 사태가 그걸 조금 더 촉진했다고 생각합니다."

이 대표는 젊은 나이에 사업에 성공했지만, 무엇보다 끈기와 노력이 없었다면 성공하지 못했다. 더욱이 그는 어려서부터 경제관념이 남달랐다고 어머니 장윤미 씨가 말했다.

"초등학교에 들어간 지 얼마 안 됐을 때였어요. 학교에 갔다 와서는 '엄마 학교 앞에서 떡볶이 장사 하면 너무 잘될 것 같아'라고 해서 '그래 그럴 수도 있겠구나' 하고 말했지요. 그런데 며칠 뒤에도 다시 '엄마 떡볶이 장사하면 잘될 텐데, 왜 안 해?'라고 하더군요. 어려서부터 경제관념이 좀 남달랐기에 사업에 뛰어드는 걸 자연스럽게 받아들였어요."

막걸리에 대한 인식 개선

재욱 씨는 집에 가서도 자기 계발을 위해 책을 보거나 연구를 게을리하지 않는다.

"제가 사회 경험이 많지 않아서 그런지 매주 일요일 밤마다 앞으로의 일주일이 부담 돼서 잠이 잘 안 와요. 앞으로 일주일을 어떻게 회사를 꾸려가야 할까 하는 부담감이 있는데, 그만큼 제가 덜 성숙한 경영인이라는 뜻이겠죠."

　구독 사업 서비스의 내용은 비대면이지만, 재욱 씨는 사람들을 많이 대면해야 한다. 양조장도 많이 다니고, 외부 미팅도 끝이 없다. 한 달 달력에 일정이 늘 빼곡하다. 성장하기 위해서는 늘 부지런해야 한다. 이 대표는 전통술 중개 판매를 넘어 이제 직접 양조까지 나섰다. 3년 넘게 전통술을 판매하면서 소비자의 다양한 의견을 들었는데, 그 경험과 노하우를 살려 시도해보기로 한 것이다. 양조장은 수원에 있다.

　"막걸리 레시피를 개발할 때 저희가 원하는 맛이 잘 안 나와서 어려웠어요. 또 기계도 다 비싸서 한때 2~3개월은 경영진이 월급을 받지 못하는 상황도 있었어요."

　한 달에 막걸리 500병만 소량 생산하고 있지만, 입소문이 퍼져 매달 완판될 정도라고 한다. 맛과 병 디자인도 젊은 층을 타깃으로 잡았다. 정기 구독 서비스만으로도 수익이 나지만, 재욱 씨가 직접 양조에까지 뛰어든 이유는 그 나름의 철학이 있었기 때문이다.

　"세상에 존재하지 않던 막걸리를 만들자고 생각했어요. 이 시장에서 저희보다 막걸리를 잘 만드는 사람들이 정말 많거든요. 그래서 우리가 더 잘할 수 있는 것이 무엇인지 고민하다가, 막걸리를 '올드'한 술이라고 알고 있는 젊은 층의 인식을 깨부수는 역할을 하자고 생각했습니다. 그걸 이 제품으로 고스란히 담아낸 겁니다."

술 시장도 달라지고 있다. 멀리서 보면 같아 보이지만, 가까이서 보면 저마다 취향도 다르다. 전통술도 그만큼 다양하다.

"술집에 가면 보통 '소주 한 병 주세요'라고 했는데, 요즘엔 브랜드 이름을 말하면서 주문하는 소비자가 늘어났어요. 저희는 이 세상의 술자리를 다채롭게 만드는 것이 꿈이자 비전입니다. 취하기 위해서 마시는 게 아니라 즐기기 위해서 마시는 음주 문화가 되면 진정한 술의 매력을 알 수 있지 않을까요. 그런 매력을 많은 사람에게 알리고, 그들의 술자리를 바꾸는 것. 그것이 저희가 추구하는 미래입니다."

전통주 업계에서도 재욱 씨의 시각을 인정해주고 있다. 대표 증류주 안동소주의 박성호 대표는 "처음 이 대표를 봤을 때가 창업한 지 1년 반 정도 됐을 때인데, 그때만 해도 구독자가 500~1000명 정도였다"며 "(1만 명이 넘은 지금은) 우리 전통주 업계에서도 이런 일을 해낼 수 있구나 하는 생각에 정말 뿌듯하다. 한국의 술을 많은 사람들이 구독하는 데 굉장히 큰 역할을 하고 있고, 앞으로도 구독자가 폭발적으로 늘 것이다"라고 말했다. 남들이 보기엔 성공한 것 같지만 재욱 씨는 아직도 고삐를 늦추지 않고 있다.

"사업 시작한 지 3년밖에 안 됐기 때문에 스스로에게 정신 차려라, 아직 갈 길이 멀다고 말합니다. 첫 마음이 앞으로 30년 후에도 한결같을 수 있으면 좋겠습니다."

★ 소비자의 취향을 겨냥한 '전통술 구독 서비스'를 잘 포착했고, 전문적 식견으로 선별하는 큐레이션 시스템을 만들었다.

★ 전국에 흩어져 있는 전통주를 배송하는 차별화된 시스템을 만들었다.

★ 매출이 늘어나는 만큼 책임감도 늘어나기 때문에 시음회 개최, 가성비 높인 가격 책정, 양조 무형문화재 지원 등으로 회사 신뢰도를 높였다.

★ 구독자의 '인생술'을 찾아주겠다는 목표가 뚜렷했고, 아이템에 대한 확신과 열정이 있었다.

한 줄 성공 비법

— 자기 계발과 연구를 게을리하지 않는다.

— 가치 소비와 체험형 소비를 추구하는 트렌드를 마케팅 전략에 잘 활용한다.

— 모두가 안 된다고 할 때 밑바닥부터 시작하자는 마음으로 돌파구를 찾는다.

가게 프로필 •————————————

전통술 정기구독 갑부의 연 매출
+ 전통술 정기구독 판매 금액
  월 매출 약 4억 원 x 12개월 = 약 48억 원
+ 기타 전통술 온라인 판매 금액
  월 매출 약 3000만 원 x 12개월 = 약 3억6000만 원

연 매출
약 51억6000만 원

상호: 술담화
대표자: 이재욱
주소: 서울 서초구 강남대로 527
고객센터: 070-5014-1282

일당 6만 원에서 연 매출 100억 원
일군 치열한 인생

인테리어 갑부 박치은

몸 쓰는 일 하찮다는 편견 깨뜨려

삶의 질이 중요한 요소가 되면서 인테리어 업계도 매년 고속 성장해오고 있다. 10년 전만 해도 시장 규모가 19조4000억 원대였는데, 2020년에만 41조4000억 원으로 커졌다. 10년 만에 두 배나 성장한 것이다. 그사이 관련 업체도 크게 늘어나 경쟁도 치열하다. 전쟁과 같은 경쟁을 뚫고 이 업계에서 정상의 궤도에 오른 이가 있다. 늘 벽을 부수고, 새로운 장치를 세우고 붙이는 일을 하는 인테리어 업체 CEO 박치은(37) 씨. 그가 부수고 부순 것은 몸 쓰는 일은 하찮다는 사람들의 편견이다.

"그런 생각을 했습니다. '나는 지금 페인트칠을 하고 있지만 성공할 거야!' 인생이라는 건 꾸준히 노력하다 보면 서서히 올라가는 게 아니고, 서서히 나아가다가 어느 순간 위로 쑥 올라갑니다."

쑥! 올라간 그의 인생의 가치처럼 집의 가치도 쑥, 올리는 게 인테리어의 마법이다. 일당 6만 원을 받던 그가 어떻게 100억 원의 매출을 올리는 CEO가 됐을까.

갑부의 성공 비법을 확인하기 위해 리노베이션(보수) 현장으로 갔다. 서울 송파구의 한 아파트. 치은 씨 일행은 멀쩡한 아파트 내부 시설을 벽만 남기고 모두 뜯어냈다. 벽면엔 새롭게 바꿀 내부의 도면이 빼곡하게 붙어 있었다. 우선 크게 눈에 띄는 변화는 주방과 거실을 나누던 가벽을 철거하고, 주방용 가전제품을 놓을 공간을 더 늘린 것이다. 주방에서 요리할 때 거실에 있는 가족과 소통하기 어려웠던 구조를 바꾸어 소통이 가능한 공간으로 바꾼 게 눈에 띄었다.

그런데 치은 씨를 갑부의 반열에 오르게 해준 결정적인 인테리어는 따로 있다. '히든 도어(Hidden Door)'라고 불리는 유행 항목이다. 벽체와 천장 마감을 일정하게 만들어서 문을 그 라인에 맞추는 것인데, 얼핏 보면 문 같지 않고 벽의 일부 같다. 벽과는 공간을 구분하는 라인으로만 구별된다. 문에는 손잡이가 있는 경우도 있고, 없는 경우도 있다. 히든 도어는 공간이 매우 깔끔하게 정돈되고 개방된 느낌을 주기 때문에 인기가 있다.

"호텔 같은 데서는 이처럼 몰딩 처리를 하지 않은 히든 도어의 형식이 이전에도 있었습니다. 그런데 벽과 천장을 새로 만들고 마감 라인을 깔끔하게 정리하는 일이 품이 많이 들고 시간도 오래 걸리다 보니 일반 주거 공간에서는 잘 활용하지 않았어요. 그런데 요즘 트렌드가 바뀐 겁니다."

히든 도어와 함께 유행하는 새로운 기법으로 무몰딩(無Molding)법이 있다. 몰딩이란 창틀이나 벽에서 공간의 면과 면이 만나는 부분을 장식하는 방법인데, 무몰딩은 곡선의 갈매기몰딩이나 지저분해 보이는 몰딩 처리를 하지 않는 것을 말한다. 몰딩은 또 집이 좁아 보이게 하는 단점도 있는데, 새 기법은 공간감을 대폭 키우는 장점도 있다.

주부들의 취향 파악한 인테리어

두 번째 성공 비법은 주부들의 취향을 파악한 인테리어다. 과거엔 단순히 조리를 위한 곳이었던 주방이 이젠 가족과의 소통의 장으로 활용되면서 그 의미가 바뀌고 있다. 또 요즘 주부들은 대면형 주방을 선호한다. 치은 씨가 작업한 한 곳에는 주방에서부터 거실까지 라인형 조명을 설치해 매우 아늑한 분위기를 연출했다. 인테리어가 여느 고급 호텔 못지않아 보인다.

"대면형 주방을 설치하고 남은 공간에 보조 주방을 만들었습니다. 거기에는 큰 냉장고를 넣을 수 있는 공간이 있고, 조리 공간도 만들었습니다. 냄새 나는 것들을 구울 때 이곳을 사용하면 거실 쪽으로 냄새가 넘어가지 않기 때문에 좋습니다. 또 이렇게 숨겨진 공간이 있으면 지저분한 것들을 놓고 쓸 수 있기 때문에 주방을 오랫동안 예쁘고 합리적으로 쓸 수 있습니다."

또 다른 시공 현장은 231㎡(약 70평) 크기의 고급 아파트다. 준공된 지 20년이 된 아파트라 답답하고 칙칙해 보였던 곳이었다. 하지만 치은 씨는 이곳에 몰딩을 없애고 벽과 천장을 화이트 톤으로 맞춰 깔끔하고 세련된 공간으로 바꾸었다. 또 거실의 수납장 한쪽에 다용도실이 있어 튀어 보였는데, 그곳을 수납장 라인에 맞춰서 문을 달아 외부인은 그곳이 어떤 곳인지 알 수 없도록 해놓았다. 그 문을 열면 다른 공간(다용도실)이 나와 마치 비밀의 문처럼 보이기도 한다. 깔끔한 마감으로 활용도를 높인 갑부의 아이디어가 돋보인다.

품격 있는 갤러리 같은 집을 원했던 의뢰인의 요구가 완벽하게 실현됐다. 의뢰인은 "완전히 다른 집이 됐어요. 행복하게 살 수 있을 것 같아요"라며 좋아했다.

"특히 제가 마음에 드는 곳은 천장이에요. 생각보다 천장이 너무 내려와 있다고 했더니 기존의 아파트 천장에 설치된 배관을 피할 수 없다고 했어요. 천장 에어컨도 설치해야 했거든요. 그런데 밤 10시쯤 대표님이 팀장님과 같이 와서 에어컨 위치를 다른 쪽으로 잡고 천장을 다시 뜯어내고 새 작업을 해주셨어요. 그런 요청까지 들어주니 저는 너무 고맙습니다."(의뢰인)

수정을 원하는 의뢰인의 요구에 치은 씨는 더 나은 해법을 제시했다.

"손님들은 큰돈 들여서 인테리어 작업을 요청하고, 공사하는 동안 다른 곳에서 지내야 하는 등 고생을 많이 합니다. 저희는 매일 하는 일이라 괜찮지만 인테리어를 맡기신 분들은 항상 고민이 많습니다. 그 마음을 잘 알기 때문에 어떻게 하면 손님의 마음을 편안하게 해드릴까를 늘 생각하는데, 그런 마음을 알아주시니 너무 고맙죠."(박치은 씨)

치은 씨가 받는 상담 메일은 하루 평균 300건이다. 일일이 확인하고 견적서까지 보내야 해서 서류 업무로 적지 않은 시간을 보내야 한다. 시공 의뢰가 많다 보니 6개월 뒤에 시공에 들어가는 곳도 있다.

"코로나19 이후로 집이라는 공간의 의미 자체가 완전히 바뀌었습니다. 이전에 방은 그저 자고 옷 갈아입는 공간이었어요. 하지만 지금 방이라는 공간은 운동도 하고 재택근무도 하는 곳으로 바뀌었어요. 그래서 인테리어 공사 수요가 점점 늘어나고 있어요."

창업 1년 차에 매출이 5억 원이었는데, 4년 차에 50억 원으로 늘었다. 인테리어 사업으로 한 달 평균 약 6억 원의 매출을 올려 연 매출이 70억 원에 이른다. 치은 씨는 인테리어뿐 아니라 건물 리뉴얼(재개발) 공사도 하고 있다. 예컨대 낡은 주택을 사서 리뉴얼 공사를 하고, 상업공간으로 바꾸는 작업도 한다. 이런 건축 분야에서 20억 원의 매출을, 그리고 건물 임대업을 통해 10억 원의 수익을 올린다. 임대 수익을 더한 연간 총 매출은 약 100억 원.

치은 씨가 돈만 버는 것은 아니다. 사람의 마음도 '번다'. 바로 인테리어 무료 이벤트를 통해서다.

"경제적으로 어려우신 분들의 사연을 받았는데, 400명 정도가 응모를 했어요. 그중에 한 분을 추첨해서 전액 무료로 인테리어를 해주고

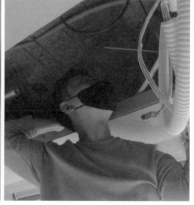

박치은 갑부가 부수고 부순 것은 몸 쓰는 일은 하찮다는 사람들의 편견이었다. 그는 히든 도어, 무몰딩 등 트렌디한 인테리어 기법들을 활용해 연 매출 100억 원의 회사를 일궜다.

있습니다. 어려운 가운데서도 열심히 일하는 분에게 선물을 해주고
싶었습니다."

무료 인테리어 이벤트

2021년 처음으로 시도한 이 이벤트의 주인공은 경기도 고양시의 P
씨. 본인이 공부를 더 하고 싶은데도 불구하고 어린 동생들을 위해 일
찍 취업 전선에 뛰어들어 일하고 있는 이였다.

"제가 어렸을 때부터 방에 대한 로망이 있었어요. 그래서 인테리어
유튜브를 많이 보게 됐는데, 이벤트가 있다는 걸 알고 지원하게 됐습
니다. 저희 집에 식구가 다섯인데, 집이 오래되고 좁다 보니 불편한 점
이 많았어요."(당첨자 P 씨)

공사가 끝난 P 씨의 집은 치은 씨의 전문인 '무몰딩, 화이트 톤'으
로 바뀌었다. P 씨 가족이 매우 만족해했다. 특히 P 씨와 남동생이 같
이 기거했던 방에 가벽을 세워 방을 두 개로 나누었고, 각자의 공간을
만들어준 것이 압권이었다. P 씨는 "제 가족이 여기서 지낼 수 있다는
게 실감이 나지 않는다"며 울먹였다.

치은 씨의 선한 뜻에 타일 시공을 업으로 삼고 있는 양희준 씨도
3명의 동료와 함께 동참했다. 무료 이벤트의 취지가 너무 좋아서 함

께 일하게 됐다고 한다. 세상엔 돈보다 더 가치 있는 일이 있는 법이라며 시공에 열정을 쏟았다. 이처럼 치은 씨가 어려운 사람들을 돌아보게 된 이유가 있다.

"저희 회사가 처음엔 직원이 두 명밖에 없었습니다. 이렇게 커진 것은 제가 열심히 노력한 이유도 있지만, 사실 운도 많이 따라주었습니다. 그래서 그 고마움을 어딘가에 나눠야 한다고 생각했어요. 제가 얻은 운들을 어려운 분들에게도 나누면 저희 회사도 더 잘되지 않을까요?"

2명이었던 직원이 이제는 21명으로 늘어났고, 일당 몇만 원을 받던 그가 100억 원의 매출을 올리는 회사 대표가 된 것에 '운'도 한몫했다는 소리다.

"지금은 상담 건수가 한 달에 1000건씩 들어오는데, 이전에는 한 달에 두어 건이 전부였어요. 미칠 지경이었죠. 적으나마 직원들 월급은 주어야 하는데, 통장에 잔고가 800만 원이 전부였어요."

한 건의 시공 주문이 절실했던 사업 초창기의 일이다. 한 직원이 실수로 신뢰가 깨져버릴 위기에 처했다. 타일 공사에서 마지막 한 장을 다른 튀는 색으로 했고, 의뢰인의 항의가 들어온 것이었다. 지적받은 그 타일을 한 장 교체했지만, 의뢰인은 그마저도 마음에 들어 하지 않았다. 그래서 치은 씨는 전화를 걸어 "사장님 제가 시공한 타일을 전부 갈아드리겠습니다. 죄송하지만 하루만 그 집을 비워주세요"라고 말했다. 타일 교체 비용 200만 원은 치은 씨가 물었다. 당시 그에게 200만 원은 매우 큰돈이었지만 공사를 마친 뒤 마음만은 매우 편해졌다고 한다. 금전적 손해를 감수하면서까지 애쓰는 모습에 손님의 마음이 움직였다.

"알고 보니 그 손님이 주변에 건물을 여섯 채나 갖고 있더라고요. 저를 불러서 '이 건물 전부 자네가 하게'라고 하고, 그 옆에 건물을 또 지으면서 '이 건물도 다 자네가 공사하게'라는 겁니다. 그러면서 공사 수주량이 엄청나게 늘었어요. 어떻게 보면 그분이 저의 은인인데, 그렇게 될 수 있었던 것도 제가 신의를 지켰기 때문에 혜택을 받을 수 있었다고 생각해요."

그의 사업 철학은 실용성이다. 그러다 보니 의뢰인과의 상담에서도 디자인 자체뿐만 아니라 집에서 함께 생활하는 구성원의 형태를 빼놓지 않고 묻는다. 인원, 연령대, 성별 등을 알아야 그 조건에 맞는 디자인이 나오고, 실용성에 세련미를 더할 수 있다는 것이다.

유행하는 플랜테리어 활용

갑부의 성공 비법 세 번째는 온라인 동영상 플랫폼을 통한 알짜배기 인테리어 정보를 공유한 것이다. 이 동영상을 보고 연락을 취해오는 손님들이 많다.

"인테리어를 새로 해야겠다고 생각하고 유튜브에 검색을 했더니 대표님 영상이 뜨더라고요. 영상 속 시공 현장들이 다 깔끔하고 선이 정리가 잘되어 있는 것 같아서 그렇게 한번 해봐야겠다 싶어서 상담을 오게 됐어요."(의뢰인 B 씨)

치은 씨가 알려주는 초간단 인테리어 '꿀 팁'을 몇 가지 소개한다. 첫째, 요즘 유행하는 플랜테리어[Plant(식물)+Interior(실내 디자인)]를 활용하는 것인데, 벽지를 화이트 톤으로 해놓고 화분 한두 개 놓아도 집 안의 분위기가 바뀐다.

둘째, 비치는 커튼 활용하기. 이런 커튼 박스 안에 간접 조명이 들어가면 매우 우아해진다. 좋은 호텔에서도 커튼 박스 안에 간접 조명을 활용하는 경우가 많다. 전동 드릴만 있으면 만들기도 어렵지 않다.

그의 하루 일과는 조금 일찍 시작된다. 특별한 일이 없으면 시공 현장 방문으로 하루를 시작한다. 그를 따라 서울 송파구에 위치한 한 아파트를 방문했다. 얼마 전 철거 공사를 끝내고, 목공작업에 들어간 곳이다. 이곳저곳을 꼼꼼히 살펴보던 그가 어떤 문제점을 포착했다. 가벽의 블록과 나무판 사이가 약간 떠 있는 것을 발견한 것이다. 그는 5cm의 작은 틈이라도 줄이면 그만큼 실내 공간이 넓어진다며 이내 목장갑을 끼고, 연장을 손에 쥐더니 가벽을 부수기 시작했다. 그는 "우리는 매일 인테리어 공사를 하지만, 의뢰인들은 평생 살면서 한두 번밖에 하지 않는 게 인테리어입니다"라며 최선을 다해야 하는 이유를 설명했다.

이날 오전에만 강남구, 서초구, 고양시를 거치다 보니 어느덧 점심시간. 이번에는 갓 입사한 디자이너에게 생일 파티를 해주기 위해 케이크를 들고 사무실로 갔다. 치은 씨는 케이크 선물로 짧지만 화기애애한 분위기를 만든 뒤 혼자서 샌드위치로 간단히 점심을 때우고는 다시 가야 할 곳이 있다며 길을 나섰다. 모두에게 공평하게 주어진 24시간을 그처럼 알차게 쓰는 사람이 또 있을까 싶을 정도로 그는 바빴다. 이번에는 그의 주문 가구를 만들어주는 가구 직영점.

"가구는 인테리어의 꽃입니다. 인테리어가 아무리 잘되어 있어도 가구가 잘못되면 조화가 깨지고 맙니다. 가구의 사이즈가 맞는지, 마감 처리는 잘되어 있는지를 확인하러 왔습니다. 다른 현장에는 직접 갈 필요가 없는데 가구가 도면대로 잘 제작되는지는 꼼꼼하게 봐야 합니다."

가구공장에서 만난 한 청년에게는 기술을 익히는 것이 얼마나 큰 도움이 되는지 조언도 해주었다. 그 청년은 9년간 야구선수로 활동하다 한 달 전부터 가구 제작 일을 시작했다고 한다.

"전문직은 기술을 배워두면 어디 가서든 대우를 잘 받을 수 있어요. 사람들이 기술자가 얼마나 돈을 많이 버는지 잘 몰라요. 이전에는 블루칼라라고 하면 '막노동'을 연상했는데요. 지금은 이분들이 일은 힘들게 해도, 퇴근할 때는 비싼 차를 타고 갑니다. 그만큼 이 업종은 미래 가치가 있어요."

치은 씨가 인테리어업을 시작한 계기는 무엇일까. 대학을 졸업할 때는 공부를 열심히 해서 대기업에 들어갔다. 그런데 선배들 가운데 30대 중반에 그만두는 이들이 많았다. 그도 앞날을 걱정하던 스물일곱 살의 어느 날 기술을 배워야겠다고 다짐했다. 전문직은 '배신하지' 않을 것이라는 믿음을 갖고 바로 퇴사하고 기술을 배우러 다녔다. 목공, 타일, 전기 기술을 배운 다음 건설회사에 취직하려고 이력서를 넣었는데, 아무도 그를 뽑아주지 않았다. 하지만 그는 취업 좌절이 실패만은 아니고, 새로운 도전의 기회라고 생각했다. 그래서 선택한 일자리가 일당 6만 원의 건설 현장 일용직. 몸으로 부딪치며 기술을 배우는 것이 주어진 상황 속에서 그가 할 수 있는 최선의 일이었다. 그러나 그가 호기 하나로 뛰어든 그 세계는 상상 이상으로 힘든 곳이었다. 별을 보고 출근해 별을 보고 퇴근하는 매일이었다.

"그때는 모두 몸으로 하는 일이니까 자기 전에 항상 각오를 해야 했어요. 자기 전에도 '빨리 자야 내일 빨리 일어나는데'라고 걱정하다 보면 잠이 잘 오지 않아서 뒤척이다가 3~4시간밖에 자지 못하고 출근했어요. 철거 용역 일을 많이 했는데, '브레이커'라는 장비로 온종일 바닥을 부수는 일을 하면 잘 때도 팔이 덜덜덜 떨려요. 그러면 또 잠을 못 이루고 뒤척이는 나날의 연속이었어요."

목표를 너무 빨리 이루려고 하지 말라

그때의 경험 때문에 치은 씨는 연 매출 100억 원을 올리는 회사의 CEO인 지금도 사무실에서 뒷짐만 지고 앉아 있지 않는다. 현장에서 몸을 쓰며 일하는 것이 얼마나 고된 일인지 잘 알고 있기 때문이다. 남들이 보기에 하찮은 일도 직접 하는 일이 많다. 쓰레기 버리는 일을 직접 하기도 한다. 그 모든 게 인테리어를 완성하기까지 반드시 거쳐야 하는 과정이다. 스스로 버려진 폐기물처럼 인생에 쓸모없는 시간을 보내고 있는 건 아닐까 걱정하는 사람들에게 치은 씨는 이런 말을 전해주고 싶다고 했다.

"지금은 내가 하는 일이 하찮고 힘들어 보일 수도 있어요. 그런데 꿈을 포기하지 않고 꾸준히 하다 보면 꿈이 이루어집니다. 그런데 너무 빨리 목표를 성취하려고 하면 안 돼요. 저는 그냥 꾸준히 노력하다 보니 어느 순간에 내가 이 정도의 역할을 할 수 있는 사람이 되어 있더군요."

그의 이런 이력 덕분에 그는 인테리어 학원에서 특강도 하고 있다. 그가 많이 활용하고 있는 무몰딩 기법을 비롯해 디자인, 레이아웃, 시공 방법, 공정, 견적 세우기까지 모든 과정을 체계적으로 알려주어 수강생들에게 찬사를 들었다.

"제가 알고 있는 노하우를 가르쳐주고 그들이 성장하는 모습을 보면 너무 좋습니다. 어떤 수강생은 저에게 '가르쳐주신 노하우를 가지고 제가 계약을 했습니다'라며 아메리카노와 케이크 쿠폰을 하나 보내주더군요, 하하. 그 선물을 받고 정말 행복했어요. 제가 생각하는 회사의 목표는 회사의 가치를 극대화해서 우리 회사를 누구나 알 수 있게 하는 것입니다. 선한 영향력을 통해서 많은 사람에게 도움이 되는 그런 회사를 만들고 싶어요."

그의 성공 뒤에는 가족이 있다. 부모님과 아내, 아들. 아버지 박현중 씨는 "처음엔 아들이 하고자 하는 사업이 탐탁지는 않았다"면서도 "무슨 일을 하건 본인이 행복하면 되는 것이다. 지금은 대견하다"라며 아들에 대한 믿음을 표시했다. 아내 김슬기 씨는 "남편이 한창 현장 일

인테리어 학원에서 특강을 하고 있는 박치은 갑부.

을 할 때 새벽같이 나가서 밤늦게 들어올 때 먼지투성이로 들어오니까 그런 걸 보면 늘 안쓰러웠어요"라며 당시 상황을 회고했다. 치은 씨도 힘들게 살던 20대 때는 이렇게 성공하리라고는 상상도 못 했다고 한다. 항상 눈앞이 캄캄하고 미래가 보이지 않았던 것이다.

"지금은 내가 페인트를 칠하고 있지만 나중에는 성공할 거야라고 말했지만, 삶 자체가 매우 비참했습니다. 그래서 마음 깊은 곳에서는 '나 같은 사람이 어떻게 여기를 벗어날까'라고 자조하기도 했어요."

그랬던 그에게 어느 날 고대하던 소식이 찾아왔다. 아내가 시험관 시술을 통해 임신에 성공한 것이었다. 아이가 생기자 그는 자기만의 회사를 만들어보려던 꿈을 접고 다른 기업에 이력서를 내고 다시 직장 생활을 시작하려고 했다.

"그러자 아내가 오히려 저를 나무라더군요. 지금까지 목표를 향해서 그렇게 고생했는데, 그걸 왜 포기하느냐고 하는 겁니다. 자기는 적게 벌어와도 좋으니 포기하지 말고 계속하라고 했어요. 자신에 대한 믿음이 부족해도 누군가가 나를 믿어준다면 뭔가 될 수 있겠다는 생각을 할 수 있습니다. 가족이 저를 믿어줬기 때문에 제가 더 열심히 했던 것 같습니다."

치은 씨는 일당 6만 원에서 연 매출 100억 원의 회사를 만든 것을 '운' 덕분이었다고 말한다. 다만 그 운은 '이것' 없이는 찾아오지 않는다고 한다.

"노력은 배신하지 않는다. 지금 상황이 너무 힘들어도 나는 항상 준비가 되어 있어야 한다. 그래야 기회가 왔을 때 엄청 높게 올라가더라고요. 제가 서른여섯밖에 되지 않았는데, 여기서 멈추는 순간 앞으로의 미래가치는 없다고 생각해요. 그래서 계속해서 도전하고 노력하면서 열심히 살고 있습니다."

꿈을 향한 꾸준한 노력에 철저한 준비가 더해지면, 언젠가 그 꿈이 피어날 때가 스스로 찾아온다는 것이 치은 씨의 치열한 성공 공식이다.

박치은 씨의 성공 포인트

★ 벽체, 천장 마감과 일체형인 히든 도어(Hidden Door), 공간감을 키우는 무몰딩(無 Molding)법 등의 유행 항목을 시공해 의뢰인의 만족도를 높였다.

★ 돈만 버는 게 아니라 사람의 마음도 '번다'는 자세로 서비스에 최선을 다한다.

★ 고객과의 거래에서 신의를 지켜 뜻밖의 행운이 찾아왔고, 그것이 초고속 성장의 결정적 계기가 됐다.

한 줄 성공 비법

- 목표를 너무 빨리 이루려고 하지 말고, 어느 정도의 역할을 할 수 있는 사람이 돼라.
- 노력은 배신하지 않는다. 지금 상황이 너무 힘들어도 미래의 기회를 내것으로 만들 수 있도록 항상 준비가 돼 있어야 한다.

가게 프로필

상호: 아울디자인

대표자: 박치은

주소: 서울 마포구 월드컵북로 110

주택가 작은 가게로
연 매출 130억 원

초밥왕 김대승

꽃으로 가득 채워진 초밥집

"예쁘다. 산뜻하다. 카페 같기도 하고, 꽃집 같기도 하고."

서울 마포구 주택가 골목 깊숙한 곳에 자리한 숨은 일식집 벚꽃스시. 온통 꽃으로 가득 채워진 화사한 인테리어가 손님의 눈길을 사로잡는다. 이곳 주인 김대승 씨는 젊디젊은 스물여덟 청년. 그만의 독특한 비법으로 테이블 5개의 작은 가게로 시작해 연간 130억 원을 벌고 있다. 가게를 창업한 지 불과 4년 만에 일군 성공 스토리다. 가진 것 없는 청년이 어쩌면 매우 짧은 기간에 이처럼 엄청난 성취를 한다는 게 정말 믿기지 않는다. 손님들의 반응도 흥미롭다.

"여기 연어가 맛있다고 해서 배달을 해서 먹어봤어요. 너무 맛있어서 가게에 직접 한번 와야겠다고 생각했는데, 직접 와보니 기다리는 줄이 이렇게 긴 줄은 몰랐어요."(손님 A 씨)

오매불망 기다리는 손님들을 위해 조리장들도 손이 바빴다. 형형색색 화려한 비주얼의 초밥이 하나둘 완성돼가고, 마침내 가게에 들어갈 기회를 얻은 손님은 '묵은지 초밥' C세트를 주문했다. 여기에는 횟감에 묵은지를 넣어 만든 초밥 18개가 담긴다. 서빙하는 사람은 손님이 차례대로 먹을 수 있도록 먹는 방법까지 자세하게 안내해주었다.

"회가 긴 게 진짜 맛있네요. 여기는 진짜 맛있는 집이에요."(손님 B 씨)

손님들은 길고 맛깔나게 정돈한 초밥을 하나도 남기지 않고 깨끗이 비웠다. 이게 바로 손님들의 만족감을 확인할 수 있는 증거 아닌가.

"너무 뿌듯해요. 저는 이게 바로 성공한 거라고 생각해요. 이것 때문에 장사하고 있는 것 같아요."(김대승 씨)

먼저 온 손님들이 식사를 마치고 계산을 하자마자 다시 손님들로 만석이 됐다. 초밥 주문이 쉴 새 없이 이어졌다. 손님들이 들어오는 속도만큼 음식이 나가는 속도도 엄청나게 빨랐다.

"음식 나가는 데 빠르면 5분, 늦어도 10분 안에 나가요. 손님들도 식사 시간이 평균적으로 15분밖에 걸리지 않아요. 점심시간에 한 테

이블당 10번 회전한 적도 있어요."(김대승 씨)

뜨겁지 않아 빨리 먹을 수 있는 음식이다 보니 손님의 줄이 길어도 기다리는 시간은 그리 오래 걸리지 않는다. 그래도 손님들의 긴 줄을 줄이고, 매출도 늘리려면 테이블을 더 갖추거나, 매장 규모를 키우는 게 낫지 않을까.

"아마도 대개의 사람들은 테이블을 늘리는 게 낫다고 생각할 겁니다. 그런데 만약 20개의 테이블이 있어서 10개의 테이블이 공석이라면 손님들도 '아 이 집은 평범한 음식점이구나'라고 생각할 겁니다. 그런데 5개 테이블이 다 찬 집에 가면 '여기는 맛집인가 보네?'라고 생각하게 되죠. 지나가던 사람들도 길게 늘어선 손님 줄을 보고 '나도 한번 가봐야지, 왜 계속 줄을 서는지 궁금하네?'라고 생각하게 됩니다."(김대승 씨)

사실 김 씨는 초기에 영업 손실을 줄이기 위해 소규모 매장을 선택했는데, 결과적으로는 테이블 회전율이 높은 초밥 메뉴의 특성과 잘 맞아떨어진 것이다.

그가 손님을 사로잡은 또 다른 비결은 여심 공략이다. 온통 꽃으로 가득 채워진 초밥 가게는 카페로 착각하게 할 만큼 인테리어가 독특하고 예쁘다. 김 씨가 처음부터 여심을 사로잡기 위해 정성 들여 꾸민 것이다. 초밥의 비주얼(외형)도 인테리어만큼 화려했다.

"여성들은 대부분 실내 분위기가 좋을 때, 혹은 요리 장식이 예쁘거나 맛있어 보이면 그걸 사진 찍어서 소셜 미디어에 올립니다. 손님들이 꽃 모양의 초밥도 굉장히 좋아하는데, 그런 '인증 샷'을 보고 찾아오는 손님이 많답니다. 그 홍보 효과가 엄청나거든요."

소셜 미디어에 오른 사진과 문구들도 호기심을 자극한다. '펑쿠펑쿠한 인테리어 취향 저격이에요' '동생이 배달 단골이라 해서 매장 와서 가족들이랑 다 같이 먹었는데 진짜 맛있어요!'.

처음 6개월은 일 매출 제로일 때도 있어

김 씨는 손님의 계산을 도와주다가 주방 일이 밀리면 위생모를 쓰고 직접 회를 만들기도 한다. 가게를 차린 후 1년 동안은 손님에게 나가는 모든 초밥을 김 씨 혼자서 만들어 팔았다. 군대에 갔다 온 뒤 바로 일식집에 취직해 요리를 배웠기 때문에 무엇이든 할 수 있다는 자신감이 있었다. 지금도 초밥을 쥘 때만큼은 그의 눈빛이 달라진다. 그런 열정이 그의 가게를 성공 가게로 만들었다.

"저만의 요리를 해보고 싶다는 생각이 강했어요. 제가 다른 가게에서 직원으로 있을 때는 그 가게에서 정해진 레시피에 따라 해야 했어요. 그런데 제가 해보고 싶은 대로 하지 못하니까 답답한 적이 너무 많았어요. 그럼 어떻게 하지? 그런 생각을 하다가 '내 가게 차려서 내가 직접 요리하면 되겠네'라고 계속 생각했죠."

하지만 가게를 차리려면 장소를 물색해야 하고, 어떤 품목으로 어떤 차별성을 가져야 할지 확신이 서야 한다. 무엇보다 종잣돈이 있어야 한다. 김 씨는 학창 시절 막연히 돈만 벌었다. 낮에는 중국집, 밤에는 일식집, 새벽에는 대리운전까지 했다. 스물네 살이 됐을 때 그렇게 모은 돈이 2억 원가량 됐다.

"하고 싶은 일을 하려면 대가가 필요해요. 저는 일하면서 그 대가를 계속 치르고 있었던 겁니다. 저는 장사를 꼭 해보고 싶었어요."

그는 4000만 원을 투자해 초밥집을 차렸다. 하지만 꿈이 컸던 만큼 실망도 컸다. 처음 6개월간은 하루 매출이 '0원'인 경우도 있었고, 최고 매출은 20만 원에 불과했다.

"솔직히 많이 우울했어요. '이게 내가 진짜 바라던 장사인가' '이 가게가 손님이 아니라 나만을 위한 개인적 공간인가' 하는 생각까지 들더군요. 자책하면서 많이 힘들어했습니다. 그런데 그런 힘든 시기를 겪었기 때문에 '다시는 그때로 돌아가지 않아야지' 하는 생각으로 계속 열심히 일했습니다. 지금도 그런 생각을 갖고 있기 때문에 열심히 일하는 것 같아요. 정말 그전으로 돌아간다면 너무 힘들 것 같아요."

인생에서 가장 힘들었던 순간에도 꿈을 포기하지 않았던 김 씨. 모아뒀던 자본금으로 6개월을 버티며 새로운 도약을 준비했다. 어려운 시기에 가만히 놀았던 것은 아니다. 그는 손님들의 취향을 파악해서 초밥의 구성을 자기만의 방식으로 바꿨다. 일차적으로 그것이 다른 초밥집과의 가장 큰 차이점이었다.

"저희는 손님들에게 활어 초밥을 더 많이 주려고 노력하고 있어요. 초밥 한 접시의 18개 초밥 중에 활어가 4개, 연어가 3개, 참치가 3개 들어갑니다. 참치, 연어, 광어, 방어, 홍민어, 날치알, 소고기, 역돔 등으로 횟감의 가짓수를 늘렸습니다. 단가가 높은 회 초밥의 비율을 높인 겁니다. 또한 풍족하게 식사하실 수 있게 양을 늘려서 만족스럽게 해드리고자 합니다."

김 씨는 음식뿐 아니라 판매 방식에도 변화를 시도했다. 직접 찾아오는 손님들만 생각한 게 아니라 배달 장사에도 도전했다. 요즘은 방

자신만의 독특한 요리를 만들겠다는 일념으로 가게를 차려 성공한 김대승 갑부.

문 고객보다 배달원이 더 많을 때도 있다. 포장하는 초밥 양만 보면 배달 전문점이라고 해도 과언이 아닐 정도다. 배달할 때도 세심한 배려가 들어간다. 완성된 초밥에 랩을 씌우고, 그 위를 꾹꾹 눌러준다.

"배달 모터사이클이 흔들거리며 가잖아요. 그러면 초밥이 한쪽으로 쏠리거나, 모양이 망가집니다. 그래서 랩을 눌러 초밥 용기 안에 공기를 빼서 모양을 딱 잡아주는 겁니다. 그러면 손님이 뜯었을 때 모양이 유지된 채로 먹을 수 있어요. 그리고 진공상태가 되면 신선도가 잘 유지됩니다. 배달 음식은 특히 포장할 때 세심하게 신경을 써야 합니다."

배송할 때도 매장에서와 똑같은 맛으로

'배송할 때도 매장에서 먹는 것과 같은 비주얼과 신선함을 유지한다.' 이것이 김 씨가 처음부터 고수해온 원칙이다.

하루 배달량은 평균 400건. 매월 1만 2000건 이상 배달하고 있다. 배달을 처음 시작할 때는 한 달 평균 매출이 100만 원에 그쳤으나, 6개월이 되자 월 매출이 6000만 원을 넘어가기 시작했다. 3년이 지난 지금은 한 달 평균 매출이 2억 원이다.

"저는 사업을 할 때 하나부터 열까지 스스로 다 알아야 한다고 생각해서 메뉴도 다 직접 개발했어요. 주인이 다 알아야 직원에게 잘못된

점도 지적해주고, 바른 방향을 제시할 수 있거든요."

대승 씨는 매일 아침 초밥용으로 배송받는 횟감을 직접 확인한다. 하루에 들어오는 횟감만 약 80㎏. 매일 들어오는 활어에 수입 연어까지 더하면 한 달에 쓰는 횟감이 거의 2톤이나 된다. 갓 잡은 생선은 피와 내장, 물기를 제거한 다음 타월로 생선을 감싸고, 그것을 다시 랩으로 돌돌 말아준다. 숙성 작업을 거치기 위해서다.

"생선을 랩으로 싸는 이유는 공기가 들어가지 않게 하려는 겁니다. 영하 3~4℃ 정도로 설정한 냉장고에 14~24시간 정도 숙성을 시킵니다. 그러면 생선의 살이 많이 부드러워져요. 그런 횟감으로 초밥을 만들면 식감이 매우 좋습니다. 입안에서 살살 녹는 느낌이 들죠. 생선 고유의 감칠맛과 단맛도 더 풍부해집니다."

이 가게의 비장의 무기는 또 있다. 바로 특별한 연어초밥이다. 먼저 연어를 물로 씻은 다음 기다랗게 썰어서 통에 가지런히 담가놓는다. 그리고 비트를 얇게 썰어서 비법 원액을 뿌리고, 그 위에 깨끗이 손질한 연어를 올린다. 그다음 대승 씨가 개발한 비법 가루와 원액을 연어에 뿌려서 숙성에 들어간다.

"연어에는 약간 비린내가 있어요. 저는 비린 맛을 좀 싫어해서 이 방식을 개발했는데요. 이렇게 하면 비린내가 잡힌다는 것을 발견했어요. 그리고 색상도 빨갛게 변해서 보기에도 좋고요. 일반 시중에 나와 있는 그라브락스[설탕, 소금, 딜(Dill) 등의 향신료에 절인 연어]랑 만드는 방법이 완전히 다르고, 재료도 다릅니다. 천연 재료를 적정 비율로 배합해 숙성용 원액을 만들어서 이제는 직원 누구든 한꺼번에 많은 양을 만들고 사용할 수 있도록 시스템화했습니다."

이 과정을 거치면 원래 주황색이었던 연어 빛이 붉은색으로 바뀐다. 비법 재료로 연어 특유의 비린내를 줄이고, 비트로 색을 입힌 갑부의 붉은 연어! 자연스럽게 숙성이 더해져 식감도 훨씬 부드럽다. 이렇게 해서 연어초밥은 초밥집 '시그니처(특징)' 메뉴가 됐고, 억대 매출을 가져다 준 효자 상품이 됐다. 비주얼이 좋은 데다 맛도 있어 손님들의 반응이 매우 좋은 편이다.

"식감이 완전 부드러워요. 원래 우리가 생각하는 연어랑 다르게 빨간 게 색다른 느낌이 들어요. 참치 같기도 하고, 그래서 좀 더 고급스러운 느낌도 드네요."(손님 C 씨)

대승 씨가 붉은 연어초밥을 만든 이유가 있다.

"제가 다른 초밥집에 가서 여러 가지를 먹어봤어요. 그런데 특별히 인상적인 초밥이 별로 없다는 느낌을 받았어요. '우리 가게는 사람들 기억에 남는 음식점이 되면 좋겠다'는 생각에 궁리하다가 이 연어초밥을 개발했습니다. 손님들은 연어가 비리지 않고 색깔도 특이하다며 어떻게 만들었냐며 계속 질문을 합니다. 특히 여성 손님들이 소셜 미디어에도 사진을 찍어 많이 올려주시니까 너무 고맙습니다."

대승 씨의 가게에서는 여러 종류의 초밥을 맛볼 수 있는 모둠 회초밥도 인기다. 여기엔 갓 잡은 활어로 숙성회만 올린다. 눈과 입을 동시에 만족시키는 갑부의 음식은 정말 곱다.

수도권 7개 매장 운영

김 씨의 일은 이 매장에서만 있는 건 아니다. 바쁜 점심시간이 끝나면 김씨가 가는 곳은 그가 소유한 다른 매장들이다. 그는 서울, 인천, 수원 등 수도권에만 7개의 초밥집을 갖고 있다. 이곳들도 본점과 규모는 비슷하다. 김 씨의 가게들은 대부분 66m²(20평) 규모. 위치도 약간 외진 곳이다.

"보통 가게 위치는 번듯한 대로변, 사거리 같은 곳에 있어야 장사가 잘된다고 생각해요. 그런데 그런 곳은 월세나 권리금, 보증금 같은 게 다 비쌉니다. 저는 그런 곳에 투자할 바에야 좀 더 외진 곳으로 가는 게 낫다고 생각해요. 권리금도 없고 보증금이나 월세도 저렴하거든요. 그런 데서 돈을 아껴서 고객이나 직원에게 조금이라도 더 베풀 수 있도록 돈을 쓰자고 생각했습니다."

외진 곳에 가게를 차리는 것에 대해 주변의 우려가 있었지만, 이 두 번째 가게는 가게를 연 첫 달에 억 단위 매출을 올렸다. 2022년 6월 포스기(결제, 유통관리, 정산 등 매장 관리용 기구) 화면에 나온 매출 영

수증을 보니 2억1900만 원, 카드 단말기 기록은 2080만 원. 총 2억 4000만 원의 매출을 올린 것이다. 정말 '억' 소리 나는 매출이다.

이렇게 매출이 좋다고 해서 김 씨가 지점을 무턱대고 확장하지는 않는다. 여기에도 그 나름의 신조가 있다.

"매장을 더 많이 늘릴 수도 있겠지요. 하지만 저는 그렇게 욕심만 계속 부리면 이 체계가 무너질 수도 있다고 생각해요. 매장 한 개 한 개 정성을 들이면서 만들어나가는 게 중요해요. 한 개의 매장에서 백 개 매장의 매출이 나올 수도 있고, 백 개 매장의 순수익이 나올 수도 있거든요."

이것이 김 씨가 매장 관리를 철저히 하는 이유이기도 하다. 김 씨는

외진 곳에 차린 가게였지만 권리금이나 월세를 아낀 만큼 고객과 직원에게 정성을 다한 것이 성공 요인이었다.

한 달에 한 번씩 다른 매장에도 점검을 꼭 나간다. 이날은 김 씨가 인천시 남동구에 있는 6호점을 방문했다. 레시피를 준수하고 있는지, 직원들의 일이 원활하게 돌아가고 있는지 등을 직원 면담을 통해 확인했다. 매장 상황을 점검할 때 그는 특히 저울을 활용한다. 초밥에 쓰이는 회의 중량을 측정하기 위한 것이다. 종류별로 하나씩 무게를 꼼꼼히 재는 것이 특이했다.

"회는 중량에 따라 맛과 식감이 달라져요. 중량을 높게 잡으면 식감이 좀 질기게 느껴지고, 적당해야 손님이 맛있다고 느끼게 되거든요. 회는 정말 1g에 따라 맛이 달라져요. 그래서 레시피를 준수하도록 직원들에게 강조합니다."

위생 점검은 기본 중의 기본. 김 씨는 가장 중요한 초밥용 횟감의 숙성 상태와 날짜를 확인하고, 주방 구석구석 위생 상태를 확인했다. 선반 안과 밥솥, 물받이까지 살펴봤다. 심지어 냉장고 안쪽까지 열어보고 제대로 닦았는지를 살펴보았다. "음식점 위생 점검은 과하면 과할수록 좋다"면서.

요리사도 2교대 8시간 근무

그러나 7개 매장을 모두 이런 식으로 관리하려면 시간이 걸리고,

발품을 꽤나 팔아야 한다. 그래서 그가 생각해낸 게 반 직영 매장 도입이었다. 동업자와 절반씩 투자해서 운영권을 절반씩 나누는 것이다. 7개 지점 가운데 3곳은 이렇게 대승 씨와 점주가 함께 매장을 관리하고 있다. 그는 자신이 직접 7개를 다 관리할 수도 있지만, 그 나름의 원칙 체계가 무너지지 않도록 하기 위해서 이런 형식을 도입했다. 반 직영점 역시 월 매출은 억대다. 한 곳은 초등학교 동창인 이진수 씨와 동업을 하고 있다.

"제가 스스로 다 할 수도 있지만, 실패해서 무너지는 것에 대한 걱정을 많이 합니다. 그런데 옆에서 친구인 김 대표가 많이 도와주고 있어요."(6호점 점주 이진수 씨)

친구와 사업하는 게 위험하다는 속설이 있지만, 이들에게는 통하지 않는 모양이었다. 진수 씨는 "지금까지 좋은 점이 더 많았다"고 말했다. 대승 씨도 친구와 일하는 건 브랜드 이미지를 지키면서 실패 리스크를 줄일 수 있는 방법이라고 했다.

"제가 이 매장에 별로 신경을 안 쓰면 친구에게 수익의 90%를 주고, 제가 신경을 많이 쓰면 원칙대로 50%씩 나눕니다. 그래서 친구나 아는 사람과 동업해도 문제가 안 생깁니다. 돈으로는 제가 손해를 볼 수 있지만, 정신적으로는 제가 이득이거든요."

이렇게 해서 7개 매장 가운데 직영점 네 곳의 매출과 50%씩 수익을 나누는 반 직영점의 매출을 모두 더하면 예상 연 매출이 132억 원이다.

매출이 높아질수록 더 힘들어지는 것은 직원들이다. 물론 대표라고 예외는 없지만, 가게가 잘 돌아가려면 아무래도 직원들의 협조가 필수적이다. 김 씨는 이 부분도 치밀하게 계산했다. 주방을 책임지는 직원들의 컨디션이 좋지 않으면 바로 맛의 질이 떨어질 수밖에 없다. 그래서 김 씨는 주방 직원들을 두 명씩 오전, 오후 조로 나누었다. 오전 조가 아침 일찍부터 일을 시작해서 8시간 근무하고 퇴근하면, 오후 조가 오후 2시 반쯤 출근한다. 직원의 말을 들어보자.

"8시간 근무에도 장단점이 있어요. 8시간 일하는 건 다른 가게에서 보면 매우 짧은 시간인데, 근무 시간에는 매우 바빠요. 그래도 근무 시간이 짧으니까 불만을 가질 수 없습니다."(조성래 초밥 달인)

"오전 조는 3시에 끝나니까 오후에 여유 시간이 있어서 취미 생활도 즐기고, 아이들과 놀 수도 있어서 좋습니다."(김민주 초밥 달인)

대승 씨는 자신이 직접 직원으로 일하면서 8시간 근무제가 더 효율적이라는 것을 깨달았다.

"남들은 그랬어요. '12시간 근무하게 해야 하는 거 아니냐' '직원들 8시간씩 근무하게 하면 인건비를 2배로 쓰는 거다'라고 했어요. 하지만 저는 우리 직원들이랑 오래 일하고 싶어서 8시간 근무제를 시작했어요. 직원들도 일 끝나고 여가 시간에 자기 계발을 하니까 음식의 질도 더 올라갑니다. 컨디션이 좋으니까 삶의 질이 달라졌다고도 하고,

8시간 근무를 하니 여가 시간이 많아져서 직원이 결혼도 할 수 있게 됐다며 좋아합니다."

대승 씨도 8시간 근무하고 '칼 퇴근'을 하면 가끔 취미 생활을 한다. 한강공원으로 가서 웨이크보드를 타기도 한다. 보드를 타고 보트에 매달려 물 위를 힘차게 나아가면서 일에 대한 걱정과 부담감을 잠시 내려놓는다. 파도여, 파도여, 춤을 추어라. 그도 마음껏 파도를 즐긴다.

장사는 마라톤, 달리다 쉬면 더 힘들다

지난 4년간 한시도 긴장의 끈을 놓을 수 없었던 대승 씨. 나이의 한계를 넘어서기 위해 더 독하게 일해야 했다. 이제 7개 매장, 130여 명의 직원을 이끌어야 하는 대표로서 책임감은 더 막중해졌다.

"저, 사실 살짝만 건드려도 상처 입는 사람이에요. 일할 때는 생각을 계속 해야 하고, 고객에게는 잘해야 하고, 직원들에게도 좋은 대표처럼 행동해야 합니다. 여린 마음을 얘기하면 안 되니까 늘 긴장할 수밖에 없어요."

사업의 규모가 커질수록 대승 씨가 더 자주 찾게 되는 곳이 있다. 바로 그의 부모가 운영하는 인천시 부평의 한 음식점이다. 그가 언제나 기댈 수 있는 곳이다. 하지만 부모님은 아들의 외식업 도전에 처음엔 반대했다.

"장사라는 게 해보면 쉬울 것 같아도 제일 어려운 게 장사입니다. 간, 쓸개 다 빼고 장사를 해야 하거든요. 과거에 제가 오락실을 운영하다가 2억 원 가까이 잃었습니다. 그래서 어려움이 계속되니 가게 뒤에 있는 컨테이너에서 2년 정도 생활했어요. 저희 네 식구가 거기서 생활했습니다."(아버지 김민철 씨)

성공한 지금과 달리 대승 씨의 유년 시절은 그리 넉넉지 않았다. 결혼할 때도 부모가 비용을 도와줄 수 있는 상황이 아니었다. 물론 부모님은 아들에게 아무것도 해준 게 없다고 하지만, 대승 씨는 부모님이 돈보다 더 큰 깨달음을 주었다고 말했다.

"힘든 경험이 밑바탕이 돼서 여기까지 올라왔다고 생각해요. 사람은 힘든 게 없으면 고마운 줄을 모릅니다. 고마움을 알아야 성공할 수 있다고 생각해요. 그래서 오히려 부모님께 고맙게 생각합니다."

대승 씨는 자신에게 선물을 주기 위해 인천시 부평에 통 크게 신축 아파트를 마련했다. 멋진 시티뷰를 감상할 수 있는 첫 집이다. 열심히 노력해서 얻은 결과지만 그는 마냥 행복하지만은 않다고 했다.

"아직도 해야 할 일이 많은데, 너무 섣불리 행동한 것 아닌가 하는 생각이 들었어요."

이렇게 대승 씨는 스물여덟 살에 이룬 성공을 제대로 누릴 줄도 모른 채 오늘도 달리고, 또 달린다.

"목표를 달성하면 사람은 본능적으로 조금만 쉬자고 생각합니다. 하지만 저는 목표를 달성해도 바로 다음 목표로 나아갑니다. 장사는 마라톤이잖아요? 일정한 속도로 달리다가 쉬면 다시 달리기가 더 힘들어져요. 멈추지 않고, 넘어지지 않고 오늘도 계속 달릴 겁니다."

김대승 씨의 성공 포인트

★ 연어초밥 개발

★ 배달시장 분석

★ 고객들이 원하는 니즈 파악

★ 직원들이 원하는 근무 환경, 근무 시간 파악

★ 주방에서부터 음식을 쉽게 서비스할 수 있는 시스템

★ 체계적인 직원 관리 시스템

★ 광고, 직원 급여, 시스템 구축 비용, 재료값, 고객 이벤트 등에 비용을 아끼지 않고 투자함

★ 레시피를 준수해서 일정한 맛을 유지하는 시스템

한 줄 성공 비법

- 고객에게 돈, 재료 아끼지 말 것. 직원들도 나의 고객이라고 생각하고 잘 대우해주면 직원이 만족하고 나에게도 도움 된다.
- 우리 가게 이름을 최대한 홍보하되 음식, 고객, 마케팅, 직원 관리 등에서 우리만의 특색이 있어야 한다. 그러면 자연적으로 우리 가게의 가치가 높아진다.

가게 프로필 ●————————————————————

상호: 벚꽃스시
대표자: 김대승
주소: 서울 마포구 월드컵로 15길 37
영업시간: 9시 30분~22시 30분
정기휴일: 없음
점포 면적: 30평
연 매출: 130억 원

서민갑부 3 – 영 앤 리치

1판 1쇄 인쇄 2022년 12월 6일
1판 1쇄 발행 2022년 12월 14일

지은이 채널A '서민갑부' 제작팀
펴낸이 임채청

펴낸곳 동아일보사 | **등록** 1968.11.9(1-75) | **주소** 서울특별시 서대문구 충정로 29 (03737)
편집 02-361-0919 | **마케팅** 02-361-1069 | **팩스** 02-361-0979
인쇄 중앙문화인쇄사

ISBN 979-11-92101-19-4 03320
가격 19,000원